U0611085

鬼江山

西汉政界往事

刘绪义 著

九州出版社 JIUZHOUPRESS | 全国百佳图书出版单位

图书在版编目（CIP）数据

定江山：西汉政界往事 / 刘绪义著. -- 北京 ：九
州出版社，2024.5
ISBN 978-7-5225-2732-1

Ⅰ. ①定… Ⅱ. ①刘… Ⅲ. ①中国历史－西汉时代－
通俗读物 Ⅳ. ①K234.109

中国国家版本馆CIP数据核字（2024）第063304号

定江山：西汉政界往事

作　　者	刘绪义　著	
责任编辑	赵恒丹	
出版发行	九州出版社	
地　　址	北京市西城区阜外大街甲 35 号（100037）	
发行电话	(010)68992190/3/5/6	
网　　址	www.jiuzhoupress.com	
印　　刷	鑫艺佳利（天津）印刷有限公司	
开　　本	880 毫米 ×1230 毫米　32 开	
印　　张	10.625	
字　　数	228 千字	
版　　次	2024 年 12 月第 1 版	
印　　次	2024 年 12 月第 1 次印刷	
书　　号	ISBN 978-7-5225-2732-1	
定　　价	68.00 元	

★ 版权所有　侵权必究 ★

自　序

　　西汉是中国历史上第一个有史书可考证的大一统的大国强国，也是对中华民族影响至深的一个王朝，其统治期间奠定了汉民族和汉文化的根基。

　　作为短命王朝大秦的继统者，西汉王朝享国二百一十年，历十二帝，给中国历史烙下很深的印记。时隔两千多年，透过尘封的历史，我们能从中看到些什么？它有哪些值得三千年后的我们借鉴和深思？

　　都说"大国难治"，作为中国历史上第一个大一统国家的秦朝为什么昙花一现，而作为继统者的大汉却能跨越三个世纪？是国家治理能力不同的问题吗？

　　应该说，西汉自刘邦定鼎以后，一直在探索国家治理模式，从制度路径的选择到指导思想的变化，都折射出大国之治的艰难历程。

那么，西汉的治理为什么能长期有效呢？它到底有什么特色？国家治理虽然是一个较新的理论，但同样适用于古代。20世纪90年代，西方一些专家认为，南撒哈拉沙漠国家出现普遍性的国家治理失败，根源在于政府的无能为力。强调社会作用以去政府化的治理理论迅速在全世界流行开来。将国家"组织起来"，才能真正实现国家治理。在我看来，这种组织起来，一是在制度层面的组织起来，二是以指导思想将民众组织起来。那么，站在今天回望西汉，西汉的国家治理既有成功的方面，也有失败的方面。

简单地说，国家治理成功与否，往往与两个主要因素有关，一是选择什么样的制度，二是选择什么样的指导思想。

在选择指导思想方面，西汉是失败的。

西汉选择了与大秦帝国一脉相传的郡县制，这是合乎历史发展逻辑和大一统客观需要的国家制度，这是出身于大秦底层的刘邦的一种自觉选择或者说惯性自觉选择，这使他在与项羽历时四年多的相争中能够取得胜利，并且是使西汉能够延续两个百年的根本原因。项羽之败，固然有着多方面的原因，但根本原因是企图倒退回春秋战国时期的封建制，建立一个类似于"联邦"的国家。这就是研究西汉要从秦始皇开始的关键原因——只有了解大秦，才能理解大汉。

刘邦定江山之后，西汉王朝经历了一个漫长的治理理论或曰国家指导思想的选择过程。一般认为，西汉是以孝治理，但这只是观念层面的指导思想。大国治理更需要一个系统的、宏观的治理理念。西汉初期，出于吸取亡秦的经验教训，统治者顺应历史发展潮流，采取了休养生息的政策，在指导思想上采信黄老思想；文景之治后，不甘寂寞的汉武帝为了摆脱祖母的政治影响，同时也为了让大汉变成强汉，开始接受儒家思想。但是，并非如学术界认为的那样，汉武帝即奉行"独尊儒术"的理念。儒学虽然开始兴盛，但此后很长时间都没有成为国家治理的指导思想。直到汉成帝之时，儒学才真正成为西汉的国家治理思想。

在此之前，儒学之士为了使儒学进入国家治理层面，做出了艰苦而长期的努力。然而，这种努力虽然得以成功，却使西汉政权最终落入王莽之手，大汉变成了新朝。江山变色，表明西汉的国家治理最终以失败告终。其中，儒学一开始的祥瑞化、灾异化无疑起了关键作用。

儒学始终与西汉国家治理相扭结，对于其中的成败得失，或许每个人都有自己的看法，本书只是提供另外一个视角而已。

研究历史，最好的当然莫过于有新的文献发现，但是，很多时候历史研究者并没有这样的幸运。即便如此，有时候随着视角的变换，也能从历史的故纸堆里发现一些真相。这个视角就是尽量回到历史发生的现场，回到常识。正如本书从制度的选择和思想的变迁中来探究西汉的国家治理，就能发现：制度选择的正确，是定江山的根本；思想意识形态的适配，是守江山的根本。西汉能绵延两个百年，奥秘就在于此；西汉只能延续两个百年，其奥秘亦在于此。西汉前期的强盛，与其选择清静无为的黄老思想作指导不无关系；到了后期，当"守成"的儒学逐渐介入政治，并且异化成"祥瑞"和"灾异"两大主题时，大汉也就成了"空心汉"。就是这样造就了王莽"被迫"称帝的结局。

"横看成岭侧成峰"，研究历史也是如此。探究西汉的政治，传统的视角是从西北的长安，即黄河的上游来审视。其实，换一个视角，从南边的楚国和东海之滨的齐鲁来审视，或许能得到一个全新的历史镜像。

比如，亡秦的是楚人，建立西汉帝国的也是楚人；困扰西汉帝国的祥瑞和灾异学说，却发端于东部沿海的齐国；西汉后期朝廷致力扶持的儒学同样离不开沿海的鲁国。特别是流行于西汉的《春秋》《诗经》《论语》，以及《古文尚书》，都是来自鲁国这个昔日的礼仪之邦；活跃在西汉政坛高层的也多为齐鲁故地的士人。可以说，齐鲁人物对西汉政治影响极为深刻。

因此，要读懂西汉的国家治理，我们必须将视野放到楚汉战争乃至之前的楚国灭亡上。这能给我们理解西汉提供一个更为宏阔的视野，不至于顾此失彼。本书就是从"亡秦必楚"开始，谈到王莽的败亡。前半部分围绕着西汉的制度选择，探讨西汉国家治理的制度奥秘；后半部分围绕着儒学的命运浮沉，探讨西汉国家治理的指导思想转折。

本书写法上也不同于一般的西汉史，而是坚持问题意识，选取西汉历史上关键的政治和学术文化事件，从小细节中发掘出大历史背后的隐秘原因，以通俗化的笔法呈现出一幅历史文化画卷，看似没有时间主线，实则草蛇灰线，勾勒出西汉国家治理和历史人物命运的发展必然，给读者呈现出西汉的另一面。

研究历史是要站在过去设计未来的，即所谓彰往而察来。历史研究有很多种方法，国家治理研究也是一个很宏观的新课题，而我有意打破传统的叙事模式，舍弃惯常的写作框架，力图让读者从中获得对大历史的整体观感。写完这本书，脑海里很自然地想起东坡先生的一阕著名的词：

莫听穿林打叶声，何妨吟啸且徐行。竹杖芒鞋轻胜马，谁怕？一蓑烟雨任平生。

愿读者也能从本书中获得一种从容、豪迈的阅读感受。

刘绪义

庚子桂月锁石斋

目　录
Contents

亡秦必楚

秦灭六国，楚国真的最冤吗

《史记·项羽本纪》记载："夫秦灭六国，楚最无罪。自怀王入秦不反，楚人怜之至今，故楚南公曰'楚虽三户，亡秦必楚'也。"自此以后，"楚虽三户，亡秦必楚"成为千百年来人们的共识。

秦灭六国，楚国真的最冤吗？

不少人认为，楚国亡国之冤是因为多次受到秦国的欺骗，这真正是笑话。那么容易上当受骗，还好意思鸣冤叫屈？

也有人认为，战国后期，唯一能够与秦抗衡的只有楚国，所谓"横成则秦帝，纵成则楚王"，结果楚国却惨败于秦，因而最冤。倘若这样想，那么历史上有多少以弱胜强的案例，那些失败的强者是不是都有委屈？

秦国于长平之战中坑杀赵国降卒四十多万，按理说，应该是赵人更恨秦才对。

同样，齐国在秦国远交近攻的策略下，自济西之战后一直采取与秦国交好的外交政策，在秦与他国争战中保持中立，齐王建事秦格外谨慎，结果还是被秦国突然袭击。齐国完全措手不及，情同土崩之势，齐王不战而降。秦国原本给齐王建一个万户侯的承诺不仅没有兑现，反而把他活活饿死。齐王建的遭遇比起楚怀王来说，似乎更为冤屈。

那么，楚国到底有多冤屈？

楚怀王熊槐是楚威王之子，公元前328年继承王位。楚怀王即位之时，楚国自楚肃王开始，经过近六十年的休养生息，国势达到顶峰，与齐、秦并列为三大强国。因而，他乘势北伐魏国，攻城夺地；东败越国，拓境江东；联合六国，西伐强秦。楚怀王在位三十年，早期任用屈原等人进行改革，还被后人移花接木地添了一段"雪中送炭"的典故：

> 某年岁末，到处下起了鹅毛大雪，天寒地冻。楚怀王叫人在宫殿里点上炉火，烧得旺旺的，又穿上厚厚的皮大袄，还是觉得身上发冷，直打寒战。
>
> 突然，他沉思了一会儿，设身处地，良心发现，不免想起了他的臣民们：我把炉火点得这么旺，身上还穿着这么厚的皮袄，仍然感觉很冷，那我的子民们既没有炉火烤，又没有皮袄穿，岂不是更冷得难以忍受？

恰巧楚怀王心情大好，显得非常慷慨，颁下旨令，给全国的贫苦百姓送去取暖的木炭。这让楚国臣民感恩戴德。

然而，楚怀王并非明主。他既无长远规划，也无战略定力，在与秦国的征战中数次大败受辱。仅仅二十来年，楚国就一步步走上沉沦衰落之路。

公元前299年，秦国攻占了楚国八座城池，秦昭襄王约怀王在武关会晤。深知其中套路的昭雎、屈原劝告其不要赴约，怀王不听，结果被秦国扣留。秦王逼迫他割地保命。这一次，楚怀王做了一回男子汉，对秦国的要求严词拒绝。秦王无奈，就将其扣留。

两年后，楚怀王一度逃脱，到达赵国、魏国，但最终又被追回。第二年客死于秦，秦国将其遗骸送回楚国，引起楚人巨大的哀怜。怀王被扣留期间，楚人立太子为王，是为楚顷襄王。

楚怀王的遭遇成为楚人最无罪、最冤屈的记忆。百年后，在亡秦战争中，楚人特意选择了熊槐的一个孙子熊心，立其为楚王，而且仍以"楚怀王"称之，以此激发楚地民气，最终也是以他的名义，楚将项羽和刘邦将秦国覆灭。

那么，楚怀王之死真的最冤屈吗？

站在后世的立场来看，楚怀王之死对楚国来说未免不是一件幸事。

历史公认的是，楚国由盛转衰正是在楚怀王时期。在秦国的商鞅变法已见成效之际，楚怀王却错失了楚国改革的大好机遇。他在外交战略上摇摆不定，一会儿与齐断交，与秦和好，一会儿又合纵攻秦；在内部改革上保守，使改革徘徊不前；战略定力不足，致使内部改革乏力。

楚国本质上是一个家族或者说部族政权，楚国军政要职基本上被昭、景、屈三大家族垄断瓜分；到战国末期，项氏（项羽家族）也世代为楚将。正是这种体制阻碍了人才的出路，也阻断了改革的可能。

"楚材晋用"是大家很熟悉的典故了，其实不仅如此，还有"楚材秦用"。当时楚国人才外流十分严重。

秦楚争霸的历史上，三次大的决战都有"楚材秦用"的影子。

第一次是在秦惠文王时期。楚人甘茂辅佐秦军主将魏章和副将樗里疾歼灭楚军八万，俘虏楚军主将等七十余人。

第二次是在秦昭王时期。秦人白起、司马错打得楚国被迫迁都，总领秦国军国大计的魏冉，其祖上就是楚人。

最后一次是在秦始皇时期。灭楚首席功臣是秦人王翦，第二功臣是祖上为齐人的蒙骜，出谋划策的却是秦国客卿楚人李斯。

相反，在士无常主、人才自由流动的战国时期，外来的人才却基本无法在楚国立足。仅凭这一点，与秦国相抗衡，楚国就处于劣势。

受制于楚国的部族体制，公元前341年，在马陵之战中大败魏国的齐国主将田忌（著名的田忌赛马故事的主角），因相国邹忌的陷害，由齐国逃往楚国。尽管楚王以江南之地封了田忌，但并没有真正重用他，没有让他担任楚将，所以田忌最终没有留在楚国，而是被新即位的齐宣王召回。结果齐宣王因为重用田忌，使诸侯"东面朝齐"。

陈轸因为在秦国与张仪争宠失败，不得已投奔楚国，也成功地化解了韩国企图劝秦国攻楚的阴谋。但是，楚怀王却不信任陈轸。张仪出使楚国，表示秦国愿意用六百里土地换取楚齐断交，满朝文武向楚怀王庆贺这一不劳而获之喜，唯有陈轸劝谏楚怀王不要相信张仪的诡计。

楚怀王却斥责陈轸："先生请闭嘴，以后不要在朝堂上讲话了，等我得到土地再说吧。"结果中了张仪的计，楚国不仅没有得到一寸土地，反而被秦国夺去大片土地。

公元前 245 年，赵国名将廉颇在经过"廉颇老矣，尚能饭否"那个典故后，不受重用，被楚国请来担任楚将。因为无战功，廉颇不禁感叹道："我思用赵人。"很显然，外来的客将指挥不动关系盘根错节的楚军士兵。最后廉颇老死于楚国。

对外来人才如此，那么，楚国自己的人才又是如何报国的呢？

楚怀王六年（公元前 323 年），楚国以送流亡在楚的魏公子高回魏当太子为名，派大将昭阳率楚军伐魏，大败魏军于襄陵（今河南睢县），占领八邑。随即又令昭阳移兵向东伐齐。齐国上下一片恐慌，急派陈轸出使楚营。昭阳竟然因为听到陈轸的一个"画蛇添足"的故事而径自引兵退还。陈轸的说辞是："君已官为柱国，伐魏有功，可升令尹；今又伐齐，岂非画蛇添足！"也就是说，昭阳相信陈轸的说法，认为功立多了，对自己升官并无好处，就自作主张退兵了。可见，楚国君臣的境界和胸怀竟然如此狭隘，"相妒以功，谄谀用事"。

另外，楚人信巫鬼，重淫祀。楚国风俗尚奢，楚怀王在位时，"大臣父兄好伤贤以为资，厚赋敛诸臣百姓"，一时全国"食贵于玉，薪贵于桂"；楚怀王自己也留下不少风流故事，比如巫山云雨、合婚而欢，这和楚灵王的"楚王好细腰"故事成为"双璧"。

楚考烈王时期，著名的"战国四公子"之一的春申君黄歇（公元前314年－前238年）为相辅佐，使得楚国在行将灭亡之际又一次昙花一现般"强大"起来，一度北上灭鲁。

春申君一方面与列国修好，另一方面凭借他跟秦昭王君臣的友好关系，结交秦国；同时又通过平原君、信陵君等人结盟赵魏。在秦与赵魏的激烈交锋中，楚国都置身事外。

虽然这种做法使楚国暂时免去了战争之苦，但楚考烈王并没有借此机会整顿内政，他和楚怀王一样，缺乏长远战略，因而这个局面只维持到长平之战。

公元前260年，秦国在长平大破赵军，继之又发兵包围邯郸。平原君入楚求援，他的门客毛遂用激将法促使楚考烈王出兵。春申君率领大军北上救赵，配合窃符救赵的信陵君大破秦军。虽然赵、魏、楚联军连战连捷，然其实为时已晚，无法从根本上扭转秦国一统天下的大势。

最后，聪明一世的春申君竟然死在一起叫作"移花接木"的阴谋中。原本无子的楚考烈王后来娶了李园的妹妹，王妃所生下的孩子楚幽王就是春申君的骨肉。春申君是不是想学吕不韦，如今已不可知。但是，春申君不是吕不韦，楚幽王也不是秦王政。在某种意义上，可以说楚亡于春申君。如果没有他，也就没有后来的"庄蹻为盗于境内"，其实就是一场楚国军官的叛乱，进而引起民众起事，"吏不能禁"。这件事引起了《吕氏春秋》编著者的重视，将其与长平之战并提。

西汉的贾谊在《吊屈原赋》中，对当时的楚国有个形象的比喻：猫头鹰在天上飞翔，鸾凤却被深藏，小人得志尊显，圣贤却不得其用，正直廉洁的人受到污蔑，强横残暴的人却得到称誉。这个比喻应该说是恰到好处。

楚国真的是把一手好牌打得稀烂，怎么好意思怪别人，叫冤屈？

公元前225年，秦王政二十二年，李信和蒙武率二十万大军，乘楚国内讧之机，分兵两路进攻楚国，因为轻敌，被楚将项燕杀得大败而回。次年，王翦和蒙武率领六十万大军再攻楚国。王翦采取了坚壁自守、避免决战、养精蓄锐、伺机出击的作战方针。楚军多次挑战，秦军终不肯出。一年后，秦军一举攻破楚都寿春，俘楚王负刍，继而略定南楚，又南征百越，楚国最终灭亡。

亡秦事业起于楚，终于楚。在大泽乡振臂一呼的，是楚人陈涉，其政权号"张楚"；率江东子弟西进的亡秦主力，是楚人项羽，其政权号"西楚"；率先打进咸阳，灭掉强秦，最后又打败项羽，建立汉朝的，是楚人刘邦。

"楚虽三户"的"三户"，历来也有不同见解。有的说，三户是指楚人的宗庙，即三户城；有的说，三户是指楚国三大姓屈、景、昭；有的说，三户是指三户人家。尽管钱穆力主第二种说法，认为其他两种说法"各得一偏"，但是一般人都相信第三种说法，楚国即使只剩下三户人家，也可以将秦国灭掉，表明楚人怨望之深，足以亡秦。至于陈涉、项羽、刘邦等人，都与楚国三大姓或者楚国宗庙没有直接关联。如今的江苏人开玩笑说，两千多年前，一个淮安人（韩信）帮一个徐州人（刘邦）打败了一个宿迁人（项羽）。

屈原为何沦为悲剧人物

屈原作为妇孺皆知的爱国忠臣名垂千古，两千多年来一直活在人们心中。然而，不管哪个时代的研究者，都将其遭遇看作一个悲剧。

屈原爱楚国不假，一个坚定的爱国者为何会沦为悲剧？千百年来，各种研究汗牛充栋，固化了人们心中的爱国形象，却忽视了其背后的原因。假若有人问，爱国者屈原，到底做了些什么？一般人只记得他遭遇流放，写了不少诗赋，最后跳江自杀。

楚立国于江汉，绵亘于南中国。在春秋战国时，它先后消灭了众多封国与小族，发展为一个北到黄河，南至云贵，东及海滨，西接巴秦，"地方五千里，带甲百万"（《战国策·赵策》）

的大国。在战国后期从诸侯割据走向统一的历史潮流中，出现了"天下强国，非秦而楚，非楚而秦，两国交争，其势不两立"（《史记·张仪列传》）的局面。从当时的情况来看，地大物博的楚国是很有条件完成统一大业的。

然而，楚国不仅没有最终统一全国，相反败得较早。历来的研究者认为，这是由于楚国旧贵族势力相当强大，破坏了国内一次次社会改革，使楚国日益陷入败亡境地。这套改革话语可以适应任何时代、任何国家。旧贵族势力并非天然地反对改革，即使反对改革，也有反对失败的先例，楚国由一个"蛮夷"之邦，一跃而为"霸天下"的强国，就和楚庄王的改革分不开。

历史学家的话语都是将屈原归为改革派，认为他极力主张革新政治。然而，这一依据不过来自屈原写的诗赋。改革的具体主张，大都语焉不详。

根据《史记·屈原贾生列传》所载，约在楚怀王十一年（前318年），"山东六国"推楚怀王为纵长，合力抗秦，迫使秦东进受挫。大约就在这时，楚怀王任命屈原为左徒，"地位次于令尹"（楚国的宰相）。屈原"博闻强志，明于治乱，娴于辞令"，故能"入则与王图议国事，以出号令；出则接遇宾客，应对诸侯。王甚任之"。从这些记载来看，屈原和张仪都属于口才好、记性好的一类人。

但这里的记载也有可疑之处，在楚国，执一国之权柄者当属令尹，其负责对内主持国事，对外主持战争，所以屈原"出号令""应对诸侯"恐怕不过是临时受命而已。与屈原同时期做过令尹的有昭阳、昭鱼、景鲤、子兰、子椒，他们可以说都与屈原政见不同。

楚国的改革通常由令尹主持，尚且难以彻底或者成功，何况是由左徒来主持？左徒这个官职到底是干什么的，争议至今未平。有的说是副相，有的说是太傅，有的说是史官，有的说是巫官，有的说是掌天文的，有的说是行人。

但不管怎么样，屈原的改革是很短命的。为什么短命？

一是因为改革的内容。屈原改革的经过和内容，我们只能在他的诗《惜往日》里看到：

> 奉先功以照下兮，明法度之嫌疑。
>
> 国富强而法立兮，属贞臣而日娭。

明法度，国富强，这大概就是他的改革内容。至于具体举措，史载阙如，已无从得知，大概率与民众关系不大。

二是机事不密。《史记·屈原贾生列传》记载，屈原奉命起草宪令，正待定稿时，"上官大夫见而欲夺之，屈平不与。因谗之曰：王使屈平为令，众莫不知，每一令出，平伐其功，曰以为非我莫能为也。王怒而疏屈平"。

结合屈原的诗来看，是楚怀王授命他秘密起草一套"明法度"的法律，结果机事不密，被上官大夫看到。正是因为这件事，导致楚王怒而疏远屈原。改革实际上还没开始就流产了，这恐怕不能怪楚怀王。

三是屈原自身的原因。改革的结果往往与主持改革者自身的素质能力和思想主张关系重大。屈原是个什么人？他无疑也属于贵族，而且颇为自命不凡。从他的诗里我们就可以发现，屈原不断地极力凸显自己高贵的身世神话，《离骚》前八句就不忘自叙世系、生辰和名字，表明自己出身贵胄（帝高阳之苗裔），生辰吉利（寅年寅月寅日降生，得人道之正），名字美好（名正则，字灵均）。这些都是屈原赖以骄傲的资本和自我圣化的符号：高富帅、贵二代。他的大部分诗里都是将圣王典型作为自己追慕的目标，希望为楚王引路，将楚国引入圣王所遵循的正道上来。

　　"彼尧舜之耿介兮，既遵道而得路""尧舜之抗行兮，瞭杳杳而薄天"，从这里就可以看到，孔子尚且只是自命为君子，而不敢以圣人自居，屈原却一直在努力"自我圣化"，将自己与尧舜相比。他的诗始终高扬道德理性，企图以此来整治政治秩序：无论是举贤授能、修明法度，还是讲信守约，都是一种道德理想国的政治，一种精英政治，一种充满楚国梦的政治乌托邦。

　　屈原诗歌里批判的锋芒直接针对党人，似乎他自身的不幸乃至整个楚国的危机全在于党人的道德败坏，期待楚王有朝一日幡然醒悟，改过自新。儒家谓"修己以安百姓"，而屈原却很少反省自己。屈原的作品也很少涉及民生一类。直到流放民间，他才接近底层民众，看到了国破民残的现实。他指责楚王"终不察夫民心"，其实他自己何尝不是如此，他的改革不外乎国富兵强。可见，屈原的悲剧在很大程度上是由自身定位错误或者迷失而导致的。

屈原所做的唯一正确的事恐怕就在于主张联齐抗秦的外交路线。在实行这条路线的几年里，秦对楚、齐都不敢轻举妄动。"秦国患之，使张仪之楚，货楚贵臣上官大夫靳尚之属，上及令尹子兰、司马子椒，内赂夫人郑袖，共谮屈原。"可以说，屈原在楚国政坛基本上属于孤家寡人，没有同盟、没有拥趸，以至秦国一个张仪，就能纵横六国之间，将齐、楚等大国玩弄于股掌。

屈原无疑是爱国的，然而，难道张仪不爱国吗？

当屈原遇到张仪，历史就不得不反思：我们究竟要如何来爱国？

张仪为何在秦国游刃有余

张仪也是一个血统高贵的人，他是魏国公族支庶子弟，只不过因行事放荡而不得魏惠王喜欢。于是，他首先来到楚国碰运气。

战国中期，社会结构活性化，士阶层得以从封建的政治秩序中解放出来，成为可以自由流动的知识阶层。张仪离开魏国到楚国去，时人并不认为他卖国。

张仪先到了楚国令尹昭阳门下做门客。一天，令尹昭阳在一场宴会上将一块相传是和氏璧的玉给弄丢了。这事本身很可疑：谁偷了令尹的宝玉？

没想到，所有的人都指向了张仪。

为什么？在座的只有张仪是新来的，又穷又无节操，"仪贫无行"。结果张仪被强行揍了一顿，揍到连他老婆都心疼他，劝他算了。

这很有可能是个阴谋，如果真丢了和氏璧，怎么可能只是揍一顿就完事？

张仪在楚国待不下去了，就西入秦国。

很快，张仪取得了秦惠文君的初步信任，做了客卿。张仪做的第一件事便是发檄文给楚国令尹：我和你喝酒，并没有偷你的美玉，你却打了我一顿，现在你好好地守着你的国家，我马上就要来偷你的城池了。

刚开始，秦王并没有对张仪言听计从。秦王面临一个难题——是发兵攻蜀，还是伐韩？秦将司马错主张伐蜀，张仪则主张伐韩。前者留了一句著名的话："欲富国者，务广其地；欲强兵者，务富其民；欲王者，务博其德。三资者备，而王随之矣。"后者也留下了两句著名的话：一是"据九鼎，案图籍，挟天子以令于天下，天下莫敢不听，此王业也"；二是"争名者于朝，争利者于市"。

结果，秦王听了司马错的话。

但张仪并没有气馁，也没有因此迁怒于司马错。他有本事攻占魏国的蒲阳，有本事劝说秦王将得手的蒲阳还给魏国，还将秦国公子入质于魏。结果，魏国第一个退出了六国合纵群。

不仅如此，张仪还辞去了秦国相位，自己留在了魏国，并担任了魏相。在魏四年里，张仪使劲地破坏合纵群。要知道，魏国是张仪的"祖国"。

过了几年，秦国想出兵攻齐，又担心齐楚同盟中的楚国在背后使坏，于是张仪又孤胆深入楚国。他有本事说服楚国和齐国断交，将楚国上下玩得溜溜的。

楚国知道上当后，出兵八万攻秦，结果却是大败，损将失地。

秦国打赢后，又要挟楚国交换土地。楚怀王说：不要你的地，只要张仪。

秦王知道楚王要张仪是什么意思，十分舍不得，但张仪却主动要求出使楚国。一到楚国，张仪就被囚禁了。然而，他有本事（通过贿赂楚国大夫和怀王宠妃郑袖）让楚王放了自己，并且再次说服楚国退出了合纵群，与秦国交好。

张仪在秦国玩得风生水起。即使不喜欢他的秦武王即位后，张仪也能全身而退，而且还能回到他的祖国魏国，继续担任相国，终老于乡。

当张仪在秦楚两国玩"二人转"时，屈原在哪里？不管屈原在任，还是被疏、被诎，他都只能眼睁睁地看着。这里有一个疑问：为什么楚国君臣在张仪面前老是上当吃亏？

当爱国者屈原遇上张仪，他几乎完败！

秦国号称虎狼之国，张仪又是客卿，他为什么能玩得那么溜？楚是屈原的母国，他自己还是宗室贵族，为什么就玩不转呢？

张仪能够以客卿之身安居秦国相位，顺风顺水，关键原因就是他让秦王看到，我张仪是真心爱秦国的，我所做的一切都是为了使秦国强大，而且我是有办法有能力的。屈原呢？

囿于史籍记载的缺乏，我们完全看不出屈原的本事：他有好的主张，可实行不了；他有忧国之心，可行不通；他有美好道德，可无人相信。他唯有忧，唯有怨，"举世皆浊我独清""举世皆醉我独醒"；他将自己推向了旧贵族的对立面，推向了楚王的对立面；他不善料敌，也不善为政。

连楚国的百姓都不理解他："圣人者，不凝滞于物，而能与世推移。世人皆浊，何不淈其泥而扬其波？众人皆醉，何不铺其糟而啜其醨？何故深思高举，自令放为？"（《渔父》）你不是圣人吗？你连随波逐流都不会呀。更悲哀的是，渔父们都抱着一种随波逐流的心态，国家与我何干？可以看到，百姓没有从改革中获得实惠，才导致渔父们随波逐流。换言之，真正的爱国，就要爱民。国不爱民，则民自顾。

天天喊着"爱国"的口号，天天标榜自己是爱国者，时时将秦国恨得牙痒痒的，有什么意义呢？相比之下，屈原的敌人却懂得"欲强兵者，务富其民"的道理。屈原的对手张仪不仅不计毁誉、不畏艰险，而且看透了楚国上下，所以胸有成竹，游刃有余。

这也就是为什么张仪在战国时声名卓著，而屈原在战国时几乎不见史载。直到汉代的司马迁南下来到楚国故地，才听到有一个投江自杀的屈原。虽然屈原失败了，但他是失败的英雄，他第一次集中展示了一种强烈而鲜明的爱国精神和心心念念忠诚报国的情怀，在此之前，没有人彰显过"爱国"精神，张仪也没有这种意识。直到 11 世纪，朱熹才第一次用"爱国"这个词来评价他："（屈）原之为人，其志行虽或过于中庸而不可以为法，然皆出于忠君爱国之诚心。"（《楚辞集注》）在此之后，当"爱国主义"第一次出现在英语中时，已经是 16 世纪了。今天，我们需要弘扬屈原的爱国精神，但更要让自己具备爱国的能力，否则爱国就是一句空话。

齐人首创"颜色革命"

《史记·封禅书》中有一段描写齐人燕人的特别有意思的话："为方仙道，形解销化，依于鬼神之事。驺衍（邹衍）以阴阳主运显于诸侯，而燕、齐海上之方士传其术不能通，然则怪迂阿谀苟合之徒自此兴，不可胜数也。"

太史公指出，秦始皇时的方士主要集中在燕齐，其原因要归结于战国时齐威王和齐宣王的理论家邹衍的"五德终始说"，邹衍就是齐人。

"五德"就是"五行"。商周时期，人们对世界万物本原进行了广泛的探索，定义出金、木、水、火、土五种物质，称为"五行"。邹衍将"五行"改称为"五德"：一方面是因为"五行"说已为世人熟知，改为"五德"，就显示出一定的神秘性；另一方面，在邹衍看来，每一"行"就是每一朝代的"德运"。

这"五德",不仅循环往复,而且相生相克。

邹衍基于自己的研究,宣称掌握了朝代更替、历史发展和社会演变的基本规律。他认为,朝代的更替,都是前一个朝代的"德"被后一个朝代的"德"克制消灭的结果,"五行相克"的循环,导致了朝代的更替。五德更替,最明显的标志当然是颜色和数字,因而基于这一理论的"革命"就可以称为"颜色革命"了。

这一神秘主义色彩的理论,不出意料地引起了当时诸侯国统治者的重视,并且使他们产生了畏惧心理。邹衍每到一个诸侯国,那些不可一世的王公贵族无一不待其以隆重的优遇。司马迁甚至将其与孔子周游列国的窘相做了比较:同样是布衣,诸侯贵族对邹衍这个布衣却大不一样,有的毕恭毕敬,有的卑躬屈膝。

邹衍致力于阴阳五行研究,"深观阴阳消息而作怪迂之变",他罗列出天降的灾祥祸福,就是试图恐吓那些骄奢淫逸、崇尚武力而不尚德信的贵族统治者,迫使他们治国理政能"止乎仁义节俭,君臣上下六亲之施",给黎庶带来一些好处。邹衍的理论取得了预期的效果:"五德终始说"客观上迎合了战国后期各国君主实现统一大业的宏大愿望,为他们提供了统一天下的理论依据,成为一种改朝换代的理论工具。

秦始皇统一六国后,同样需要为原本偏居于西北一隅的秦国取代大国周寻找一个合理的依据,来证明其改朝换代的合法性,邹衍的理论正合其意。为了神化其政权,秦始皇果断地抛弃了原本秦人崇拜白帝、赤帝、青帝、黄帝的传统,采用了"五德终始说",宣布以"水"为秦朝的"德",一切措施制度也都遵循水德及与其相配的各种元素。例如，秦朝制度中的数字，皆为六，或六的倍数，或六的约数（如秦统一后分天下为三十六郡，秦始皇在泰山、琅琊等地刻石字数皆为六，或六的倍数等）；尚黑色，故名其民曰"黔首"等。

表 1 邹衍的"五德终始说"

五行	木	火	土	金	水
五方	东	南	中	西	北
五季	春	夏	季夏	秋	冬
五帝	太昊	炎帝	皇帝	少昊	颛顼
五神	句芒	祝融	后土	蓐收	玄冥
五音	角	徵	宫	商	羽
五色	青	赤	黄	白	黑
五味	酸	苦	甘	辛	咸
五虫	鳞	羽	倮	毛	介
五数	八	七	五	九	六

刘邦建立汉朝后，也宣称汉朝为水德。这就让人感觉很奇怪了，既然相信"五德终始"，却采用和秦一样的"德"，为什么呢？"五德始终说"的起点是黄帝，他属于土德，其后的夏、商、周、秦分别为木、金、火、水。按照这样"天意的历史规律"，汉朝革了秦朝的命，只有土克水，汉朝应该是土德才对。可刘邦却自认为黑帝，乃水德，所以制度服色依然循秦旧。这

是因为刘邦不承认秦朝统治的合法性，将汉朝视为周朝正统的接替者。所以，后世的汉朝政治也都以"三代"（夏、商、周）为正朔，"通三统"，拒绝承认汉之前还有一个秦朝。周监夏商而建天统，春秋监商周而建人统。颜师古则称，夏正建寅为人统，商正建丑为地统，周正建子为天统。

虽然拒绝承认秦朝的合法性，但毕竟不能无视秦朝的存在，所以说汉朝的"颜色革命"进行得不彻底。

汉文帝时，博士鲁人公孙臣上奏，建议汉朝改为土德。但是，丞相张苍等人坚持水德，在他们的抵制下，"颜色革命"未果。数年后，"黄龙见于成纪"。汉文帝诏令采纳公孙臣之说，按五行相克理论，汉朝承认自己为土德。

然而，直到大汉建立近百年之后，公元前104年，汉武帝才正式宣布改制，汉朝终于从黑色世界变成了黄色世界，"以正月为岁首；服色尚黄；数用五"，官名的印章改为五字。

邹衍的学说取得了巨大的成功，引起了包括儒家学者在内众多学者的艳羡。顾颉刚、侯外庐等学者认为，邹衍的学说来源于儒家思想。也有学者持不同意见，有的认为，其来自墨家思想，如李汉三等；有的则认为其来自道家思想，如孙开泰、白奚等。

其实，邹衍的思想主要源自阴阳家，一如刘泽华教授所言："战国末年的诸子百家都参与了'五德终始'的再创造，阴阳家也吸收了诸子之学。"

正是基于这样一个前提，到了西汉，"五德终始说"的追随者大多为"大杂家"。所以，西汉前期的多数学者包括一些所谓的儒生，基本上都是杂家。真正的儒家很少，是后世为儒家争名位时，非要将其归为儒家罢了。

齐人邹衍创立的"颜色革命理论"取得的成功，大大刺激了齐国，进而蔓延到燕国。受邹衍的鼓舞，一时间齐燕方术之士辈出，各显神通。

虽然这些方士在骗术失败后曾遭到秦始皇的无情打击而元气大伤，但到汉武帝时，齐国的方士又兴盛起来，李少君、少翁、栾大、公孙卿等忽悠汉武帝的本事一个比一个大，其规模与声势也越来越大。"求蓬莱安期生莫能得，而海上燕齐怪迂之方士多相效，更言神事矣"，当地百姓也都如痴如狂，"上疏言神怪奇方者以万数"。仙人没有见到，倒招来故齐沿海一带无数"怪迂之方士"，都说自己有成仙秘方。那画面，稍稍脑补一下，真哇噻！

齐鲁两国差距为何那么大

齐国为什么在秦汉时期多出方士，与之相邻的鲁国却没有，原因何在？两国为何差距这么大？

一是齐鲁两国完全不同的政治制度。

齐国姜姓，地理位置在今山东东北部，是周武王的国师太公望的封地。"三监之乱"后，周成王给了姜太公相当于今天的特区自治权："东至海，西至河，南至穆陵，北至无棣，五侯九伯，实得征之。"

鲁国姬姓，地理位置在今山东南部，首封国君为周武王弟弟周公旦。由于周公旦要留在镐京辅佐成王，故让长子伯禽代为主政。鲁国始封时疆域较小，"封土不过百里"，后来陆续吞并了周边的小国，并夺占了曹、宋等国部分土地，成了大国。国力最强时，其疆域北至泰山，南达徐淮，东至黄海，西抵定陶一带。

应该说，齐鲁两国在春秋时期都是大国，地位也平等，都是侯爵，但是两国的政治制度完全不同。

齐国实行的不是郡县制，地方行政制度偏向于分权，采取了五都之制。据周振鹤先生考证，按理每国只应有一都，但齐在国都之外又有平行的四都，地方行政权力分属于五都；军权亦不集中，齐国曾起"五都之兵"伐燕，说明五都皆有兵。《国语》记载，齐国五都分别设一大夫专权治理，拥有相当大的权力，每年正月到国都述职。齐国也有县，但县很小。齐《叔夷钟铭》载，灵公曾一次性赏赐叔夷莱邑三百县，足见其县之小。齐国实行的是分权的都邑制。

鲁国实行的则是周的政治制度，"周之最亲莫如鲁，而鲁所宜翼戴者莫如周"。鲁国享有郊祭文王、奏天子乐的崇高特权。

可以说，齐鲁二国，政治上各有各的优势：一个是自治优势，一个是辅周优势。但由此也导致两国发展方向不同，齐是以创业为主，鲁国是以守成为主。

二是齐鲁两国同样的经济优势，不同的改革思路。

齐鲁两国以泰山为界，分居泰山南北；海洋环境优越，有着相似的经济资源。齐国的海盐煮造业很发达，《左传》中盐池被称为"国之宝"。到了战国，"齐有渠展之盐"，盐产量大，流通广。鲁国的盐铁同样是重要且丰富的资源。《史记·货殖列传》有一个西汉初的富豪排行榜，其中鲁国的曹邴氏，以炼铁起家，排第四；齐国的大盐商刁闲，排第五。

但是，齐国因冶铁手工业发展起繁华城市，如国都临淄（临淄故城出土冶铁作坊六处，最大一处面积有四十多万平方米）。各国国都中，以齐国国都临淄规模最大、最繁华：人口七万户，居民都很富裕，娱乐活动丰富多彩，马路上车辆拥挤，行人来往络绎不绝，"家敦而富，志高而扬"；城内最热闹的街道直贯外城南北，六车道；南北约四公里半，东西约四公里。当时大的商业城市中，没有鲁国国都；稍大的城市，齐国有即墨、安阳和薛，鲁国一个都没有。

齐鲁两国的蚕桑业也都很发达。鲁国出产的缟有名，但齐国的阿地出产的缟更著名。齐鲁之间还发生过经济战争，"齐纨鲁缟"，齐国以经济手段"不战而屈人之兵"。

齐国属于禹贡九州的青州，周初姜尚刚受封时，齐国国境也小，濒海之盐碱地不适于农业生产，但是齐国因地制宜，"通商工之业，便鱼盐之利"，煮盐垦田，富甲一方，兵甲数万。至齐桓公时，依靠海上资源，齐国迅速成为春秋五霸之首。随着疆域的扩大，膏壤千里，农业也得到发展，到战国时齐国已呈"粟丘如山"的景象。

不过齐国也有一个劣势，齐和赵、魏以黄河为界，赵、魏两国地势较高，黄河泛滥时齐国就会遭受严重灾害。于是齐国沿黄河建了一条离河二十五里地的长堤，以防黄河泛滥。《管子·度地》一篇，就是齐国筑堤的经验总结。

在处理农业与商业的关系时，管仲提出"薄本肇末"，既通过农业积累财富，又通过商业活动促进流通以增加财富。将士、农、工、商并列为国之四民，设工商之乡，四民分工，地位平等，农工商并重。

齐国注重改革。公元前685年，"齐桓公用管仲之谋，通轻重之权，徼山海之业，以朝诸侯，用区区之齐，显成霸名"。后齐国又打出"尊王攘夷"的旗号，成为中原霸主。

鲁国属于禹贡九州之徐州，西部是黄淮平原，拥有土质肥沃的良田，农耕发达。

但鲁国在农业领域的改革却迟至公元前594年的"初税亩"。这一被后人津津乐道的税制改革其实是不得已而为之的，因为井田已经被破坏，要想增加税收，只能按田亩的多少来征税。因此，《左传》《谷梁传》都说："初税亩，非礼也。"四年后，鲁国又"作丘甲"，实际上是对私田所有者征收军赋，都是为了增加税收，根本算不上真正的税制改革。鲁哀公说："二，吾犹不足。"魏国李悝变法推行的是"什一税"，但鲁哀公认为十分之二仍不够，可见鲁国经济到了何等地步。

齐国的办法则是"相壤定籍"，即按照土壤质量的好坏规定租税的等级，这是对管仲"相地而衰征"办法的发展，比"初税亩"要科学得多。

因为缺乏实质性的改革，所以尽管鲁国在桓公、庄公、僖公时曾强盛一时，一度与齐国争夺东方的霸主之位，但此后鲁国在齐国面前长期处于弱势。

三是齐鲁两国截然不同的文化政策。

齐太公一开始实行"因其俗，简其礼"的文化政策，管仲相齐，仍然采取"俗之所欲，因而予之；俗之所否，因而去之"的政策。齐国并不强求思想统一，而是顺其自然，采取强国富民的方法以使国民达到"知礼节，知荣辱"的文化、道德水平。

鲁国则一开始"变其俗，革其礼"，同时又"启以商政"，因而成为礼乐之邦。鲁国在诸侯班次中位次居长，将推行周朝礼乐作为政治任务，依照周制来治国。因此，伯禽前后用了三年才实现鲁国的初步稳定，返回成周报告；齐国却只用了五个月。而且礼乐改革与富国强兵相脱节，鲁国在政治上的优势没有转化为经济优势。

齐、鲁两国百姓各自的特点也比较明显。

第一，齐人善辩，性情豁达。《史记》说齐人"宽缓阔达而足智"。邹衍、邹奭、淳于髡等都是齐国有名的辩士。《汉书·贾邹枚路传》说"齐楚多辩知"，稷下学宫便是齐国机辩之士集中之处。

第二，齐人尚武。他们有的行侠仗义，热衷私斗；有的暗杀行刺，鸡鸣狗盗。武夫、力士、刺客之类，遍及各地。

第三，齐人尚奢。管仲就以奢侈著称，却受到齐人的尊崇。齐国的数代君主皆尚奢侈，如桓公"宫中七市，女闾七百"；景公有一双鞋子，鞋带用金丝织成，鞋面与鞋口镶饰白银和一串串珍珠，鞋头上还缀着美玉，长一尺。

第四，齐人尚色。两性关系上随意，无媒自交、同姓相婚、近亲相交普遍。"齐桓公好妇人之色，妻姑姊妹，而国中多淫于骨肉"，他还自称"有污行，不幸而好色，而姑姊妹有不嫁者"。

鲁人则沉浸于周代礼乐文化，固守礼"经国家，定社稷，利后嗣"的功能，"服于有礼，社稷之卫也"，对周礼怀有极大热忱。东周"礼坏乐崩"，鲁国仍有不少知礼之人，如臧僖伯、臧文仲、柳下惠、曹刿、里革、叔孙豹、子服景伯、左丘明、孔子等。

秦末，刘邦举兵围鲁时，"鲁中诸儒尚讲诵习礼乐，弦歌之音不绝"。后来司马迁到鲁地"观仲尼之庙堂"，诸生"以时习礼其家"。因而，史学家顾颉刚先生说："汉代统一了鲁国的礼教和秦国的法律。"

齐鲁两国如此明显的差异，我们还将在整个西汉的政治和社会生活中看到，这两者的影响十分鲜明。因为西汉建国以后，活跃在政治舞台上的有两类特殊的人物，一是齐人，一是鲁人。齐国出方术之士，造就了西汉神秘主义文化盛行；鲁国出经学之士，造就了西汉伦理本位的政治文化。西汉前期盛行的神仙方术，与西汉后期的儒学竞争，都离不开这两者。可以说，齐人"尚功利"的色彩与鲁人"尚伦理"的色彩，给西汉打下了深深的烙印。二者在西汉政治与思想意识形态领域的纠葛与争执，具体表现为各自的话语权之争。甚至可以说，西汉的影子早在此之前就显现出来了。

亡秦必楚，为何不是"必齐"

齐国的经济实力在战国七雄中不输于楚国，六国统一后，秦始皇曾经迁移天下豪强十二万家到咸阳，其中以齐人、楚人居多。

然而为何是"亡秦必楚"，而不是"必齐"？

齐鲁两国的差距给了我们现代人重要的启示。齐国强力推行经济建设和改革，同时在文化建设上顺其自然；鲁国则强力推行文化建设，忽视经济和改革。前者导致国强而民俗，后者导致民雅而国弱。

在治国理念上，齐国以开放的姿态，在一定程度上与地方分权，因而思想文化也不至于保守，导致秦汉时期方士盛行，走上急功近利之途。鲁国则固守传统，思想意识内敛，导致经济停滞不前、改革无力。齐鲁两国最终在与秦抗衡的过程中走向衰落，先后被人吞并。

《管子·治国》中指出："凡治国之道，必先富民。"正是看到了齐国的长处，孔子后来提出"先富后教"，管子也提出"仓廪实而知礼节"。这都是对自己母国的反思。

文化需要推陈出新，固守很难维系文化的生命力。春秋战国礼崩乐坏，鲁国其实并不例外，季孙氏"八佾舞于庭"；为了争权夺位，鲁国也发生过多次兄弟骨肉相残的事件，废长立幼、杀嫡立庶；三桓专权、庆父之难、公卿争权轮番上演。礼乐制度本来是为了维系宗法制度的，但这种制度或文化必然受经济基础的制约。所谓"周礼尽在鲁",这种礼只不过是一种形式化或者程式化的存在,其根本精神早已不存。

齐人鄙视鲁人的烦琐礼节。孔子至齐,齐景公欲以田封孔子,遭到晏婴劝阻:"夫儒者,滑稽而不可轨法;倨傲自顺,不可以为下;崇丧遂哀,破产厚葬,不可以为俗;游说乞贷,不可以为国。"齐人淳于髡曾两次当面指责孟轲,认为鲁穆公重用儒士而致国家衰弱,儒士无益于国,属"为其事而无其功者"。

鲁人信奉"无礼必亡",而鲁国的灭亡不正充分说明周礼在鲁国名存实亡了吗?

然而,只顾经济发展而忽视文化创新,也会丧失社会的精气神,如齐国发生的大事"田氏代齐"相当于亡国。因此,邹忌相齐时,对国君提出"谨事左右",对臣下提出"谨择君子""谨修法律",并鼓励进谏,正是看到了齐国文化与民风存在的问题。当时齐国之阿地,田野不耕,民众贫苦,管理者都用钱侍奉国君左右宠臣以求誉。齐威王采纳邹忌意见,将阿大夫及左右谗臣都烹掉了,从此,"齐国震惧,人人不敢饰非,务尽其诚"。但可惜没有坚持多久,"其民无不斗鸡、走狗"。

始于战国、流行于秦汉的修仙之风,就起源于燕齐。那些鼓吹神仙之说的方士认为,仙人就居住于燕国之东、齐国之北的渤海,齐威王、齐宣王以及燕昭王等都是他们忠实的信徒。

后来秦汉时皇帝热衷的封禅,也最早见于齐国的记载。早在战国时期,管仲相齐,桓公称霸,会诸侯于葵丘,便想行封禅之礼,但遭到管仲的反对。封禅最理想的地方当然是泰山,在齐鲁之人看来，泰山就是世界上最高的山了。

陈胜揭起亡秦旗帜之后，参与亡秦的各路诸侯中并没有齐国。楚国以项梁为支柱，得陈胜之统；赵国以陈胜旧部武臣，还有后来的张耳、陈余为中坚；燕国以陈胜旧部韩广得立；魏国、韩国亦由陈胜或项梁所立。

亡秦之役风起云涌之际，齐人田儋趁陈胜部将周市攻狄（今山东高青）之际，乘乱在狄自立为王，并很快成为一方割据势力。他竟然大胆出兵攻击并驱走周市的队伍。史家称这次事件是反秦武装之间的第一次内讧。

田儋收复齐国故地，楚军秦嘉约齐国一同出击秦国，为田儋所拒绝。可见，田儋压根儿没有亡秦的决心。他唯一一次与反秦武装合作是救魏，而他本人也死于这次军事战斗中。

田儋死后，其弟田荣执齐实权，齐人未经田荣许可立田假为王。田荣被秦军围困于东阿，项梁率楚军破秦于东阿下，救了田荣。但田荣并未与楚合兵追击溃退的秦军，反而回师齐地逐走田假等人。当项梁遣使促齐发兵击秦时，田荣居然提出让楚赵两国先诛逃难于彼的田假等人。在这要求被拒绝后，田荣也拒绝出兵击秦。从此，齐国在反秦大业中便无所作为了。

孟子为何在齐国无用武之地

亡秦必楚，而不是齐国，还有一个重要原因就在于齐国中衰早于楚国。

齐国的中衰是在齐宣王时期。我们来认识一下这个诸侯王。

战国时期虽然是一个人人彰显个性的时代，但是一般人谁会声称自己好色、好货、好勇呢？然而，就有一个人敢公开承认自己好色、好货、好勇，这个人就是齐宣王。

齐宣王姓田，名辟疆，公元前320年即位，是齐国历史上一个重要的国君。说他重要，是因为齐国国力的转折就发生在他在位期间。

此人当政时，就表现出对知识分子特别客气，不惜拨款扩建稷下学宫，实施"千人计划"，招聘天下各地的名士，给予他们"泰山学者"称号，给每人一套别墅作为安置房和科研启动经费，却并不要求他们做事。一时间，孟子、告子、荀子、邹衍、淳于髡、慎到、宋钘、尹文子等一大批海内外领军人才、院士级学者纷纷聚集于齐国学宫。孟子一住就是三十年，十五岁的荀子也在受聘之列，长住于齐国。齐国的科研实力和智库水平迅速崛起。但是，齐国空有人才济济之名，却并没有享受到人才之红利，这与秦国恰恰形成鲜明的反差。如大学者孟子在齐国一居多年，却毫无用武之地。

齐宣王经常与智库成员聊天，其中与孟子谈得颇多。

一次，齐宣王问孟子：和邻国交往有什么要领？

孟子告诉他：惟仁者为能以大事小……惟智者为能以小事大……以大事小者，乐天者也；以小事大者，畏天者也。乐天者保天下，畏天者保其国。

齐宣王听了大赞，说：不过，我这个人有个毛病，我喜欢逞强好勇。

孟子说：好勇没关系呀，只要不是逞匹夫之勇就好。

又有一次，齐宣王要孟子跟他说说什么是行王政。

孟子告诉他：过去文王治岐山时，耕者九一，就是对农民征税实行九一制；仕者世禄，做官的世代受禄；关市讥而不征，市场（商业）只稽查不征税；泽梁无禁，不禁民捕鱼砍柴；罪人不孥，有罪者不搞株连；平时要优先照顾那些无依无靠的弱势群体。这就是行王政。

齐宣王听了说：你说得真好。

孟子问：你认为好，为什么不照做呢？

齐宣王说：我这个人有个毛病，我好财。

孟子说：从前公刘也喜爱钱财。《诗经》说：收割粮食装满仓，备好充足的干粮，装进小袋和大囊；紧密团结争荣光，张弓带箭齐武装；盾戈斧锹拿手上，开始动身向前方。因此留在家里的人有谷，行军的人有干粮，这样军队就毫无顾虑，勇往直前。大王如果喜爱钱财，能想到老百姓也喜爱钱财，这对施行王政没有丝毫影响啊！

齐宣王说：我还有个毛病，我喜爱女色。

孟子回答说：从前周太王也喜爱女色，非常爱他的妃子。《诗经》说：周太王古公亶父，一大早驱驰快马，沿着西边的河岸，一直走到岐山下，带着妻子姜氏女，勘察地址建新居。在他治下，找不到老剩女，也没有单身汉。大王如果喜爱女色，能想到老百姓也喜爱女色，这对施行王政没有丝毫影响啊！

齐宣王直言"寡人有疾"：好勇，好货，好色。在今天看来，他应该是一个很坦诚的君子，有自知之明。那么，齐宣王到底是个什么样的人呢？

首先，这是一个表里不一的人。

齐宣王问淳于髡：你知道寡人喜欢什么吗？

淳于髡说：古之王者喜欢四类东西，大王喜欢有三。

齐宣王感到奇怪，脱口而问：此话怎讲？

淳于髡说：古代王者爱马，大王也爱马。古代王者爱美味，大王也爱美味。古代王者好美色，大王也好美色。古代王者尊崇人才，而大王却不尊崇人才。

齐宣王摇摇头说：国中根本就没有人才啊，否则我也会尊崇他们，喜欢他们。怎么能说我不尊崇人才呢？

淳于髡说：古时有名马骅骝，可是现在没有，大王不惜重金去挑选，可见大王真的喜欢马。古时有美味的豹象，可是现在没有，大王就不辞辛苦去挑选，可见大王真的爱好美食。古时有美女毛嫱、西施，可是现在没有，大王就大动声势去挑选，可见大王真的喜欢美女。至于人才，大王就一定要等到有尧舜禹汤时代的贤人出现，才去尊崇他们。即使贤人知道，也会觉得大王不是真心爱才，不会喜欢大王的。

齐宣王听了，无言以答。

事实上就是如此，当时的孟子、荀子等人可以说都是天下最负盛名的智库人才，但齐宣王对孟子就很轻狂，一见面就喊他"老头子"（叟）。

你孟子不是一直嚷嚷天下无义战吗？寡人就是喜欢打仗（好勇）；你不是主张诸侯要轻徭薄役吗？我就是喜欢声色犬马（好货）；你不是反对沉湎女色吗？我就是喜欢女人（好色）！看你孟子有什么办法。

没想到，孟子见招拆招，将齐宣王驳得无话可说。其实齐宣王并非真的想行王政，他大费周章广揽名士，只不过是满足他爱才的虚名而已。

齐宣王好勇，即位后两年，公元前318年，六国倡议合纵攻秦。这本是件大好事，可是因为大家没推齐宣王做合纵长，他就退群，导致五国失败，让秦国得以坐大。

公元前314年，齐楚联盟，秦国觉得不妙，就派张仪出使楚国，成功地拆散了齐楚联盟，导致齐楚鹬蚌相争，秦国渔翁得利。

同年，燕国发生内乱，齐宣王乘机出兵干涉，只用了五十天就攻占了燕国都城蓟（今北京），差一点就灭掉燕国。

三十年后，燕昭王为报此仇，派乐毅统率燕国及赵、秦、韩、魏五国联军攻打齐国，连下七十余城，使齐国只剩下即墨、莒这两座孤城。虽然最后依靠田单逆袭复国，但齐国却从此走向衰落。

齐国有那么好的智库，为什么反而会衰落呢？

有一次孟子对齐宣王说：有一个人要去楚国，把老婆孩子托付给他的朋友照顾。没想到，他回来却发现自己的老婆孩子一直在受冻挨饿，那位朋友根本没有尽到照顾的责任。你说面对这种朋友该怎么办？

齐宣王答道：和他绝交！

孟子又说：有人负责执法，却连他自己的部下都管不了，你说这该怎么办？

齐宣王说：撤他的职！

孟子接着说：目前齐国政事混乱，民不安居，你说这又该怎么办？

听到这里，齐宣王便"顾左右而言他"了。

好虚名的齐宣王身上还有一个著名的笑话，叫"滥竽充数"。他喜欢听人吹竽，但一定要三百人一起吹。南郭处士并不会吹竽，却混在三百人中装模作样，宣王还很高兴。

齐宣王的王后是个丑女，叫钟无艳，史书上叫钟离无盐。她长得奇丑，却不知何故嫁给了齐宣王。她敢于指责宣王的过失，宣王为表悔改，立她为后，其实就是想彰显自己不好美色而乐于勤政。

齐宣王还喜爱射箭，这本是好事，可他常把自己的弓拿给大臣们观看，为什么呢？就是喜欢别人称赞他善使强弓。大臣们也都装模作样拉弓一试，但只拉到一半就都装作拉不动了，说：拉开这张弓至少需要九石的力，恐怕除了大王，没人能拉得开了。齐宣王听罢大喜。实际上齐宣王用的弓不过三石，但他却始终以为自己有九石之力。其贪名好谀到了这个地步。

孟子曾经直指齐宣王在位时所做的事是缘木求鱼：他想开拓疆土，使秦、楚大国来朝，却不肯改弦更张，放弃霸道；他不忍心看到牛战战栗栗的样子，百姓却得不到半点实惠。

公元前301年，随着齐宣王的去世，齐国的盛世时代也终于结束了。至此，我们不难明白，为何亡秦必楚而不是"必齐"了。

刘项原来皆读书

历史上的皇帝，第一个被刻上流氓印记的当数刘邦，而且也可能是唯一一个。

刘邦脸上犹如被刺了"流氓"两个大字，这其实是一种深沉的偏见。

有几件事，成全了他的恶名。这些事情大家都很熟悉，可是有些事情越说越背离了原貌。

当然，被拿来说事频率最高的就是"食父之羹"了。这件事，史书上是这么记载的：

> 是时，彭越渡河击楚东阿，杀楚将军薛公。项王乃自东击彭越。汉王得淮阴侯兵，欲渡河南。郑忠说汉王，乃止，壁河内。使刘贾将兵佐彭越，烧楚积聚。项王东击破之，走彭越。汉王则引兵渡河，复取成皋，军广武，就敖仓食。项王已定东海来，西，与汉俱临广武而军，相守数月。（《史记·项羽本纪》）

正值刘邦的汉军和项羽的楚军互相厮杀之际，项羽的粮草供应被彭越断绝，项羽非常恐慌。于是——

> 为高俎，置太公其上，告汉王曰："今不急下，吾烹太公。"汉王曰："吾与项羽俱北面受命怀王，曰'约为兄弟'，吾翁即若翁，必欲烹而翁，则幸分我一杯羹。"项王怒，欲杀之。项伯曰："天下事未可知，且为天下者不顾家，虽杀之无益，只益祸耳。"项王从之。(《史记·项羽本纪》)

项羽恐惧之中想出了一则"妙计"，将对手刘邦的父亲捉来威胁准备烹煮掉，以"人质"加谈判的方式来解决自己当前面临的危机。然而，历史上对项羽这种捉拿人质的手段却并不在意，反而以刘邦一句"我的父亲就是你的父亲，你要杀你父亲，也请分一杯羹给我"而指责刘邦不顾亲情，是典型的流氓。一般来说，只有当一个人在无法与敌人正面冲突的时候，也就是所谓"非对称作战"时，才会考虑采用绑架人质的手段来增加自己的筹码。这样的情况，我们在电影、电视里面见过。这个时候，我们常常把绑架人质的一方称为流氓、暴徒。中国古代的人质文化、株连文化在项羽这里得到了完美的体现。有人说，项羽这么做，只是恐吓，做做样子而已。如果这么说，那么刘邦没有上当，恰恰说明他是一个真智者。所以，刘邦和项羽到底谁是流氓，我想，换一个角度就清晰可见了。

其次，被广泛拿来说事的就是刘邦的出身了。

项羽出身贵族世家，祖上都是赫赫武将，身上流着贵族血液，光凭这一点，就给了出身史官之家的太史公司马迁以好的印象。所以，司马迁为项羽这位"失败了的英雄"树碑立传，其间就不免夹杂着这种情愫。

刘邦的出身显然是不能与项羽相比的。他的祖上都是种田的，兄弟数人，还数老季有出息。所以，从道义上讲，刘邦这边的天平就明显要轻一些。再加上刘邦的一些做法，比如他年轻时"不事家人生产作业"，是那个时代的游民，属于被主流意识形态打击控制的对象。

但是，唐人章碣一首名为《焚书坑》的诗里说"刘项原来不读书"，更是将刘邦打入不读书的流氓、草莽一类。

"坑灰未冷山东乱，刘项原来不读书"，和汉初贾谊《过秦论》中的结论异曲同工："秦以区区之地，致万乘之势，序八州而朝同列，百有余年矣；然后以六合为家，崤函为宫；一夫作难而七庙隳，身死人手，为天下笑者，何也？仁义不施而攻守之势异也。"要想帝国基业长青、江山稳固，焚书愚民没用，倚仗山河险固没用，不施仁义，倒行逆施，百万虎狼之师最终都敌不过那些不读书的匹夫，逃不脱身死人手的命运，只会让天下贻笑大方。

两者都对秦始皇当年铸成的大错进行了深刻反省，贾谊看到了人民的力量，而章碣的结论——刘邦、项羽这些造反成功的人都是不读书的流氓、草莽，显然与历史事实不合。

其实，刘邦是读过书的。史载，刘邦"及壮，试为吏"，也就是说他是通过正规的公务员考试，当了公务员——泗水亭长的。汉代采秦法，十里一亭，十亭一乡，亭长主持一亭之吏，大概相当于今天的社区主任。但权力似乎比社区主任要大，"民有讼诤，吏留平辨，得成其政"。刘邦有施政的权力，也有施政的能力。若按秦法或者法家的制度，政府是"以吏为师"的，吏还承担着教化的责任。秦朝有几种选官制度：一是军功爵，这个大家非常熟悉了；二是保举征召（这是做官）；三是考试制度。何谓以吏为师，以法为教？秦朝规定，学生在17岁之后就可以通过参加考试当官。《说文解字》引《尉律》曰："学僮十七已上，始试。讽书九千字，乃得为吏。"清文字学家段玉裁认为"始试"就是第一次参加考试，考不上以后可以再考。考试的内容主要是书法、法律等。《史记》中说刘邦"试为吏"，即这个意思。有专家认为，云梦秦简中有《法律问答》一篇，很可能是秦朝学习法律的教科书。与刘邦一样，夏侯婴也曾"试补县吏"。这个制度到了汉代仍然继承了下来。[①]

所以，说刘邦不读书显然是抹杀历史的。《史记·韩信卢绾列传》记载："及高祖、卢绾壮。俱学书，又相爱也。"侧面证实了说刘邦不读书是抹黑其人。否则，不读书的刘邦如何能写下意象飞扬、大气磅礴的《大风歌》：

大风起兮云飞扬，威加海内兮归故乡，安得猛士兮守四方？

---

① 参见林剑鸣《秦汉史——选官制度和等级制度》、袁刚《秦朝选官——推举和考试》。

大汉建立后，刘邦接受了陆贾的建议，让陆贾写文章给自己读。不久，陆贾写了一本总结历史经验的《新语》，刘邦不仅认真读完此书，还读了不少诸子百家的著述。

刘邦还对儿子说，自己年轻时认为读书无用，现在知错了："吾生不学书，但读书问字而遂知耳。以此故不大工，然亦足自辞解。今视汝书，犹不如吾。汝可勤学习，每上疏宜自书，勿使人也。"（《古文苑》）其实，"不学书"只不过是说他们读的书不如别人多而已。刘邦不是贵族，加上他的行为有些"另类"，比如史家说他好色、好酒，"廷中吏无所不狎侮。好酒及色。常从王媪、武负赊酒"，常常身上没有钱，只有靠赊酒度日。但这些都只能算是个人小节，而他的另一面却是"大度"，于钱财的问题上不斤斤计较。县令大人请客，身无分文的刘邦不得不前往，"贺钱万"，声称送贺礼一万，可实际上不持一钱，打了个白条。这只能说是无奈之举，也因此才获得了吕太公的高看。出身低微的刘邦却有大丈夫之志，他到咸阳看到秦始皇以后，喟然太息道："嗟乎，大丈夫当如此也！"与项羽的口气一模一样。后来，他解送一批犯人去给秦始皇做义工，在半道上主动遣散这些"义工"，自己选择了逃亡，这样的举措颇有大丈夫气。而项羽的"革命"则是靠他的父辈荫赐，与刘邦因义气而"革命"不可相提并论。

刘邦也孝顺，为吏之时，也经常"告归田里"。孟康说："古者名吏休假曰告。"依照汉律，吏二千石有予告、赐告二种。

予告是指在职官员有功的，依法可以享受年休假；赐告，就是因病或别的原因被特批休假，"天子优赐，复其告，使得带印绶，将官属，归家治疾也"。韦昭说："告，请归乞假也。"就是请事假。显然，刘邦不属"名吏"，享受不到"予告"和"赐告"的待遇，只能是自己请事假。其请假的目的是回田家看望父母家人，可见其孝。此外，好色的刘邦，却与结发之妻始终相敬如宾，这也是难能可贵的。

相反，项羽并不是草莽，虽然出身贵族，却满身流露着杀气。但说项羽原来不读书，同样是无视历史。虽然有史载，项羽年轻时，没读多少书："学书不成，去；学剑，又不成。项梁怒之。籍曰：'书足以记名姓而已。剑一人敌，不足学，学万人敌。'于是项梁乃教籍兵法，籍大喜，略知其意，又不肯竟学。"然而，学兵法不是读书又是什么呢？只不过是他学得好不好的问题。或者可以说，刘邦也好项羽也罢，不爱读儒家的经书罢了。

否则，不读书的项羽又如何能写下悲壮顿挫、一唱三叹的《垓下歌》：

> 力拔山兮气盖世。时不利兮骓不逝。骓不逝兮可奈何！虞兮虞兮奈若何！

项羽学什么都是虎头蛇尾，不能坚持，属于典型的"问题少年"。把读书看作是仅仅能记名姓而已，更非贵族之态。"革命"后，杀人如麻不眨眼，对待俘虏更是如此，如烧杀纪信、烹杀周苛、井杀枞公。最让人无法忍受的就是他以人质相要挟，要挟不成就要撕票的做法，与流氓暴徒无异。施暴是流氓行为，不是贵族作风。可见，读书多少与会否成为流氓并无必然联系。

相反，刘邦面对对手的要挟，从容淡定，机智应对，倒让我看到一个谈判高手的气质。一个气急败坏，一个沉着镇定，联系战场上项羽的刚愎自用，刘邦的从善如流，项羽毫无贵族之气，而刘邦倒颇有贵族风度。

《史记》记载，在灭秦之战中，刘邦和项羽都表示愿意进军关中，而楚怀王身边诸人都认为："项羽为人僄悍猾贼，项羽尝攻襄城，襄城无遗类，皆坑之，诸所过无不残灭。且楚数进取，前陈王（指陈胜）、项梁皆败。不如更遣长者扶义而西，告谕秦父兄。秦父兄苦其主久矣，今诚得长者往，毋侵暴，宜可下。今项羽僄悍，今不可遣。独沛公素宽大长者，可遣。"于是独派刘邦西进。可见，刘邦身上体现出来的富有仁义的精神品质已为大家所公认。做过项羽执戟郎的韩信也认为，项羽"名虽为霸，实失天下心"。

中国有"成者王侯败者寇"的传统，却也有同情美化失败者、嫉恨抹黑胜利者的传统，人怕出名猪怕壮，流言蜚语常常围绕在胜利者的周围。前一个传统主要表现在政治意识形态上，后一个传统则深植于民间。有些事情，其实换一个角度去看，真相就不是那么回事。

秦始皇变形记

秦始皇一直以"暴君"的历史形象驰名于世，秦的灭亡原因也被归结于"暴政"。其实，只要认真梳理历史记载，不难发现，秦始皇固然可恨，但他并非一般意义上的"暴君"，而是有着雄才大略的开国皇帝，他的形象经历了一个漫长的"变形记"。

严格地说，秦始皇并没有真正统一全国。所谓的"大一统"，至少包含三个层次：一是地域上的统一，二是制度上的统一，三是精神上的统一。秦始皇的统一做到了前面两个方面，但是第三个层次，也就是六国在精神上并没有被真正统一起来。

六国对秦在统一过程中的不满，一直延续到秦统一之后。

而秦始皇忽视了六国在精神上对大秦帝国的疏离，以及对大秦在制度上的不适应感。

这一切，也许与秦王朝存在时间太短关系密切。

东汉刘秀在建立新的王朝后，又经过十一年的东征西讨，终于在公元36年扫灭了最后一个割据势力公孙述，结束了西汉末期以来近十九年的纷争混战，这时间比秦始皇在位时间还要长。

李渊建唐以后，又经过了长达八年的统一战争和玄武门之变，直到李世民即位，又多次对西北突厥等多个少数民族政权用兵，才真正实现统一。

赵匡胤陈桥兵变建立大宋之后，经过了长达十五年的用兵，直到975年才消灭南唐，基本实现统一。

清朝的统一历时更为长久，自1640年入关定鼎北京后，直到1683年收复台湾，才基本上实现全国的统一。

可见，政治上的统一需要时间，精神上的统一更需要时间。秦始皇虽然统一了"山东六国"，并将秦制推行天下，但仅依赖其制度自信，忽略了六国的文化自信，缺乏对六国在精神上的安抚，加上忙于应对北方匈奴的威胁，在短时间内对六国的控制力相对不足，导致一旦有人揭竿而起，就点燃了六国旧贵族的复仇之火。

暴秦：传统的抹黑话术

汉朝建立后，继承了秦制。

倘若秦制真的是严刑峻法，为什么奉行清静无为黄老之道的西汉初年，不予以改变呢？

其实，并非秦制之错，也根本不是因为秦行暴政。

最根本的原因是，秦国统一天下后，"山东六国"在短时期内无法适应秦制，从而引发了冲突。

秦国经历商鞅变法之后，基本上消灭了贵族世袭。建立统一的大帝国后，秦向六国普遍推行秦制，势必侵犯了旧贵族的利益，也影响甚至改变了黔首们的生活习惯。

秦法并不是统一之后才施行的，首先在秦国原有的区域内实行已久，秦国的百姓早已适应。否则，秦国百姓也会像"山东六国"那样早就起而反抗了。事实上，秦法实施之后，秦国迅速强大起来，是取得了百姓支持的。秦国内部没有出现动乱，这就是明证。

但是，"山东六国"的改革远落后于秦国，贵族势力根深蒂固。原有的体制并没有随着六国消亡而消亡。因此，一旦有人率先举起旗帜，就会引起强烈的反弹。而反弹最强烈的，便是楚国，这缘于楚国的家族（部族）体制。

《史记·陈涉世家》记载，此时"诸郡县苦秦吏者，皆刑其长吏，杀之以应陈涉……当此时，楚兵数千人为聚者，不可胜数"。

《史记·张耳陈余列传》记载："陈王奋臂为天下倡始，王楚之地，方二千里，莫不响应，家自为怒，人自为斗，各报其怨而攻其仇，县杀其令丞，郡杀其守尉。"

可不可以推断，"暴秦"之说应该是山东诸国为唤起人们反抗秦的统治而采取的一种史不绝书的抹黑手段呢？这背后，归根结底，是两种制度的冲突。

从秦朝走过来的刘邦，即位之后，自然知道秦法的好处，那就是公平。这是社会稳定、政权稳固的基石。否则，他不可能不改变秦制。后来，毛泽东称"百代皆行秦政制"，充分说明秦制并非一无是处。

后世为了证明秦行暴政，还将扣押楚怀王当作秦国挟诈失信的例子。宋代名臣洪迈在《容斋随笔》中就专门论述，且将其归罪于魏冉，提出当时"秦王不过十余岁，为此事者必魏冉也"。是魏冉他这一挟诈失信之举，导致秦国得罪于天下后世，洪迈因而痛骂魏冉是"区区匹夫之见，徒能为秦一时之功，而贻秦不义不信之名万世不灭者，冉之罪诚大矣"。这一话语仍然是儒家抹黑秦政的方式，只不过是稍为秦王开脱。殊不知，战国后期，在诸侯国的冲突、战争中，诈术普遍施行，举凡"孙子兵法""三十六计""六韬"等何尝不存诈术？扣押诸侯国国君的先例也多，就是楚国自己对其他许多小国也常有类似的幽禁、胁迫甚至直接吞并的行为。

相较而言，秦国自穆公以来，举贤用能，重用百里奚等人，三次扶立晋国国君。楚怀王死在秦国，秦王除送还其遗体外，还赠予楚国粟五万石，作为怀王之死的补偿。要说失信，"东方六国"的失信远甚于秦。秦王初并天下，令丞相、御史，历数六国之罪，陈述了自己灭六国的正当性：

韩国：异日韩王纳地效玺，请为藩臣，已而倍（背）约，与赵、魏合从（纵）畔（叛）秦，故兴兵诛之，虏其王。寡人以为善，庶几息兵革。

赵国：赵王使其相李牧来约盟，故归其质子。已而倍盟，反我太原，故兴兵诛之，得其王。赵公子嘉乃自立为代王，故举兵击灭之。

魏国：魏王始约服入秦，已而与韩、赵谋袭秦，秦兵吏诛，遂破之。

楚国：荆王献青阳以西，已而畔约，击我南郡，故发兵诛，得其王，遂定其荆地。

燕国：燕王昏乱，其太子丹乃阴令荆轲为贼，兵吏诛，灭其国。

齐国：齐王用后胜计，绝秦使，欲为乱，兵吏诛，虏其王，平齐地。

最后秦王宣称："寡人以眇眇之身，兴兵诛暴乱，赖宗庙之灵，六王咸伏其辜，天下大定。"（《史记·秦始皇本纪》）

这些是不是事实？毫无疑问，都是事实。

都说秦法酷烈，其实，西汉法制比秦法之酷并不稍逊。秦始皇统一六国后没有杀过功臣，王翦、王贲、王离、章邯、蒙武、蒙恬等，这些功臣一个都没有被杀。以至项羽部下陈余致书劝降秦将章邯时，都只能拿白起说事。白起被赐死，缘于他与范雎不和，又值楚魏十万大军攻秦，秦兵损失惨重，白起借病拒绝应秦昭襄王之诏出兵，秦昭襄王将兵败迁怒于白起。而西汉虽然没有大杀开国功臣，但他们大多活在一种不安全感中，韩信、卢绾都是因此被逼上反叛之路，而一段时期内丞相多冤死，王室的不安全感始终如影随形。秦始皇不杀功臣，哪来如此强大的自信？恰恰来自秦朝的法制。比如，秦朝的皇子和其他臣民一样，没有特权；秦朝的功臣也须遵循法制。

当然，秦法有没有弊端？自然是有的。比如犯了法，直接就是一个死。这才导致秦末，陈胜误期，刘邦误事，都因为怕死，才被迫走上反抗之路，既无生路，不如干脆放手一搏。

公元前209年，阳城（今河南登封东南）派了两个军官，押着九百名民夫到渔阳（今北京市密云西南）去防守。其中两个办事能干的屯长：一个叫陈胜，阳城人，字涉，原本是个长工；一个叫吴广，阳夏人，是个农民。恰遇七月大雨，道路不通，估计到达渔阳已误了规定的期限。依秦法，误期是要杀头的。[①] 他们没有选择，如果继续前往，结局是死；如果逃走，结局也是死，毫无生的希望。既然这样，干脆搏一搏，于是他们选择了"干一番大事"。

刘邦以亭长的身份从泗水郡押送徒役去骊山，有很多徒役在半路逃走了。刘邦估计到了骊山人也都逃光了，所以走到芒砀山时，就停下来饮酒，趁着夜晚把所有的徒役都放了。刘邦自己也选择了逃亡。陈胜起事后，刘邦家乡沛县令派樊哙将流亡在外的刘邦叫了回来，此时刘邦已聚集了数十百人。

可见，正是这种刚性寡情少恩的法令，将六国黔首"逼上梁山"。如果说严酷，就在于法制的严酷，但与一个"暴"字尚有区别。

---

① 而关于这一记载，随着新出土文献的面世，进一步佐证，秦法中并无此规定。疑是陈胜故意歪曲以误导这些民夫。

信奉法家的秦帝国，在刑法方面确实走得过猛、过刚、过急，以至《汉书·刑法志》称其"专任刑罚"，导致少仁恩与义。

比如秦朝的刑法，单是死刑，就有弃市、腰斩、车裂、枭首、具五刑等十多种，动辄处死。

《史记·高祖本纪》载，刘邦入秦后，召诸县父老豪杰曰："父老苦秦苛法久矣，诽谤者族，偶语者弃市。"可见，秦制之失并不在制度，而在于其具体的法令，备受诟病者又集中在"诽谤""偶语"这两大焦点上。

但是，刘邦只是短暂地"悉除去秦法，诸吏人皆案堵如故"，另行"约法三章"。等到刘邦为汉中王之后，接管的基本上都是故秦旧地，属于秦文化区。刘邦东向与项羽争雄，萧何留守汉中。萧何又是故秦旧吏，熟悉秦制。也只有他知道秦制律令的重要性，"诸将皆争走金帛财物之府分之，（萧）何独先入收秦丞相御史律令图书藏之"。无论是客观条件，还是主观因素，萧何治汉中，用的恰恰都是秦制。也只有照旧施行秦律，郡县及基层组织维持原样，尊重秦地原有的乡邑秩序和乡绅富豪的地位，萧何才能在短时期内为刘邦做好后勤保障工作。

萧何治理的成功，为汉帝国提供了经验，指明了方向。刘邦称帝后，"汉承秦制"就顺理成章，他封萧何为第一功臣，并任命萧何为丞相。又命萧何参照秦朝法律"取其宜于时者，作律九章"，即"汉律九章"。这些法令较秦时宽松，但其实施行的仍然是秦法。直到孝惠四年（前191年）三月，吕雉才下令废除"挟书律"。如果说此法本为秦始皇焚书坑儒时制定之"恶法"，为什么汉初没有被废除而又延续了十余年呢？刘邦在位时，并不认为"挟书律"有问题。吕雉后来却下令鼓励民间藏书、献书，恢复旧典。同样，秦法中"三族罪、妖言令"直到公元前187年才被下诏废除。

在亡秦的合法性问题上，人们当然可以找出很多理由，包括汉初总结秦亡的原因，都有其道理，但其中的奥秘，倒是荀子道出的：

> 兼并易能也，唯坚凝之难焉。（《荀子·议兵》）

凝，通俗地理解就是凝聚力，凝聚人心。秦并六国之后，首要的问题就是这个"凝"字，即如何凝聚六国民心。

怎么"凝"？荀子说：

> 凝士以礼，凝民以政，礼修而士服，政平而民安，士服民安，夫是之谓大凝。（《荀子·议兵》）

就是以礼来赢得士心，以政来获取民心。

在兼并六国的过程中，秦国的措施是能得民心的，其中一个重要举措就是将罪人赦免为平民，迁其到缺乏劳动力的地方从事耕作，这也符合民众愿望。

另外，秦国推行强本弱末之策，将兼并之后的城市贵族和富商流迁至边远地区，削弱他们的势力。

在对待士的态度上，秦国在吕不韦为相之时，大肆招徕门客，多达三千人，"使人人著所闻"，然后采择综合，成《吕氏春秋》一书。书中综合了儒、法、兵、农、阴阳等诸子学说，成为秦国统一的指导思想。换句话说，秦国对待士的态度是广收博取，"假人之长，以补其短"。可见，秦国并不全然排斥儒学，也提出用"义兵"取天下，也主张国君应"无为"，因此，其指导思想是以杂家的姿态出现的。

秦始皇则是以法家思想为主体，兼用阴阳诸家。值得指出的是，他也并不排斥儒家，他不仅招有齐鲁等地的儒生如淳于越等作为博士，而且采纳他们"封禅"的主张。但严格地讲，这时的儒生还不是后世那种以五经为本、以孔子为宗的儒家，或者说包含但不仅限于儒家。

鲁昭公二十年（前522年），孔子三十岁，齐景公率齐国大夫到鲁国进行国事访问，曾经问孔子曰："昔秦穆公国小处辟，其霸何也？"孔子的回答是："秦，国虽小，其志大。处虽辟，行中正。身举五羖，爵之大夫，起累绁之中，与语三日，授之以政。以此取之，虽王可也，其霸小矣。"

在年轻的孔子看来，秦国虽然国土面积小，地处偏僻，但是志向远大，行为中正。秦国这样做，称王都可以，称霸算是小的了。

孔丘推崇西周王制，将孝悌视为仁之本，认为传授孝道就是行政。他为什么如此高度评价秦穆公的政治呢？说明秦穆公的做法与孔丘心目中的"王道""孝治"比较吻合。

秦穆公自己也以这种做法自豪。据《史记·秦本纪》记载，戎王派由余以使臣的身份到秦国探听虚实。秦穆公向他展示了秦国的宫廷建筑、礼乐制度、库府积聚，并且自诩："中国以诗书礼乐法度为政。"

《汉书·贾谊传》载："商君遗礼义，弃仁恩，并心于进取，行之二岁，秦俗日败。故秦人家富子壮则出分，家贫子壮则出赘。借父耰鉏，虑有德色。母取箕箒，立而谇语。抱哺其子，与公并倨。妇姑不相说，则反唇而相稽，其慈子耆利，不同禽兽者亡几耳。"

贾谊这番话，代表了汉人对秦政的偏见。

贾谊认为，秦国家庭富有的，儿子成人要与父母分居；家穷的，则做上门女婿。儿子借给父亲农具，脸上显露出赐予父亲恩德的表情；婆婆前来拿簸箕扫帚，儿媳口出恶言；儿媳怀抱吃奶的婴儿，与公爹姘居鬼混；婆媳关系不好，就公开争吵。他们只知道慈爱儿子，贪求财利，这与禽兽已经没有多少差别了。

事实果真如此吗？秦法强制父子兄弟分户而居，恰恰是为了改变"父子无别，同室而居"的"戎翟之教"，并非单纯地为了增加国家的户数与人口，增加政府的赋税收入，扩大兵源；儿子儿媳对父母不好的情形，任何国家任何时代都会存在，但贾谊明确说了，秦国"慈子耆利"，这说明秦人至少讲慈爱。

子女有禽兽之行，并不能证明秦国不重孝道。相反，"以孝治天下"并非多数学者所认为始自西汉。

"孝治"也并非儒家的专利，它有着悠久的政治传统。孝本身是一个历史范畴，春秋时期，法家讲孝，墨家也讲孝："为人

君必惠，为人臣必忠，为人父必慈，为人子必孝。"（《墨子·兼爱下》）

《韩非子》不仅把忠、孝、仁、义、礼看作是重要的政治范畴，而且以《忠孝》名篇，批评孔子不识忠孝真谛，进而阐释自己的忠孝、仁义、德政理论，将"孝悌忠顺之道"作为"定位一教之道"："臣事君，子事父，妻事夫。三者顺则天下治，三者逆则天下乱，此天下之常道也。"

《商君书》张扬法治，鼓励耕战，多有贬低礼乐、仁义之政的评说，但是也极力强调修德、忠孝的政治作用，主张君主施政不必依赖忠臣孝子，忠臣孝子也必须遵守法律并凭借功勋获得爵位。

在商鞅这里，礼、法同义，他认为"法者，所以爱民也；礼者，所以便事也"，并且主张"当时而立法，因事而制礼"。因此，秦国将各种与中央集权君主政体相匹配的礼制及礼义纳入秦法。

"礼"包含了与君主制度、宗法制度相匹配的各种等级规范及其制度伦理。"礼治"还是从"孝治"演变而来的，"孝治"是"礼治"的本原依据、核心要素和重要内容，旨在维系父权宗法家族的等级秩序，其内在一致性十分明显。

秦朝礼制又来自周礼。西周王朝将礼治这种政治模式发展到巅峰，被孔子魂牵梦萦。简而言之就是"家国天下"，依据宗法，以族治、家国、宗君、世官为基本特征，即后世所称的"周礼"。

据《史记·礼书》记载，秦朝礼制"悉内六国礼仪，采择其善"，到汉朝"大抵皆袭秦故。自天子称号下至佐僚及宫室官名，少所变改"。这表明，秦汉礼制的基本原则和主体框架"依古"不变，只是在一些具体制度上"颇有所增益减损"。

西汉儒家学者大都有意混乱一个逻辑，那就是将自己尊崇的思想主张或观念冠以儒的名号，以至后世将这些思想主张或观念称为儒家专有的思想，一些经典被归为儒家专有的经典。为了彰显儒家地位，不排除他们有意突出儒家在秦朝的"苦大仇深"，因此将秦政简单地称为"暴秦"，抹杀了秦政的真相。

事实上，到秦始皇时期，秦国依然重视孝治、礼制，宣扬德治，这些在原始文献中多有记载。《史记·秦始皇本纪》记载，秦朝在各地的纪功刻石中，都在宣扬仁义道德，标榜秦始皇的"仁""义""圣""德"，称颂皇帝"原道至明""体道行德""匡饬异俗"。如《绎山刻石》就称颂秦始皇"上荐高庙，孝道显明"。琅琊刻石称颂秦始皇"端平法度，万物之纪。以明人事，合同父子"，使"尊卑贵贱，不逾次行"。云梦秦简《语书》是秦朝郡守发布的教令，其明确提出："为人臣"要"忠"，作良吏要忠厚、"廉洁""有公心""能自端"。

这些都说明秦朝君臣显然是信奉这些观念的，并且企图通过这种方式大力宣扬倡导。

云梦秦简《为吏之道》《语书》等都对官吏的道德准则提出了很高的要求，倡导广大官吏做忠臣孝子。其中《为吏之道》明确将父慈子孝列为"政之本"。韩信当年"贫无行，不得推择为吏"——韩信因为家穷而行为不端，被剥夺了做吏的资格。

同时，秦朝法律中还有"不孝"之罪。规定，子女不孝属于重罪，根据情节轻重处以"鋈足"、流放，甚至死刑。"殴大（打）父母，黥为城旦舂"，（睡虎地秦墓竹简《法律答问》）即男子要在脸上刺字后被罚去筑城，女子在脸上刺字后被罚去舂米。另外，秦法还规定禁止丈夫任意殴打妻子，即使妻子蛮横，遭到丈夫的轻微殴伤，丈夫也要负刑事责任。妻子杀死与他人通奸的丈夫，却可以不负刑事责任。这比秦以后的类似法令要公平得多。

由此可见，一概抹杀、否定秦政，简单地将其归结为"暴政"，是不符合历史唯物主义的。贾谊的上述说法，也是一种突出对比的文学手法，以强调汉代"其遗风余俗，犹尚未改"，甚至出现"今其甚者杀父兄矣"等更严重的现象。

我们看历史，不能以西汉儒家的是非为是非，而应从历史事实出发。汉能顺利地继承秦制，本身就是秦制"优越性"的明证，至少说明其有可取之处。

秦朝从统一到灭亡仅仅十四年，假使再给其几十年时间，或许历史将呈现出一个新的面貌。当然，历史无法假设。但是，当反秦烽烟四起时，不管"山东"如何纷乱，秦之故地一直较为稳定，正如秦的仆射周青臣说："人人自安乐，无战争之患。"这应是事实。

问题是过去两千年的历史是胜利者书写的，汉人对"暴秦"的描述，和商人对夏桀的描述、周人对商纣的描述，其实是一样的道理。通过抹黑对手，将自己的"颜色革命"合法化和正当化。

这种对大秦帝国的抹黑话术，随着时间的推移，更是愈演愈烈。著名的孟姜女哭长城，就是一例。孟姜女最早出现于《左传·襄公二十三年》，乃齐国武将杞梁的妻子，无名无姓，称为杞梁妻。其后《礼记·檀弓》提到杞梁战死，其妻悲之，加上了哭的情节。直到刘向《列女传》才出现其哭了十日而城崩的情节。总之，都跟秦始皇修长城八竿子打不着。直到唐代贯休的诗里，才将孟姜女移到秦朝，使其成为一个广为流传的抹黑秦始皇的民间故事。

事实上，修长城并不能证明秦行暴政，就好像战争一定会导致死人，但不能说战争都是暴行，其也有正义的一面。在冷兵器时代，面对匈奴骑兵来去匆匆的侵袭，修长城应该说是一个行之有效的办法。虽然修长城不能从根本上解决匈奴问题，但对于阻止匈奴随意南下无疑作用很大，否则明朝不会再修长城。传统的抹黑话术是导致秦始皇的历史印象越来越模糊变形的重要原因。

焚书：是书同文的必然吗

焚书，是"暴秦"最受诟病的大事件之一。

秦之焚书，早在商鞅变法中就提出过。

商鞅在秦国变法时，首先就遇到一个困境，那就是秦国贵族以"法古""循礼"为理由反对变法。也就是说，商鞅面临的是一个古今之争的困境。

商鞅对此予以强烈的回击，他提出：

> 治世不一道，便国不法古。故汤、武不循古而王；夏、殷
> 不易礼而亡。反古者不可非，而循礼者不足多。（《史记·商君
> 列传》）

因而，商鞅主张"当时而立法，因事而制礼"，一切立足于客观现实的需要，与时俱进。

商鞅认为，法古也好，循礼也罢，都是深受六国儒生影响的谬论，因而为打击反对变法的秦国贵族，他提出"燔《诗》《书》而明法令"。

不过，这一次有没有真正实施焚书，史无明文。

第二次焚书，面临的境况似乎与前一次如出一辙，虽然是在秦帝国建立之后，与商鞅变法相距约 150 年之久。此时，六国并入大秦的版图，原来在秦国消失已久的古今之争的声音再次进入大秦执政者的耳中。

它起因于七十博士祝寿咸阳宫，仆射周青臣的一段颂词，称如今的秦帝国"人人自安乐，无战争之患"，引发原本是齐人的博士淳于越的反弹，而主题仍然是"古今之争"：

> 臣闻殷、周之王千余岁，封子弟功臣，自为枝辅。今陛下有
> 海内，而子弟为匹夫，卒有田常、六卿之臣，无辅拂，何以相救

哉？事不师古而能长久者，非所闻也。（《史记·秦始皇本纪》）

正是基于齐博士的这一古今之争，丞相李斯痛心疾首地提出了"焚书"的请求：

> 古者天下散乱，莫之能一，是以诸侯并作，语皆道古以害今，饰虚言以乱实，人善其所私学，以非上之所建立。今皇帝并有天下，别黑白而定一尊。私学而相与非法教，人闻令下，则各以其学议之，入则心非，出则巷议，夸主以为名，异取以为高，率群下以造谤。如此弗禁，则主势降乎上，党与成乎下。禁之便。臣请史官非秦记皆烧之。非博士官所职，天下敢有藏《诗》《书》百家语者，悉诣守、尉杂烧之。有敢偶语《诗》《书》者弃市。以古非今者族。吏见知不举者与同罪。令下三十日不烧，黥为城旦。所不去者，医药、卜筮、种树之书。若欲有学法令，以吏为师。（《史记·秦始皇本纪》）

李斯请焚书，有几个值得注意的地方：

一是，非秦记之书，烧之，也就是所焚者皆六国之书。

二是，博士官所藏之书，不在其列。

三是，六国之医药、卜筮、种树这三种书不在其列。

可见，秦之焚书并非后世所理解的那种不分青红皂白地一概焚其所有图书，是所谓的文化灾难。这里，并非要美化"焚书"这种错误做法，我们只探讨一种可能性，那就是结合"书同文"来看，这可能是政府的一个重要的举措。或者用今天的话来说，就是思想清污，将六国之书视为"非法出版物"；另一个重要的原因是，焚书的动机可能缘于六国之书皆古文。

著名史学家翦伯赞则提出了另一种"焚书"的可能性："对于古典文献，不分青红皂白，非秦者烧。"[①] 也就是说，秦始皇焚的是非议秦朝的书，而不是特意针对儒家诗书。

其实那个时候，也没有明显的学派之分，学派意识是后来才有的。张分田教授也认为，秦始皇从来不曾特别示意要禁绝某一个学派，更没有刻意诛杀某一学派的学者。

我更倾向于认为，秦始皇焚书并非要特意制造一场文化灾难，否则难以解释他为什么要焚掉《尚书》《诗经》这两部对秦国有着重要意义的经典。首先，《尚书》就是秦代"儒者"整理出来的。《尚书》简称《书》，作为后世儒家"五经"之一，以《尧典》为首篇，以《秦誓》为末篇，它最大的政治功能就是将秦朝纳入帝王之统。这一点极为重要，毕竟秦历来被中原诸国视为"夷狄""虎狼之国"。这样一本书，秦始皇怎么可能要焚掉呢？另外，《诗经》十五国风中有"秦风"，那篇著名的《无衣》充分展示了激昂慷慨、同仇敌忾的秦国精神："岂曰无衣？与子同袍。王于兴师，修我戈矛。与子同仇！"这样的诗歌，秦始皇为何也要焚毁？

对秦统一立下大功的李斯，不可能不懂得其中道理，其焚书的建议，或许既是出于"书同文"的必要，也是出于对是古

---

① 翦伯赞：《中国史纲》（第二卷《秦汉史》），北京大学出版社，1983。

非今的不满：

> 五帝不相复，三代不相袭，各以治，非其相反，时变异
> 也。今陛下创大业，建万世之功，固非愚儒所知。且越言乃三
> 代之事，何足法也？（《史记·秦始皇本纪》）

"山东六国"原本就是周朝的邦国，深受礼乐文化的影响浸染，民多尚古，特别是儒者，更是动辄以古论今，以古非今。

秦始皇焚书对象应该主要是民间私存的《诗》《书》及各国史记，包括《周易》在内的诸多经典文献及包括《孟子》在内的诸子著作都不在焚毁之列，更何况秦国自己整理的《尚书》《诗经》呢？

后东汉大儒王充说："秦虽无道，不燔诸子，诸子尺书，文篇具在。"这令人怀疑焚书的真实性。李斯明确反对的是"以古非今""犯者族"，因此，古人亦说"六经之亡，非秦亡之也，汉亡之也"（清代刘大櫆语）。

至于六国儒生所传习的诗书，以及除韩非等法家之外的百家之说，并非不受秦之欢迎，也不是在秦国没有市场。孔子、孟子分别周游列国，止步于秦之边界，其正式弟子也从未踏入秦国一步，那是另一种机缘巧合。

荀子入秦"观政"后接受范雎的"采访"时说：

> 其固塞险，形势便，山林川谷美，天材之利多，是形胜
> 也。入境，观其风俗，其百姓朴，其声乐不流污，其服不挑，

甚畏有司而顺，古之民也。及都邑官府，其百吏肃然，莫不恭俭、敦敬、忠信而不楛，古之吏也。入其国，观其士大夫，出于其门，入于公门；出于公门，归于其家，无有私事也；不比周，不朋党，偶然莫不明通而公也，古之士大夫也。观其朝廷，其朝闲，听决百事不留，恬然如无治者，古之朝也。故四世有胜，非幸也，数也。是所见也。故曰：佚而治，约而详，不烦而功，治之至也。秦类之矣。（《荀子·强国》）

荀子作为一个有原则的学者，以其亲历亲见，对秦国表示了高度认可。

一是民风淳朴，这正是包括儒生在内的诸子所追求的理想境界，因而他发出"古之民也"之叹。

二是官场风气正，人人守法，恭俭忠信。这同样是儒家倡导的标尺，因而他发出"古之吏也"之叹。

三是士风好，不结党营私，不拉帮结派，处事公正，执法公平，于是他有"古之士大夫也"之叹。

四是朝政效率高，"古之朝也"。

后二者恐怕是儒家治国所企望而做不到的，因而他得出一个结论："治之至也。"

荀子的四叹，应当不是阿谀之辞，他在范雎面前没有必要献媚讨好。

不过，有意思的是，荀子特意在此做了一番古今对比，彰显出六国学者的思维模式。

此后，荀子蒙受秦昭王接见，回答了他关于"（儒者）其为人上何如"的质询：

> 忠信爱利形乎下……近者歌讴而乐之，远者竭蹶而趋之，四海之内若一家，通达之属，莫不从服。（《荀子·儒效》）

荀子也指出了秦国之短：

> 虽然，则有其諰矣。兼是数具者而尽有之，然而县之以王者之功名，则偶偶然其不及远矣！是何也？则其殆无儒邪！故曰：粹而王，驳而霸，无一焉而亡。此亦秦之所短也。（《荀子·强国》）

荀子认为，秦国的短处在于"无儒"，这应当是事实。但荀子入秦应该是在公元前262年（秦昭王时期），这离秦始皇统一尚有四十年时间，之后情况发生了大的变化。此时的荀子不忘推销自己的治国之道，但这在当时统一的趋势下还只是一种不切实际的空想。

不过，荀子倒是很实在，提出儒的好处是"歌讴而乐之"，也就是"美政""美俗"：

> 通乎财万物、养百姓之经纪。势在人上则王公之材也，在人下则社稷之臣，国君之宝也。……儒者在本朝则美政，在下

位则美俗。儒之为人下如是矣。(《荀子·儒效》)

所谓"美政""美俗",说白了,就是帮统治者美化其文治武功,进而教化引导民众,作为政权的润滑剂或减震器。

真人面前不说假话,荀子此番论述,算是真正提示了"无儒"之短,从而也似乎预见到秦二世而亡的前景。

但是,秦昭襄王听后,只给了一个字的回应:"善。"意思大概是:好吧,今天就谈到这里。

荀子在秦国碰了壁之后,荀子的弟子却不顾老师的赞誉,直书"暴秦":

孙卿迫于乱世,鳎于严刑,上无贤主,下遇暴秦。礼义不行,教化不成,仁者诎约,天下冥冥……将怀圣之心,蒙佯狂之色,视天下以愚。(《荀子·尧问》)

秦国"无儒"的情形,至少到了秦始皇时期发生了大的变化。据《史记·秦始皇本纪》记载,秦始皇自诩"悉召文学方术士甚众,欲以兴太平",他征聘了七十余名学者担任博士,又召集两千多人为诸生。也就是说,秦朝设"博士"之官,博士之下又设置"诸生",其博士群体的规模可比两汉,博士的学术风格也比汉代丰富多彩。

博士、诸生大多是征聘、召集"文学"之士充任的。"文学"特指研究各种经典文献的学术作品,这些经典文献后来大多成为"儒家经典"。

秦朝博士多有学术上的差异，而其中闻名于后世者大多被确认为所谓"儒者"的经学家，有精通《尚书》的伏生、被称为"汉家儒宗"的叔孙通、被《汉书·艺文志》列入"儒家"的羊子等。秦始皇还曾召孔子的九世孙孔鲋（孔甲）为鲁国文通君。

秦历时百年定六国，统一后，竟然二世而亡，根本原因并不是其制度有问题，而是遭到六国传统旧制度的抵抗，秦来不及对其制度进行完善，使之能为六国民众所接受，就土崩瓦解了。假如给其足够的时间，说不定会呈现出另一种走向。假如采纳荀子的建议，吸纳儒者，给其法制以适当的润滑或减震，让六国的黔首慢慢归化，秦朝的统治或许会是一种新的面貌。相反，在意识形态领域，秦帝国又采取了简单粗暴的手法，企图通过"焚书坑儒"等手段来达到统一思想、消除杂音、整齐人心的目的，结果只能适得其反。西汉建立后，儒生们极力推崇儒术，贬抑暴秦，不仅仅是给自己谋求政治合法地位，也是为了实现其政治理想，避免重蹈覆辙。正是有鉴于亡秦之失，汉以后"以经术缘饰吏治"之风越发盛行，走向了另一面。

坑儒：秦始皇的上当史

坑儒是秦帝国继焚书之后又一件被人诟病的大事件。焚书、坑儒二者连在一起，成为儒家话语体系中的一张悲情牌。

秦始皇坑儒毫无人性可言。这种无道的做法，回过头来看也许并非始于一个偶发事件，而是他多次上当之后的直觉反应。

公元前213年，博士淳于越提出封建诸子的建议，在讨论中，引起丞相李斯的坚决反对。封建诸子是周朝的制度，而秦早就实施了郡县制。如果分封诸子，既是重蹈周的旧辙，也是对现行制度的否定。事实上，这不是统一六国后第一次提出分封制，公元前221年，丞相王绾等就提出分封诸子的建议，当时李斯是廷尉。秦始皇下令让大家讨论。李斯认为，从周朝的经验教训来看，分封没有好处，想当年诸侯争霸、征战不休，这些诸侯原本都是周的同姓同宗亲属，他们的后代逐渐疏远，结果互相攻击如仇敌。当时，秦始皇支持了李斯的建议。

没想到，时隔几年又有人旧话重提，秦始皇让大臣们讨论，自然引起已是丞相的李斯的不快。

因而，李斯提出"焚诗书"，并将"焚"的范围扩大到诸子百家语和秦以外的六国史记。

第二年，一批文学、方术之士私下里指责秦始皇"专任狱吏"，对博士们只是备员而已，并不重用，以刑杀为威，专权倚势。

这种议论，在秦始皇看来就是属于诽谤，很自然地触犯了他的尊严和权威。

于是，秦始皇下令彻查，结果竟然查出四百六十多人犯禁。秦始皇下令将其全部活埋。

秦始皇原本并不排斥儒生方士，然而联系秦始皇统一六国之后的一系列上当史，就不难理解他这一举措的直接原因就是捍卫他那不可冒犯的专制虎威。

公元前219年，齐人徐市上书，声称海中有三神山，名字分别是蓬莱、方丈、瀛洲，有仙人居住在那里。徐市请求斋戒，率童男童女去求仙。始皇批准了这一提议，打发徐市率童男童女数千人，入海求仙人。

公元前215年，始皇前往碣石，派燕国人卢生访求方士羡门、高誓，又派韩众、侯公、石生去寻找仙人不死之药。

燕人卢生从海边回来，奏上一部宣扬鬼神符验的图录，上面写着"亡秦者胡也"。始皇深信其言，首先想到的便是北方的胡人，派将军蒙恬发兵三十万北击胡人，企图一举消除胡人的威胁。后世有人说，此"胡"非彼"胡"，而是始皇的儿子胡亥。其实，这些人都是事后诸葛亮。在秦始皇本人和大臣们看来，大秦帝国北边的匈奴确实是一个实实在在的威胁。始皇统一全国后，多次发兵击胡，而小儿子胡亥依秦制不大可能取代长子扶苏。即使后来胡亥害兄即位，胡作非为，也不是导致大秦亡国的根本原因。相反，制造图录的这些方士，只不过是胡乱编了一句话，并不高明。

公元前212年，卢生对秦始皇说："我们寻找芝奇药仙，总寻不到，好像有什么东西伤害了他们。皇帝要经常秘密出行以便驱逐恶鬼，恶鬼避开了，神仙真人才会来到。皇上住的地方如果让臣子们知道，就会妨害神仙。真人入水不湿，入火不会烧伤，能够乘驾云气遨游，寿命和天地共久长。现在皇上治理天下，还没能做到清静恬淡。希望皇上所住的宫室不要让别人知道，这样，不死之药或许能够得到。"

这一套有板有眼的说辞，掺入了庄学之语。秦始皇竟然信了，他说："吾慕真人，自谓'真人'，不称'朕'。"

于是下令将咸阳四周二百里内的二百七十座宫观都用天桥、甬道相互连接起来；把帷帐、钟鼓和美人都安置在里边，全部按照所登记的位置不得移动。皇帝所到的地方，必须保密，如有人说出去，就判死罪。

其实，这些方士巴不得秦始皇拒绝，这样自己也好开脱。没想到秦始皇言听计从，这让他们开始感觉恐慌。如此这般让秦始皇劳师动众、大费周章，如果再找不到皇帝想要的东西，那么只怕他们小命难保。于是，侯公和卢生便开始谋划退路：

> 始皇为人，天性刚戾自用，起诸侯，并天下，意得欲从，以为自古莫及己。专任狱吏，狱吏得亲幸。博士虽七十人，特备员弗用。丞相、诸大臣皆受成事，倚办于上。上乐以刑杀为威，天下畏罪持禄，莫敢尽忠。上不闻过而日骄，下慑伏谩欺以取容。秦法，不得兼方，不验，辄死。然候星气者至三百人，皆良士，畏忌讳谀，不敢端言其过。天下之事无小大皆决于上，上至以衡石量书，日夜有呈，不中呈不得休息。贪于权势至如此，未可为求仙药。（《史记·秦始皇本纪》）

于是，侯公、卢生便逃亡了。秦始皇获悉，大怒："吾前收天下书不中用者尽去之。悉召文学方术士甚众，欲以兴太平，方士欲练以求奇药。今闻韩众去不报，徐市等费以巨万计，终不得药，徒奸利相告日闻。卢生等吾尊赐之甚厚，今乃诽谤我，以重吾不德也。诸生在咸阳者，吾使人廉问，或为妖言以乱黔首。"

秦始皇到此还没有醒悟，只是觉得他们对不起自己的一片真心，并不觉得上当受骗了。韩众逃跑了不再还报；徐市等人花钱以数万计算，最终也没找到奇药；始皇尊重卢生等人，赏赐也十分优厚，可是他们竟然诽谤自己。三件事叠加在一起，这才让秦始皇下决心查办。

于是，著名的"坑儒"大事件就发生了。

司马迁详细叙述了秦始皇的上当史，但从没有说他活埋的是儒生，事实上大多都是些装神弄鬼的方术之流。然而，秦始皇长子扶苏的一段谏言却被用来作为坑杀儒生的证据：

> 天下初定，远方黔首未集，诸生皆诵法孔子，今上皆重法绳之，臣恐天下不安。唯上察之。（《史记·秦始皇本纪》）

在儒家学者看来，凡"诵法孔子"者即是儒生。其实未必，这些方术之士即使走邪门歪道，也不妨碍他们诵法孔子呀。是故，东汉学者王充说："法律之家亦为儒生"。明代学者朱彝尊说："秦本坑乱道之儒，而非圣人之徒。"

事实上，"焚《诗》《书》，坑术士"之后，仍然有众多"儒者"充任博士、诸生。否则叔孙通就活不到为刘邦创朝仪，这个被西汉人冠以大儒的学者，"秦时以文学征，待诏博士"，秦二世时"拜为博士",他有"儒生弟子百余人"。陈胜、吴广起兵反秦的消息传到咸阳后,秦二世召博士诸生三十余人议事,叔孙通也参加了。到了汉代,丞相公孙弘少时为狱史,"习文法吏事而又缘饰以儒术"。

说到底,我们看到的这段历史,不过是西汉人眼里的秦帝国,一如陆贾《新语》、司马迁《秦始皇本纪》评价的那样,说秦亡于"仁义不施而攻守之势异也""废王道,立私权"。这种历史话语究竟有几分可信,或者有几分接近于真相,值得今天人们思考。

刘邦之谜

刘邦丰西纵徒之谜

秦始皇三十七年，即公元前 210 年，距离西北咸阳数千公里之外的楚国故地丰县发生了一件很小的事：一群本来要被送到骊山的役夫逃亡了。《史记·高祖本纪》是这样记载的："高祖以亭长为县送徒骊山，徒多道亡。自度比至皆亡之，到丰西泽中，止饮，夜乃解纵所送徒。"

押送这群役夫的是刘邦，当时的身份是泗水亭长。役夫中途逃亡的原因不明，人数不详。刘邦估计这一路远去西北，届时役夫将逃得差不多了，无法向朝廷交差。逃一个是死，全部脱逃也是死，于是干脆将他们全部释放了。

同样的故事在第二年重演时更加惊天动地。也就是公元前 209 年，陈胜、吴广等一群戍卒赶赴渔阳，途中遇雨，耽搁了行程。他们估计到了渔阳必定误期，按秦律当死，于是干脆反了，揭开了亡秦的序幕。

但是，刘邦不一样，他是亭长，这叫知法犯法。更奇怪的是，此时的刘邦正处于47岁的中年，上有老下有小，他自己可以逃掉，但他的家人怎么办？

两千多年后，一个叫张爱玲的女人非常理解中年男人，她说："人到中年的男人，时常会觉得孤独，因为他一睁开眼睛，周围都是要依靠他的人，却没有他要依靠的人。"刘邦正处于这样一个尴尬的年龄。激情对于他来说是一种浪费，梦想对于他来说是一个牌坊。刘邦冒这么大风险值得吗？

奇怪的事情还有很多，譬如，陈胜、吴广等人还有都尉押着，都尉本为郡尉，一个郡的军事将官，仅次于将军。刘邦却并无朝廷兵力护送，难道他只是一个人？刘邦释放役夫的地点也颇为奇怪，丰西泽，也就是丰邑（今江苏丰县县城）的西边，距离刘邦的老家沛县县城只有八十里左右，又是淮北平原，路途平坦，步行一两天即可到达沛县。刘邦押送役夫的任务是沛县令交给他的，也就是说，这群役夫逃亡及后面的纵徒事件发生在他们刚刚出发的一两天内。

这中间，役夫逃亡是怎么实现的？押送役夫在当时算得上是一件大事，难道事先没有任何防备和预案？刘邦也不是初次办这类差事，此前他曾多次赴咸阳公干，也押送过徒夫，"常繇咸阳"，应该说，无论是经验还是社会阅历，都不至于犯这种低级错误。

但是，这一低级错误确实犯下了，这不得不说是一个难解的谜题。

要解开这个谜，不妨看看大宋宣和年间《水浒传》里所描述的宋江。刘邦在斩蛇起义之前，在沛县的故事与后世的宋江颇有相似之处。两相对照，不难发现，《水浒传》的作者似乎是按照刘邦的模子来写宋江的。

细思起来，从现有的史实来看，刘邦反秦起义之前在故乡丰沛的所作所为，颇有神秘感。"不事家人生产作业"的刘邦，到底都做了些什么？

作为大秦帝国的基层干部（亭长），刘邦做了这些事：

一是广交朋友。史书上写他"廷中吏无所不狎侮，好酒及色"，其实这是他交朋友的方式。因为他出身农家，又不好好干活，没有家庭背景，也无政治资本，无疑结交不到上层人物，只能结交一些和他一样的底层人物，"狎侮"，符合他们的身份。酒和色，是交哥们儿的最常见手段。宋江常常出手大方，能通过广施银子赢得好名声，而刘邦只能通过拉近关系、建立感情来交朋友。

作为亭长，刘邦的身份和宋江差不多，或者说稍好一点，毕竟是体制内的人。所以，他的朋友圈中主要是县衙门里的官吏，以及这些人的朋友，比如沛县令的朋友吕太公。这样他才敢于不持一文而谎称"贺钱万"，"因狎侮诸客，遂坐上坐"。这实际上也反映出他和这些人混得很熟，很随便，大家也不在意。

但是，这并不是关键。关键在于他结交了一些死党，比如为沛县主吏掾的丰邑同乡萧何，此人相当于吴用一类人物。在吕太公家的宴席上，萧何敢当着众人的面说："刘季固多大言，少成事。"说明他和刘邦关系不错，有恨铁不成钢之意。史载，"高祖为布衣时，（萧）何数以吏事护高祖。高祖为亭长，常左右之"。也就是萧何帮了刘邦很多忙。萧何职务高于刘邦，为何处处保护他？

县吏夏侯婴，"坐高祖系岁余，掠笞数百，终以是脱高祖"。为保护刘邦，他甘愿被严刑拷打，坐牢岁余。同为刘邦老乡的任敖，"少为狱吏……素善高祖"。主狱掾曹参，自然也是刘邦的同党。

不仅如此，刘邦还到处结交远方的朋友，"高祖为布衣时，尝数从张耳游，客数月"。张耳是魏国名士，亡命外黄（今河南民权）时，娶得富豪之女，招四方门客，成为魏国外黄县令。魏国灭亡后，张耳居外黄。

除此之外，刘邦还有一批玩得好的乡野布衣之交，如与他同年同月同日出生的卢绾，"高祖为布衣时，有吏事匿，卢绾常随出入上下。及高祖初起沛，卢绾以客从"。樊哙，吕后的妹夫，刘邦的连襟，"以屠狗为事，后与高祖俱隐。初从高祖起丰，攻下沛"。此人越看越像李逵，只不过比李逵有头脑。

另外，即使刘邦出事后，与他过从的宾客仍然很多。"始高祖微时，尝辟事，时时与宾客过巨嫂食。嫂厌叔，叔与客来，嫂详（佯）为羹尽，栎釜，宾客以故去。""辟事"，虽然没有具体说什么事，但可以看出刘邦在沛县的人脉很广。《高祖本纪》

称刘邦"仁而爱人，喜施，意豁如也，常有大度"，和宋江是不是非常相似？

但是，宋江当初并无造反之意，而刘邦却不一样，各种迹象表明，他结交朋友、丰西纵徒等都是有预谋的。否则，他也说不出"大丈夫当如此也"的话来。

二是搞地下活动。丰西纵徒之前一年，国内发生了许多事，"赋敛重数，百姓任罷，赭衣半道，群盗满山"。在华阴，有人持璧在大道上拦住朝廷使者，献上一句谶语："今年祖龙死。"在东郡，出现了"始皇帝死而地分"的石头。

刘邦于距离丰县县城不远不近的一个偏僻地方纵徒，显然是为了避免丰、沛二县遭受连坐。

事实上，刘邦丰西纵徒，不是他一手所为。知道此事的人也不止吕后，因为事发后，"（高祖）亡匿，隐于芒砀山泽岩石之间。吕后与人俱求，常得之"。史书的解释是，刘邦所处的地方总有云气（这是鬼话），而藏匿起来的刘邦，他老婆总能派人找到他，恰恰说明他们事先有预谋。

至于吕太公给刘邦看相、神秘老父给吕后及其子女等人看相，都是为了给刘邦聚人气。

后来，萧何、曹参鼓动县令与刘邦联手反秦，"乃令樊哙召刘季"。为什么指令樊哙去"召"，而不是"找"？也不是要他人去召？原因很简单，因为樊哙"与高祖俱隐于芒砀山泽间"，萧何、曹参也应该是知情人。结果，此时的刘邦身边早已聚集了百余人。而且，"沛中子弟或闻之，多欲附者矣"。

等刘邦一到，他们"共杀沛令，开城门迎刘季……萧、曹、樊哙等皆为收沛子弟二三千人，攻湖陵、方与，还守丰"，表明他们此前就结成一个秘密地下组织，否则哪会如此配合默契，且力量不可小视。泗水郡监御史率兵讨伐，刘邦据丰邑防守，都能大破秦军。后来刘邦没有像项羽那样，非得把"首都"放在离他老家宿迁不远的徐州。刘邦不用担心"富贵不归故乡，如衣锦夜行"，他在家乡的名气似乎比项羽在家乡的名气要大得多。因此，晚年的刘邦回故乡时颇有感慨地说："丰吾所生长，极不忘耳。"这表明，丰县极有可能是他起义前从事秘密活动的大本营。

那么，司马迁为什么不直书刘邦这段经历呢？唯一的可能就是他不想将刘邦描述成一个早有预谋的造反者，因为在司马迁眼里，刘邦是"大圣"（在《史记》中，孔子是"至圣"）。

刘项相争，刘邦赢在哪里

就在陈胜、吴广起事的当年，公元前209年九月，会稽郡守殷通召其好友项梁商量：我们也搞点事吧，你看大江以西纷纷举兵反秦了，先发即制人，后发则为人所制。郡守决定让项梁和流亡在草泽中的桓楚一起统率军队。没想到，项梁竟然和侄子项羽谋杀了好友郡守，自己举兵反秦。

这样，项氏叔侄率八千江东子弟以不光彩的开篇加入了反秦洪流。

这段历史一般不大为后人提及。其实，《项羽本纪》以此开篇，就为此后项羽战败不肯过江东埋下了伏笔。郡守一番好意，不料竟为好友暗算，实在太冤。这与刘邦在沛县起事之时，沛县令反悔欲杀刘邦、萧何等人，导致刘邦围城，沛县父老与子弟共杀沛县令截然相反。这种事瞒不住人，胜利了还好说，证明你项羽杀得对；战败后的项羽有何脸面回江东见父老乡亲？这应该就是垓下之围后，项羽"不肯过江东"的原因。

短暂的七年多时间，从反秦到楚汉相争，项羽在历史舞台上留下了浓墨重彩的一笔，引起后人无数遍的怀念和沉思。同为楚人的刘邦和项羽，一胜一败，也成为一个历史之谜。

刘邦胜在哪里？项羽败在哪里？两千多年来众说纷纭。大家共同倾向的观点是，刘邦会用人，而项羽这边人才流失极为严重，是导致他最终失败的根本原因。

得人则胜，失人则亡，毋庸讳言，这是楚汉相争孰胜孰败的重要原因，但不是唯一。

项羽并非一开始就是失败的。比较而言，同为灭秦主力，项羽的崛起速度之快远胜于刘邦，灭秦之后，实力更是远超刘邦数倍，这怎么能说项羽不会用人呢？可见，根本的原因并不在此，而是有着更深层的原因。

首先，赢在长远战略，败在短视行为。从反秦动机上看，刘邦有统一天下之志，项羽只是出于复仇。表现最明显的就是项羽好杀，这是最短视的做法。定陶一战中，不听原楚国令尹宋义劝告的项梁战死。刘邦和宋义，成为楚怀王麾下两支主力，项羽只是宋义手下一名偏将。后来，项羽斩杀宋义，夺取军政大权。项羽之杀宋义，与当初杀会稽郡守殷通如出一辙。宋义纵然有举兵不进，想坐观秦赵相争之过，也罪不至死；但项羽擅杀统帅，贪功急进如此，却显然意在夺权，他也因而丧失了西进咸阳的先机。

刘邦以仁获得了楚怀王的支持，得到了出兵咸阳的机会；他善待秦王子婴和降将，从而也赢得了三秦父老的好感；然后打出"与天下共利"的旗号，赢得了其他诸侯的支持。可见，其志在平定天下，而不是复仇。这一点，项羽谋臣范增看得很透："吾令人望其气，皆为龙虎，成五采，此天子气也。"话虽说得很玄乎，但刘邦的所作所为确实有王者风范。项羽进咸阳后，不仅杀了秦王子婴，而且以欺诈的手段坑杀了二十万秦之降卒，屠咸阳，烧宫室，将三秦大地得罪得最为彻底，导致他不敢在咸阳这一形胜之地立足，当他被人提点"关中阻山河四塞，地肥饶，可都以霸"之后，已悔之晚矣。这都是缺乏政治远见的结果。

项羽的目的自始至终就是复仇，亡秦以后，目的达到了，所以他自封为"西楚霸王"，心满意足。他的目的不是天下共主，而是成为六国之一的楚王。

其次，从心态来看，刘邦没有亡秦必楚的历史和道德包袱，项羽却背负着沉重的历史和道德包袱。项羽以亡秦义军首领自居，成功地平定三秦后，他不得不装出仁义之举，大肆分封各路义军首领为王，自己却放弃故秦，退回到故楚。

可以说，故楚名将之后，这一名号始终是项羽的一大历史和道德包袱。这迫使他必须以复仇为使命。他之所以回到徐州，以彭城为都城，很大一个原因就是，始皇二十三年，秦将王翦灭楚，虏获楚王。之后，项羽的先祖项燕立昌平君为荆王，在淮南一带继续反抗秦兵。直到始皇二十四年，项燕死于此地。淮南是项羽的祖居地，他的心里只有这个历史和道德包袱。

垓下一战，项羽宁死也不肯过江东，并非担心将战火引入江东，给江东父老带来灭顶之灾，而是因为一连串杀戮、战败使他内心的道德形象崩塌，丧失了自信。正是他的所作所为，将他自己逼入"四面楚歌"的境地。他早在"别姬"的那一刻起，就做好了不过江的打算，否则又何必让心爱的虞姬白白送掉性命？

更重要的是，刘邦看到了秦制的好处，并很好地利用了秦制的优点，成功地得以壮大；项羽却要倒退到战国模式，分封诸侯，这是其最大的败笔。项羽不仅放弃了中原之王、天下之主的地位，将自己变成诸侯，而且很快就重蹈了六国的覆辙，掉入了自己挖下的坑里。

李开元说："秦始皇彻底地废除封建实行完全的郡县制，既是急政，也是致乱之政。这个政策，不但超越了时代，加剧了帝国内秦本土和六国旧地之间的紧张，而且破坏了秦国奉行多年行之有效的'亲贤并用'（亲族和贤人并用）的传统，将稳定国政的基本力量——秦国贵族驱逐出政治舞台，种下了内部崩溃的祸根。这个政策，李斯要负很大的责任，他是政策的提出者、鼓吹者和执行者，是毁灭秦帝国的祸首之一。"

这一说法，显然无视了郡县制的好处。郡县制是适合时代需要的先进制度，既不是急政，更不是致乱之源。秦本土和六国的矛盾、紧张并非封建和郡县之间的矛盾。当时，七国都渴望一统，结束战乱，即使秦国不统一，也会由其他国家来完成统一。李斯提出"灭诸侯，成帝业，为天下一统"的"大一统"思想是吻合时代趋势的。正是基于这一趋势，西汉初"公羊学派"就正式提出了"大一统"的思想。它并非仅仅是一个地域统一的理念，而是指向国家政治的整齐划一、思想上和经济上的中央集权。事实上，山东反秦运动风起云涌时，秦本土内部并没有崩溃，即使帝国高层李斯和赵高致乱，将秦二世扶上帝王宝座，也不影响其统治根基。假如秦二世不那么浑蛋，凭借关中险要也足够平定叛乱。

所谓的"亲贤并用"，并不如李开元所说的那样行之有效，相反，倒容易导致亲族和贤人之间的矛盾与倾轧，历史早就证明了这一点。西汉前期废掉异姓王，改立同姓王，其结果是导致"七国之乱"。最后不得已采取强干弱枝之法，才消除隐患。西汉后期，后党专政，也证明亲贤不两立。秦国的成功恰恰就在于贤人治国，以法为教。

项羽没有意识到战国之乱的根源所在，灭秦后恢复所谓的"山东六国"，这是逆时代潮流而动，简直是倒行逆施。新的"山东六国"，只要有一国出现问题，就会导致天下大乱。以齐国的相国田荣为例。田荣因未出兵攻秦，未得受封，心怀怨恨出兵作乱，先是攻灭了项羽所分封的齐王田都、济北王田安、胶东王田市，自称齐王，导致齐国大乱。然后支援陈余攻占了赵国，驱逐了项羽所分封的常山王张耳，迎回赵王赵歇，导致赵国大乱。紧接着以彭越为先锋，以齐军主力为后援，率先攻入项羽的楚国，逼近首都彭城，直接威胁到楚国的安危。这恰恰证明封建制是根本问题所在，诸侯割据是天下乱源。

后人读《鸿门宴》，将项羽不杀刘邦归结为项羽的败笔。其实，《鸿门宴》真正的疑问不在这里，而在于项羽并不想杀刘邦：项羽即使在宴会中不杀刘邦，在宴会之后，刘邦势力并未因一场宴会而增强，假如项羽后悔的话，仍然可以分分钟灭了刘邦。

事实上，项羽不仅没有后悔，而且还封刘邦为汉王，这是为什么？

其实，在鸿门宴上，项羽一开始就注定不会杀刘邦，因为这违背了项羽的初心，他要恢复六国制，杀了功劳大的刘邦，如何服天下？如何建立六国制？因此，即使范增劝谏，他都不听，并非他信不过范增。

相反，项羽听项伯的，项伯为什么能说服项羽？因为项伯明白项羽的底线是只要刘邦不自立为王即可。否则，刘邦即使逃过了鸿门宴，项羽仍然可以发大军击灭刘邦。他为什么不做呢？原因就在这里。否则项伯也不会冒天下之大不韪去背叛自己的侄儿来帮助刘邦。

项羽的谋臣范增，却不懂得项羽的心思。先是范增劝立楚怀王，就最为失策。清代史学家王鸣盛说得好："六国亡久矣，起兵诛暴秦，不患无名，何必立楚后，制人者变为制于人。"（《十七史商榷》）换言之，不立楚怀王，照样可以为楚国复仇。相反，立了楚怀王后，反而成了自己复仇的一个麻烦，导致项羽最后又不得不除掉他。这又让项羽自己背上了一个极大的道德恶名，使刘邦名正言顺地以此号令天下攻击项羽。刘邦历数项羽"十宗罪"，其中有七条都与楚怀王这个义帝有关：

> 始与项羽俱受命怀王，曰先入定关中者王之，项羽负约，王我于蜀汉，罪一。
>
> 项羽矫杀卿子冠军而自尊，罪二。
>
> 项羽已救赵，当还报，而擅劫诸侯兵入关，罪三。
>
> 怀王约入秦无暴掠，项羽烧秦宫室，掘始皇帝冢，私收其财物，罪四。
>
> 又强杀秦降王子婴，罪五。
>
> 诈坑秦子弟新安二十万，王其将，罪六。
>
> 项羽皆王诸将善地，而徙逐故主，令臣下争叛逆，罪七。
>
> 项羽出逐义帝彭城，自都之，夺韩王地，并王梁楚，多自予，罪八。
>
> 项羽使人阴弑义帝江南，罪九。
>
> 夫为人臣而弑其主，杀已降，为政不平，主约不信，天下所不容，大逆无道，罪十也。（《史记·高祖本纪》）

除了第五、六、七条外，其他都与项羽违背怀王旨意、逐杀怀王有关。可见范增这个主意有多馊。

在鸿门宴上，范增又鼓动项羽杀掉刘邦，同样是看不清项羽的心思，尽管他勃然大怒拔剑撞破了玉斗，怒骂道："小子不足以成大事，夺项王天下的人，一定是沛公，我们这些人如今要成他的俘虏了。"话说到这个份上，项羽仍不为所动，并非他没有脑子，他不至于昏聩到这个地步，而是因为他的理念是回到六国并立，而并非要杀掉刘邦。

楚汉相争，一胜一败，背后的玄机在此。

刘邦为何拒绝治疗

读《史记》，读到刘邦之死时，心头总有一个疑问：刘邦中箭受伤，为何拒绝治疗呢？难道真的是不信医生的话，知道自己天命已到了尽头？

《高祖本纪》是这样记载的：

> 高祖击布时，为流矢所中，行道病。病甚，吕后迎良医。医入见，高祖问医。医曰："病可治。"于是高祖谩骂之曰："吾以布衣提三尺剑取天下，此非天命？命乃在天，虽扁鹊何益！"遂不使治病，赐金五十斤罢之。

刘邦一生好骂人，骂人无数。这是刘邦生前最后一次骂人，但这一骂，骂得很莫名其妙。

刘邦生于公元前 256 年，死于公元前 195 年，年纪并不算很老。

明明医生说可以治，刘邦偏偏拒绝治疗，这颇不合常理。即使医生是骗人的，好歹也要治一段时间才能下结论。

刘邦的病，太史公说是中了"流矢"，就是受了箭伤。

刘邦征战沙场八年，一共受过五次箭伤。《史记索隐》说刘邦在楚汉相争的六年中间，"身被大创十二，矢石通中过者有四"。其中最厉害的一次是和项羽对阵时，时间是在汉四年（前 207 年）。刘邦在阵前历数项羽十宗罪，"项羽大怒，伏弩射中汉王。汉王伤胸，乃扪足曰：'虏中吾指！'汉王病创卧，张良强请汉王起行劳军，以安士卒，毋令楚乘胜于汉。汉王出行军，病甚，因驰入成皋。病愈，西入关留四日"。

这一次中箭，刘邦安然得愈。

最后一次箭伤，就是这一次征讨英布。刘邦中箭在汉十一年（前 196 年）十月，死于次年四月，从受伤到病亡时间长达半年。

在古代冷兵器时代，中箭受伤是很常见的事。三国时期，孙坚死于箭下，时年三十六岁；曹操、周瑜、关羽也中过箭，但未死；庞统中流矢，死时三十六岁；张郃也是膝盖中箭而死。箭伤的死亡率高，但并非都会死。这跟中箭的身体部位有关，也跟箭的类别有关。射中身体要害的，可能当场而亡；最可怕的是中了箭头有毒的箭，但如果治疗得当，如关羽那样割骨疗毒，也不会死。

刘邦中的同样是流矢，应该不是要害部位。那么，有一种可能，就是中了毒箭。

从刘邦中箭到死亡的时间来看，不是箭头导致的外伤，这种伤在西汉时应该有成熟的治疗方法。刘邦没有必要"不使治病"，也断不会说自己安于天命。秦汉时代青铜或铁制的箭镞，无论从弓弩的射程还是箭矢的力度来看，都不具备使人中箭半年后丧命的工艺技术。刘邦作为天子亲征，身边有一支侍卫队，防范严密，又身穿铠甲，对弓箭有阻挡作用。

如果刘邦中的是毒箭，自然必死无疑。在这种情况下，刘邦拒绝治疗，似乎说得过去。

不过，这里还有一个疑问，那就是中了箭头带毒的箭伤，假如拒绝治疗的话，伤口极易溃烂，导致人体感染，会令人痛苦不堪。从弓箭的原理来看，箭伤的痛苦要比中弹的痛苦厉害得多。

假如刘邦真的是中了毒箭，又拒绝治疗，他如何能忍受疼痛？又如何能坚持半年之久？在这长达半年的时间里，即使刘邦真的拒绝治疗，吕后及朝中大臣怎么可能听之任之？

这些都是不合情理的。

还有一种可能性，就是太史公所说的"为流矢所中，行道病"，中了箭之后，又染上其他不治之症。箭伤不是主要的，病才是致命的。但是，太史公将中箭和病连在一起，似乎是有意模糊二者之间的区别，这背后说不定是要掩饰某一些更深层的不便公开的秘密。

如果刘邦是得了某种难以治愈的病，他真的就甘心安于天命，坐以待毙吗？

在"游子悲故乡"之时，说出"安得猛士兮守四方"的刘邦，并不放心汉家天下。临终前的二月，他还派周勃、樊哙出击有反意的卢绾。不仅如此，他还怀疑起当年和他一起从沛县走出来的萧何、樊哙。从刘邦的性格和经历来看，他也并不相信什么天命。"天命"只不过是说给天下人听的。

这背后，到底有什么秘密，只能说是一个历史之谜了。

祥瑞的盛世

祥瑞观念起源于原始社会特有的自然崇拜。我国春秋战国时期，史载中明确出现各种所谓的"祥瑞"现象。天道神授，上天的意图反映在自然人事方面，就会出现各种天象、祥瑞之物或自然征兆。在民间，它是一种吉祥文化；在政治上，则成了一种政治秩序的反映。人们所崇拜的自然界中的事物，当然更多的还是自然界可能并不存在的事物，成了上天对人间君王统治给予肯定的祥瑞。只有君主"德配天地"或者治理有功时，才配享有祥瑞的褒奖。同时，祥瑞也成为"革命"的依据，商周时的"革命"观，就是其理论的应用。阴阳观念特别是天人感应说的流行，进一步催化了这种祥瑞观。

"革命"成功，统治者为了说明其合法性，就有了"受命"观。从革命到受命，最好的解释就是祥瑞的出现。所谓"河出图，洛出书，而圣人则之。符瑞之义大矣"，祥瑞成了"受命"

合法性的标识、符号。

秦始皇时期似乎没有出现过什么祥瑞，大概"暴秦"不配得到祥瑞。这个短命王朝在西汉人的笔下，没有留下任何祥瑞的记载，流传的都是于秦不利的灾异谶纬。《史记》堂而皇之地记载了两件怪异之事：

一是公元前211年，火星侵入心宿，这种天象象征着帝王有灾。有颗陨星坠落在东郡，落地后变为陨石，有人在那块石头上刻了"始皇帝死而土地分"。始皇听说了，就派御史前去挨家查问，没有人认罪，御史于是把居住在那块石头周围的人全部抓来杀了，焚毁了那块陨石。始皇不高兴，让博士作了一首《仙真人诗》，等到巡行天下时，每走到一处就传令乐师弹奏歌唱。

二是同年秋天，使者从关东走夜路经过华阴平舒道，有人手持玉璧拦住使者说："替我送给滈池君。"顺便说："今年祖龙死。"使者问他缘由，那人忽然就不见了。使者捧回玉璧向始皇陈述了所遇见的情况。始皇沉默了好一会儿，说："山里鬼怪本来不过能预知一年的事。"当时已是秋季，始皇说今年的日子已不多，这话未必能应验。到退朝时他又说："祖龙就是人的祖先。"故意把"祖"解释成祖先，祖先是已死去的人，此"祖龙死"自然与他无关。始皇让御府察看那块玉璧，结果发现竟然是始皇二十八年出外巡视渡江时沉入水中的那块。

秦始皇之倒霉，由此可见一斑。

颇有意思的是，到了汉朝，记述中就有了不少的祥瑞。麟、蛇、凤凰、鼎等数不清的祥瑞应运而生。

西狩获麟

"西狩获麟"一词，源自《春秋》中非常普通而简短的一句话："西狩获死麟。"获麟之地在今山东菏泽之巨野。

这句话在先秦并没有引起任何人的注意，但是到了西汉初，突然成了一个热词。

一句简单明了的话，为什么会成为人们关注的事件呢？

这就不得不说《公羊传》，它最早对此进行了解释：

> 春，西狩获麟。何以书？记异也。何异尔？非中国之兽也。然则孰狩之？薪采者也。薪采者则微者也，曷为以狩言之？大之也。曷为大之？为获麟大之也。曷为为获麟大之？麟者，仁兽也。有王者则至，无王者则不至。有以告者曰："有麕而角者。"孔子曰："孰为来哉？孰为来哉？"反袂拭面涕沾袍。颜渊死，子曰："噫！天丧予。"子路死，子曰："噫！天祝予。"西狩获麟，孔子曰："吾道穷矣。"

《公羊传》认为，《春秋》为什么要记录"西狩获麟"这件事呢？是因为怪异。

异在何处？因为麒麟并非中国所产之兽。接下来，啰唆了一段话，这里不提也罢。最关键的是，麒麟是一种"仁兽"。

这就怪了，既然中国不产麒麟，何以知道它是"仁兽"？

可见这解释是多么牵强附会。

接下来，更加离谱，说什么"有王者则至，无王者则不至"。看到"王者"一词，联想到儒家的"王道"一说，就不难明白，《公羊传》是要极力将这只仁兽的出现与王者的出现关联起来。

事实上，"有王者则至，无王者则不至"和下面那句"吾道穷矣"，都没有出现在《谷梁传》和《左传》当中。

但汉儒借此却认为，既然如此，那说明这两句话肯定是最重要的，这个逻辑颇耐人寻味。于是，这两句话，就成了最能够代表公羊学派观点的两句话。

《论语注疏》曰："圣人受命，则凤鸟至，河出图。"既然凤鸟至，河出图，是圣人受命之兆，那么"麟为孔子受命之瑞"便顺理成章了。这是西汉公羊学派的逻辑。不过，也正是因为这种逻辑太"汉化"了，就更加令人怀疑。

那么，时人是怎么叙述和解释这个故事的呢？

一种叙述和解释是：当年鲁哀公领着他的大臣们围猎，地点是在嘉祥的南部山区，因为轰赶野兽，突然惊扰了一只神兽。这只神兽仓皇逃窜。鲁哀公和大臣们从来没见过这种神兽，非常好奇，于是在后面拼命追赶。其中叔孙氏之车夫鉏商的马跑得较快，鉏商对神兽射了一箭，神兽中箭后继续向西奔跑。最终神兽因为负伤，在今嘉祥卧龙山西部被捕获，等鲁哀公等人赶到时，大家围在一起讨论，也不能确定神兽到底叫什么名字。于是请来大师鉴定，才得知这是麟，天下第一仁兽。看到麒麟负伤惊魂未定的样子，大师悲怜之情难以言表，就建议鲁哀公将麒麟带回去疗伤。不想麒麟因惊吓过度不吃不喝很快就死了，被葬在今巨野县麒麟镇。

另一种叙述和解释是：鲁哀公十四年春，即公元前481年春季，其时孔子已七十一岁，管理山林的虞人在曲阜西边（今巨野县一带）打猎。叔孙氏管车的仆从名叫商，他捕获了一只奇怪的兽归来。叔孙氏见此怪兽，以为不吉祥，自己不要，赐给虞人。

这一部分与《左传》记载相合：十四年春，西狩于大野，叔孙氏之车子鉏商获麟，以为不祥，以赐虞人。仲尼观之，曰："麟也。"

但是，接下来的解释就不同了。孔子看了说："这是麟啊！为什么来啊？为什么来啊？"并掩面大哭，涕泪沾襟。叔孙氏听说这情况，就把这怪兽留下了。据说孔子这时正在写《春秋》，看到西狩捕获一麟，认为麟是祥瑞"仁兽"，只有在太平盛世才会出现。现在不是太平盛世，出非其时而被猎获，甚为感伤，写了"西狩获麟"这句话后，就停笔了。

还有一种解释是，东汉时期的王充在《论衡·指瑞篇》中叙述道："《春秋》曰：狩获死麟。人以示孔子。孔子曰：孰为来哉？孰为来哉？反袂拭面，泣涕沾襟。儒者说之，以为天以麟命孔子，孔子不王之圣也。"

一般来说，仁者于春天不会狩猎，春蒐、夏苗、秋狝、冬狩，春天即使打猎，也不叫"狩"，标榜王道的儒家更不可能不知道春天是野兽繁殖的季节。

孔子也不会违背自己"不语怪、力、乱、神"的主张，睹物伤情，在看到一只被猎获的不常见的野兽时，便把它幻想为传说中的神物，就联想到"吾道穷矣"，从而停止对《春秋》的写作。

因此，获麟这一祥瑞事件，显然是西汉初公羊学家自己的发挥。到了后来，公羊学家更是将"麟为孔子受命之瑞"改写成"麟为汉将受命之瑞"。

受此影响，司马谈在向儿子司马迁讲述自己立志修史的动机时说道："自获麟以来，四百有余岁，而诸侯相兼，史记放绝。今汉兴，海内一统，明主贤君忠臣死义之士，余为太史而弗论载，废天下之史文，余甚惧焉，汝其念哉！"（《太史公自序》）

在被儒家视为信史的《孔丛子》中，甚至还记载孔子写了一首歌："唐虞世兮麟凤游，今非其时来何求？麟兮麟兮我心忧。"总之，"获麟"成了儒学史上一个标志性事件。

有了孔子这一"先例"，中国历史上前后共出现过三十次获麟的祥瑞记载。

赤帝斩蛇

理解了麟的祥瑞意义，再来看汉高祖"斩蛇起义"这一祥瑞，就更明白了。

话说刘邦释放了那些役夫之后，趁着酒意，夜里抄小路经过一块沼泽地，让一个人在前边先走。走在前边的人回来报告说："前边有条大蛇挡在路上，还是回去吧。"刘邦已醉，说："大丈夫走路，有什么可怕的？"于是赶到前面，拔剑去斩大蛇。大蛇被斩成两截，道路打开了，他就继续往前走了几里，但是醉得厉害，就躺倒在地上。

后边的人来到斩蛇的地方，看见有一老妇在暗夜中哭泣。有人问她为什么哭，老妇人说："有人杀了我儿，我在哭我孩子。"有人问："你的孩子为什么被杀呢？"老妇说："我儿是白帝之子，变化成蛇，挡在道路中间，如今被赤帝之子杀了，故哭。"众人以为老妇人是在说谎，正要打她，老妇人却忽然不见了。

顾颉刚认为，《史记》《汉书》中汉高帝刘邦斩白蛇起义，有神灵称刘邦为"赤帝子"的传说，当是王莽等人杜撰出来的，窜入《史记》，班固不察。

这里恐怕不是班固不察，他又何尝不希望如此？说不定还是班固之前的史臣附会祥瑞而成，《续汉书》还记载东汉开国皇帝刘秀也附会火德神灵来神化自己。

> 武帝时，司马迁著《史记》，自太初以后，阙而不录，后好事者，颇或缀集时事，然多鄙俗，不足以踵继其书。彪乃继采前史遗事，傍贯异闻，作后传数十篇，因斟酌前史而讥正得失。（《后汉书·班彪列传》）

按照《后汉书》注释所说，所谓"好事者"有扬雄、刘歆、阳城衡、褚少孙、史孝山。就是司马迁之后至班彪和班固这个时间段内，整理史料的那些人，强行植入刘邦斩蛇这一故事。

即便真有斩蛇的事迹，也无非是为了鼓舞起义者之心。如《高祖本纪》所载："祠黄帝，祭蚩尤于沛庭，而衅鼓旗，帜皆赤。由所杀蛇白帝子，杀者赤帝子，故上赤。"将丰西泽中"杀蛇"故事与祥瑞联系起来，以应天命。《旧唐书·五行志》曰："汉祖斩蛇而验秦之必亡，仲尼感麟而知己之将死。"

刘邦多次自称"吾以布衣提三尺剑取天下"，并无斩蛇一说，后世李世民"朕提三尺剑定四海"与之如出一辙。但是，由斩蛇而生发出刘邦的"斩蛇剑"，到了后来却成了一宝。

据说秦始皇三十四年，于南山得一铁剑，长三尺，铭曰"赤霄"，大篆书写。"及贵，常服之。"按其原因，秦始皇就有"定秦剑"。后来汉文帝刘恒于初元十六年，铸三剑，长三尺六寸，铭曰"神龟"。多刻龟形，以应大横之兆。武帝刘彻于元光五年铸八剑，长三尺六寸，铭曰"八服"，小篆书。效秦始皇五岳皆埋之。王莽于建国五年造威斗及神剑，皆炼五色石为之，铭曰"神胜万里伏"，小篆书，长三尺六寸。

此后东汉光武帝刘秀、魏武帝曹操都佩这种剑，无非是显示其神秘性而已。至于剑名，不过是后人杜撰而已。

东汉，天子即位，"斩蛇剑"成了和传国玉玺同等重要的"文物"："以传国玉玺绶东面跪授皇太子，即皇帝位。中黄门掌兵以玉具、隋侯珠、斩蛇宝剑授太尉，告令群臣，群臣皆伏称万岁。"（《后汉书·礼仪志下》）

"龙蛇起陆"，古人以龙蛇并称，二者实被视为同类。蛇向来就居于崇高无上的地位。甲骨文中的虫字，是一条昂首屈身的蛇，透露出在古人的世界里，一切动物都是蛇种的信息。贵族统治者包括写史者也有意识地将蛇和君王联系起来，比如在《左传》中就有以蛇喻君的资料。《三国演义》里边，开篇第一个场景就是青蛇蟠于御座。《搜神记》里边，汉桓帝即位，有大蛇见于德阳殿上。

类似的记载还有很多。汉高祖未出生之前，其母刘媪曾经在大泽边上休息，梦中与神交合。当时雷鸣电闪，天昏地暗，刘太公正好前去看她，见到有蛟龙在她身上。不久，刘媪有了身孕，就生下了高祖。

因此，汉高祖生成一副异相：高鼻子，一副龙的容貌，一脸漂亮的胡须，左腿上有七十二颗黑痣。

秦始皇在位时就发现"东南方有象征天子的一团云气"，东南方恰恰就是楚国故地。于是始皇巡游东方，想把这个不利于自己的"天子气"压下去。所谓的"天子气"，《晋书·天文志》有解释："天子气，内赤外黄，四方，所发之处当有王者。"而这边的刘邦怀疑正是自己带着这团云气，就逃到外边躲避起来，躲在芒砀山一带的深山湖泽之间。而吕后和其他人去找，却常常能找到他。刘邦奇怪地问她怎么能找到自己，吕后说："你所在的地方，上空常有一团云气，顺着云气去找，就常常能找到你。"

将这样神乎其神的记载堂而皇之地书之于史册，目的只有一个，不说大家也明白。

司马迁对刘邦的神化，记述的都是刘邦起义之前的事。刘邦斩蛇起义后，至定鼎，基本上不再有这些祥瑞记载。但上述祥瑞并没有对刘邦的成功起到太大的作用，不得不令人怀疑并非司马迁所书，而是后世谶纬家窜入。

事实上，为了解释一个新王朝诞生的合理性与神圣性，具有革新意味的祥瑞往往不期而至。《后汉书·百官志》载：太史令"凡国有瑞应、灾异，掌记之"。但是，这些祥瑞其实都是"人造景观"，属于报喜不报忧。

《汉书·文帝纪》中出现了汉朝有记载的第一次祥瑞："黄龙见于成纪。"之后在汉景帝时期没有再出现，直到汉武帝时才蔚为大观。

西狩获麟之后数百年，又出现了一次获麟事件。当事人变成了汉武帝，他即位的第十九年（前122年），有一次到雍县去祭祀五帝，乘便打猎，获得一匹兽，它的毛是纯白的，头上却只有一个角；大家都不认得，猜想应是麒麟，于是作了一篇《白麟之歌》来记载这一"盛事"，后来群臣还请定这一年为"元狩"元年。

汉武帝之时出现的祥瑞远不止一只麟，汉武帝在位期间基本上是六年一个年号。建元、元光、元朔、元鼎、元封、太初，从这些年号就可以看出，都是出现祥瑞才导致改元。祥瑞的出现也形成了某种规律。

董仲舒在其著作《春秋繁露》中就有《符瑞》篇。本来，据《汉书·董仲舒传》，理论家董仲舒提出的具体祥瑞是凤凰和麒麟，但武帝时的祥瑞则随处可见：芝草是在甘泉宫中发现的，神光是在武帝祭祀时出现的，白麟是在武帝祭祀时猎获的，甚至黑如黳的陨石也是祥瑞，"有司有以为美祥，以荐宗庙"。

最常出现的还有鼎。比如，汾阴掘出了一个特大的鼎，上面没有字，大家惊为祥瑞，于是，武帝就改元为元鼎。到了元鼎四年六月，又得一宝鼎，"天子使使验问巫锦得鼎无奸诈，乃以礼祠，迎鼎至甘泉，从行，上荐之"。

宣帝时（前58年），"美阳得鼎，献之。下有司议，多以为宜荐见宗庙，如元鼎时故事"。好在当时有一位大臣叫张敞，时任京兆尹，他识得古文字，就起来反驳道："他们都在胡说八道！这鼎的铭文是：'王命尸臣：官此栒邑；赐尔旂、鸾、黼、黻、雕戈。尸臣拜手稽首曰：敢对扬天子丕显休命！'美阳是西周的王畿，可见这是周王把东西赐给这位大臣，大臣的子孙为了显扬先人所受的恩宠，将其刻在鼎上，藏在祖庙里的。这是旧藏的发现，不是祥瑞的天降！"他说得这样清楚，宣帝也只得罢了。否则，历史上又多一次"祥瑞"记载。

汉朝人还特别喜欢凤凰。昭帝、宣帝时的年号中就有与凤有关的：元凤、五凤。

《汉书·宣帝记》记载了宣帝时出现过的十八次祥瑞，没有一次灾异。其中竟然有十二次出现凤凰。但此后西汉再没有出现过凤凰，只有王莽之新朝出现过一次，因而改元天凤。

可见，祥瑞的出现也是有偏好的。《后汉书·五行志》记载："凤皇（凰）阳明之应，故非明主，则隐不见。"看来，凤凰不出的时候，都不是明主当政之时。还是生活在好祥瑞的天子之时幸福一些，每一次祥瑞现世，为了让全国人民感受这满满的正能量，皇帝一般都会特别赏赐臣民。

清人赵翼点破了其中奥秘："得无二帝（昭帝、宣帝）本喜符瑞，而臣下遂附会其事耶？"不正是"上有所好，下必甚焉"的写照吗？

司马谈之死

元封元年（前110年），汉武帝决定到泰山去封禅。当时司马迁的父亲司马谈任职太史令，随武帝行到中途患病，不得已留在洛阳，不得随行观礼，心中一气，竟然病情加重了。他临终时，握着儿子司马迁的手，一边哭一边说："今天子上接千岁之统，封泰山，这是怎样的盛事啊，而我不得跟了去，这是命啊！这是命啊！"

为什么司马谈将不能去观封禅大礼看作是"命"？封禅真的有那么重要吗？

在泰山上筑土为坛祭天，报天之功，称"封"；在泰山下梁父或云云等小山上辟场祭地，报地之功，称"禅"。这是古代帝王的最高大典，而且只有改朝换代、江山易主，或者在久乱之后的太平盛世才可以封禅天地，向天地报告重整乾坤的伟大功业，同时表示秉受天命而治。

《史记·封禅书》中记载了齐桓公九合诸侯，自信心爆棚，欲行封禅之事，没想到，管仲却向他迎头泼了一盆冷水：

> 古之封禅，鄗上之黍，北里之禾，所以为盛；江淮之间，一茅三脊，所以为藉也。东海致比目之鱼，西海致比翼之鸟，然后物有不召而自至者十有五焉。今凤凰麒麟不来，嘉谷不生，而蓬蒿藜莠茂，鸱枭数至，而欲封禅，毋乃不可乎？

前人到底有谁搞过封禅大典，谁都没见过，管子说了很多例子，也纯属臆想。不过，他认为，古人封禅，要有鄗地的黍和北里的禾盛在祭器里，要有江淮间特有的三脊之茅草铺在地上为席。要东海送来比目鱼，西海送来比翼鸟，要有不招自来之物十五种以上。我们现在有吗？凤凰麒麟都不来，祥瑞之嘉谷不生，国中杂草繁茂，恶鸟却常来，这个样子还想封禅？

可见，封禅不同于封神（只要立有功勋，即可封神）。齐桓公听到这番话后，自知没有凤凰、麒麟、嘉谷这些符瑞，无话可说，只好作罢。

至少到西汉之时，封禅并非儒家独有的主张，司马谈如此重视封禅一事，其中必有深意。其《论六家要旨》对其他各家都有所批评，甚至唯独对"儒"不称"家"，却对道家推崇备至，就有以道家思想去整齐百家之意。司马迁处在重视家学的西汉时期，将封禅载入《太史公自序》，恐怕不光是为其父树碑立传，更有发扬光大其家学之意，"成一家之言"。这个"家"

字不是我们所理解的普通一"家"，而是要和"六家"并列的"一家"。

在司马迁的思想体系中，"德"与"礼"同样也都涂上了道家的色彩。在《酷吏列传》中，司马迁引用了孔子的名言"导之以德，齐之以礼，有耻且格"，但立即又以老子的话作注脚"上德不德，是以有德；下德不失德，是以无德"。司马迁还说："言道德者，溺其职矣。"

类似的情况还有被称为西汉第一位倡导儒学的人陆贾，其实也是想以儒学思想整合百家，融黄老之学和法家于一体，倡导礼法结合，同时强调人主必须无为。但因此将陆贾称为西汉第一位倡导儒学的人，恐怕不妥。陆贾和司马谈类似，其意都在自成一家。陆贾自己就说过："书不必起仲尼之门，药不必出扁鹊之方，合之者善，可以为法，因世而权行。"（《新语》）不能听凭他强调什么就将之归为儒家或道家，齐桓公尚德以霸，秦二世尚刑而亡，难道齐桓公行的是儒学？

可以想象，假如身为太史令的司马谈参与了封禅，那么他对封禅大典的仪式是有话语权的，无疑可以影响汉武帝，影响当时的社会和政治。

第一个进行封禅的是秦始皇。不管是论功业，还是看历史，秦始皇都当之无愧地可以进行封禅，结果却并不顺利。

史载，秦始皇上泰山时，于山腰中遇到暴风雨，只好躲在大树下避雨，颇有些狼狈。诸儒生因为对封禅的古礼众说纷纭，都被始皇贬退，不能参与封禅的仪典，当他们听说始皇山中遭遇风雨，就都讥笑他。这实在太不严肃了，可以想象，若是秦始皇知道，不知他心理阴影面积会有多大，也难怪他不喜欢某些儒生。

实际上，儒生们还是很在意能不能参加封禅大典的，司马谈虽不是儒家，但作为史官，一辈子难得遇上这样一件大事，怎能不纠结？

汉武帝正是因为他第一次封禅，才改元为"元封"。

在汉代人看来意义重大的封禅，汉武帝却只当作好玩，别的朝代真正热衷封禅的皇帝不多，即使有，也只偶尔搞一次。汉高祖刘邦"革命"成功，功绩不在其下吧，尚且都没有封禅，而汉武帝前后一共封禅五次。因此，后来司马谈的儿子司马迁有幸能目睹这一盛况，也算是弥补了其父亲的遗憾。

其实，从汉武帝的封禅来看，封禅于国于民无益，而且劳民伤财，耗费巨大，只不过是将对国家的信心建立在封禅的仪式之上，以满足一种天朝大国、天下太平的虚幻自大的心理。

又过了五年（前114年），汉武帝正式宣布改制：定历法，以正月为岁首；服色尚黄；数用五；官名的印章改为五字。这年改元太初。

这是以"五德说"易服色，用"三统说"改正朔。频繁地"改元"，只会弄得百姓头大。西汉的"颜色革命"到这里才算初步完成。至于后来王莽的"颜色革命"，是另外一回事。

四个女人的政治

吕后的智慧与"吃相"

吕后的智慧

自春秋战国以来，没有一个女主的智慧有如吕后那般高明。

《史记》称吕雉为人"刚毅"，应该说这个词并无贬义。而且，正是这个吕雉，在刘邦打江山的过程中发挥了重要的作用，司马迁说她"佐高祖定天下"，一点不为过。

西汉建立后，从几件大事可以看出吕后的智慧和决断。

一是诱捕彭越。

彭越在楚汉相争中，多次为刘邦立下了大功，但是他也有自己的小算盘。他至少有两次对刘邦耍心眼，拒绝听从刘邦的调度。一次是垓下之围前夕，刘邦刚刚吃了败仗，派人叫彭越合力攻打项羽，但他借口魏地刚刚平定，畏惧楚军，不能前往。

其实，他的这点小心思早已被张良看透。彭越对刘邦只封他做魏国之相心有不满，于是，当刘邦封彭越为王之后，彭越马上就行动了。

第二次是刘邦即位后，陈豨在代地造反，刘邦亲征，向彭越调兵，他竟然借口有病，没有亲往。刘邦很生气，派使者责备他，彭越这才恐惧，打算前往谢罪。部下劝他别去，干脆造反得了。彭越虽然没有听从这一建议，但仍然称病不去。

其下属向刘邦控告其谋反，刘邦出其不意，将彭越逮捕。有司审讯后，认为其反形已具，建议杀掉他。而刘邦却赦免了他，废其为庶人，削职流放蜀地。

也许彭越命数该绝，在途中遇到吕后，彭越向其诉说自己无罪。吕雉不动声色，答应为他说情，将其带回咸阳。她对刘邦说："你把彭越放走，等于放虎归山。"刘邦醒悟，遂将其诛杀。

通过这件事，我们可见吕后在权力斗争中的智慧和决断。她先前还趁刘邦在外征战之际，与萧何用计杀掉了韩信，成功震慑了其他功臣。

二是临终问相。

刘邦一生在征战中数次受箭伤。公元前 195 年，刘邦终于打败了最后一个反叛的异姓诸侯王英布，并与大臣们杀白马为盟，订下誓约："非刘氏而王者，天下共击之。"但是，这一次，刘邦再次中箭受伤，而且伤势日渐严重。

然而，颇为奇怪的是，在刘邦弥留之际，竟然是吕后亲自探问刘邦死后的人事安排："萧何死后，谁可以做丞相？"

刘邦说："曹参。"

吕后又问曹参之后何人可接其班，刘邦答道："王陵可以，但王陵智谋不足，需要陈平辅佐，但是陈平没有决断。周勃为人忠厚可以做太尉，日后安定刘氏江山的人一定是他。"

吕后进一步追问之后的安排，刘邦也颇无奈地说："以后的事情你也不会知道了！"

其时，丞相萧何在，太子也在，刘邦竟然没有召见他们及群臣来宣布后事，反倒被吕后捷足先登了。

虽然其时尚无母后干政的禁令，但是作为一代天子，应当明白继位者乃是太子，其时太子刘盈年已十六。即使太子年幼，也应召见辅佐太子新君的顾命大臣。这一反常的举动，倒不是表明刘邦相信吕后的能力，而是表明吕后的智慧，也预示她将在新皇帝的政治生涯中发挥重要作用。

吕后"临终问相"一事，首先表明她并不想夺取丈夫的基业，相反，她这样一问，倒是有极力想维系汉室江山的用意。假如她真的想像后来的武则天那样，又何须问刘邦呢？因此，人们将她与武则天相提并论，实在有些冤枉了她。

司马迁在《史记》中不书"惠帝本纪"，却书《吕太后本纪》，后人据此认为，司马迁根本没有把惠帝看作皇帝，政归吕氏，惠帝只是傀儡。加上在《吕太后本纪》中，"太史公"这样评价：

孝惠皇帝、高后之时，黎民得离战国之苦，君臣俱欲休息乎无为，故惠帝垂拱，高后女主称制，政不出房户，天下晏然。刑罚罕用，罪人是希。民务稼穑，衣食滋殖。

一句"女主称制"，似乎坐实了惠帝有名无实。

其实不然。"称制"的意思一般理解是即位执政，但吕后并未即位。加上惠帝在位仅七年，时间太短，因此《史记》其实是将惠帝和吕后合为一传。

惠帝虽然文弱，但并非没有掌握权力。

惠帝二年，丞相萧何去世。萧何去世前，惠帝亲临相国府，问其身后安排。萧何推荐了齐相平阳侯曹参。尽管刘邦先前有安排，可惠帝还是亲自处理。

辟阳侯审食其是吕后心腹，依靠太后势力，为非作歹。惠帝下令逮捕审食其入狱。试想，这是一个有名无实的天子能做的事吗？想想光绪和慈禧就能明白。

惠帝见到吕后制作的"人彘"，知道是戚夫人后，大哭而病了一年多。他让人转告吕后，斥其毫无人道，以致自己都无法治理天下。看看历史上那些无权的皇帝，敢这样责问母后吗？

吕后杀戚夫人及其子刘如意，想毒死惠帝的哥哥刘肥，其实都是为了确保惠帝的帝位和权力。虽然下手狠了些，但还是尽量避开惠帝，私下里下手。

吕后这么做，其实正是补惠帝之缺。惠帝仁弱，高祖在世时就有些看不惯，对他不放心，几次想更立太子。其间也多亏吕后周旋。

吕后的"吃相"

自春秋战国以来，没有一个女主的"吃相"有如吕后这般难看。

吕后的"吃相难看"主要表现在分封诸吕上。

惠帝在世时，吕后外戚没有一个被分封为王。惠帝死后，吕雉以追封她已故的两个哥哥为王开端，大哥吕泽为悼武王，二哥吕释之为赵昭王。

公元前187年，吕雉封侄子吕台为吕王，吕产为梁王，吕禄为赵王，侄孙吕通为燕王，追尊其父吕文为吕宣王，封女儿鲁元公主的儿子张偃为鲁王，将吕禄的女儿嫁给刘章，封刘章为朱虚侯，封吕释之的儿子吕种为沛侯，封外甥吕平为扶柳侯。

次年，吕台去世，其子吕嘉接续为吕王。

又两年后，吕雉封其妹吕媭为临光侯，侄子吕他为俞侯，吕更始为赘其侯，吕忿为吕城侯。吕后先后分封吕氏家族十几人为王为侯。

这样一来，就打破了刘邦所确立的"非刘姓不能封王"的规矩，给人的观感确实是一门显赫，权势熏天。

然而，仔细一看，这些封爵中有名无实者居多。有的是死后封王，如吕后的父亲和两个哥哥；有的很快被废，如吕嘉因行为放纵于次年被废。真正有权的只有三个王：赵王吕禄、梁王吕产、燕王吕通。

至于其他的侯，也大多是为汉室定鼎立下大功的吕氏，多封几个侯爵也是情理之中的。

然而，就是吕氏出于私心的这副不雅的"吃相"，最终反而害了吕氏一族。

至于吕氏死后，朝廷发生的一场流血之变，史称为"诸吕作乱"，实是一大冤枉事。

吕后在世时，诸吕并无擅权害人之举，甚至连违法的事都不见诸记载。诸吕如果真的想作乱，为何不在吕氏在世时行动，非要等到吕氏死后才开始？

真相是，刘氏子孙和拥刘大臣们不甘心大权旁落，趁机发起攻势，要诛灭吕氏势力。诸吕为自保，不得已而与之对立。

吕氏临终前就对这种局面有所预料，她安排赵王吕禄为上将军，统北军，梁王吕产居南军，并且叮嘱他们，"大臣恐为变。必据兵卫宫，慎毋送丧，毋为人所制"。显然，吕氏担心的是他们的势力不敌，这般安排绝非作乱之举，压根儿没有制人的意图，而是避免为人所制。

至于吕禄，其女是朱虚侯刘章之妃，作为诸吕的核心人物，他竟然相信郦寄所言，轻易交出兵权。郦寄说："吕氏立三王，皆大臣之议，事已布告诸侯，诸侯皆以为宜。"这是事实，吕氏分封三王，是朝中大臣主动提出来的，并经过了大臣的商议，而不是吕氏强行所立的。

郦寄劝吕禄到封国就任，交出兵权，以避嫌疑。吕禄相信郦寄所言，准备交出将印，将兵权交给太尉周勃。于是派人告知吕产及诸吕老人，他们有的人认为可以，有的人认为不行，犹豫未决。这哪里像一个有谋划有组织的作乱家族？只有其姑吕嬃明确反对，而她所担心的是，一旦交出兵权，吕氏会死无葬身之地。

吕禄交出兵权后，周勃行令军中："跟吕氏走的右袒，跟刘氏走的左袒。"结果，军中将士都左袒，表示愿意跟随刘氏。可见，即使手握兵权的吕禄也没有笼络军心，否则不至于一个心腹也没有。这哪里有一点作乱的痕迹？

率兵来到未央宫的吕产，既没有进攻，也没有返回自己掌控的南军大营，而是焦躁不安地徘徊在未央宫门外。莫非诸吕都是一群白痴？白痴还敢作乱？

倒是周勃获悉刘章控制了长乐宫后，当即大开杀戒，将吕氏族人，无论老幼，一律处死。

历史上的"诸吕作乱"以这样的结局收场，固然是由吕后所引起的。但是"作乱"二字背后疑点重重，实不该加诸于诸吕头上。事实上，尽管吕后生前"吃相难看"，但还算是恩怨分明。赵翼早就说过：除了赵王刘友之死，梁王刘恢之自杀，是因为与吕后关系不和，甚至曾公开表示要报复；其他如代王刘恒及其母薄太后、淮南王刘长，皆安然无恙；吕氏曾想毒死的惠帝大哥刘肥，因献出一郡，吕后待之如初；朱虚侯刘章借侍宴行酒之机，以军法斩诸吕逃酒者一人，吕后也没有加罪于他。

至于张良、陈平、周勃、灌婴等一批被刘邦看重的安刘老臣，吕后一个都没有动。吕后应该算是对得起刘邦了。很显然，所谓"诸吕作乱"，只不过是一段为了掩盖这场权力斗争而改写的历史。

窦氏：黄老学的拥趸

在儒家的道统里面，黄帝是没有一席之地的。儒家只提尧舜和夏商周三代。

然而，在西汉初年，黄帝却成了超越三代的至尊。钱穆认为，这主要是因为黄帝的传说出现得比较晚。但是按理说，道家的至尊老子要比儒家的圣人孔子要早，事实上在老子、孔子那里，虽然"圣人"很崇高，但都没有出现具体的名字，孔子提到最多的也就是周公。

说起来，这都不过是后人制造出来的。

西汉初，黄帝和老子怎么会结合成黄老学，这一直没有人给出一个合理的说法。

如果结合一本流行于战国时期叫作《黄帝内经》的书，大致可以明白，这个黄帝也是提倡寡欲、自然无为的，和道家的老子旨趣一样。二者还有一个共通点，那就是都讲求养生长生之道。

道家的流行，应该与秦汉之交杂家出没频繁密切相关，特别是燕齐神仙方术的鼓吹，暗中与之通款，起到了推波助澜的作用。

政治上，刘邦、项羽都是打着"诛暴秦"的旗号，推翻了秦帝国，因而逻辑上自然要反秦之道而行，以休养生息取代严刑峻法。这样，黄老之学就成了他们合意的治国理论依据。

严格地说，黄老之学也是杂家，并不是纯正的道家。

当时的儒家不仅没地位，而且或许根本没有成"家"，只是一种学术思想的流行。它能进入西汉殿堂，多亏一个叫叔孙通的儒生。

叔孙通作为秦朝的博士，知道刘邦不喜欢儒生，曾拿儒生的帽子撒溺，于是他便穿着楚国的短衣求见，这才见到刘邦。刘邦手下的功臣大都粗通文墨，不讲什么礼法。大汉建立后，看到他们吵吵嚷嚷的样子，身为帝王的刘邦渐渐不耐烦了。这时，叔孙通见机便提出制定一套朝仪。

刘邦同意了，但希望简单一点。叔孙通率一班儒生演习了一个月，刘邦去看，觉得不错，便将其应用于朝堂，令文武百官学习，这才让刘邦大开眼界：我到今天才知道做皇帝的尊贵啊！

但是，这些儒生始终没有得到参政的机会。西汉初年的丞相萧何、曹参、陈平、周勃、张苍等，出身或者是刀笔吏，或者是武将，或者是策士，或者是道家，他们对于儒家压根儿没有什么特别的感觉与崇信。对于治理国家的制度，也没有打算创新什么，有的甚至主张照搬秦朝，因袭而已，有的觉得还是简单为好，萧规曹随就行了。

迫切希望参与政治的儒生，始终处于边缘化的境地。这种境况要改变，还得等一个女人死后。

这个女人就是窦氏，继吕氏之后西汉初期又一个掌握大权的女人。

她名叫窦漪，原本不过是一个普通的农家女子，平民出身。汉惠帝时，她以"家人子"的身份入宫伺候吕太后，后被赐予代王刘恒。

窦漪乌鸦变凤凰，和刘恒公子变皇帝一样，完全出于意外，富有戏剧性。

这个窦氏生于何年何月都不载于史册。她原本是清河郡人。在吕太后外放宫人赏赐各诸侯王之际，窦氏向宦官请求将她放到离家稍近的赵国去。那时宫廷中的公务员也太不负责任了，一如后来汉元帝时，著名的王昭君本来有沉鱼落雁之容，却因为没有贿赂画工，结果被画得很丑，以致没有被元帝选中，而被作为与匈奴和亲的对象，远嫁塞外。这个宦官也将窦氏的嘱托给忘了，将窦氏安排到代国去了，成了刘恒身边的女人。

阴错阳差之间，代王刘恒却成了皇帝，刘恒就是汉文帝。即位后，窦姬被立为皇后。景帝即位后尊其为皇太后。建元元年，汉武帝即位，尊其为太皇太后。

这位窦氏一生侍候过三个皇帝。她在文帝时，并没有什么特权，而且因为生病导致失明，逐渐失宠，以致文帝的另一个妃子慎夫人与她这个皇后平起平坐。

文帝即位之后，信奉的还是黄老之学，崇尚俭朴。有一次他想造一个露台，唤匠人做预算，算出来需要百金。不料，这一个小数目竟使文帝吃了一惊："百金，这是十户中等人家的家产啊！"就放弃了。这样的风范，自然对窦皇后影响很大。窦氏后来成为黄老学的铁杆拥趸，和有着这样一位皇帝丈夫关系重大。

文帝在位二十三年，死后，太子刘启即位，这就是景帝，窦皇后的儿子。

做了太后的窦氏，刚开始在景帝期间倒并没有明显地干预朝政，唯一一点，就是希望自己的小儿子梁王刘武能接班做皇帝。

景帝与刘武本来兄弟感情不错，有一次酒后还表示自己百年之后会将帝位传给这位小弟弟。但是，窦太后的亲侄子窦婴却提出反对，传弟不传子，这明显违背了高皇帝刘邦的规矩啊！窦太后由此便记恨这个侄子。窦婴只好称病不出。

后来，景帝废掉太子刘荣，窦太后见有希望了，便提出要立刘武为太子。此时一个叫袁盎的大臣又提出反对。结果袁盎竟然被梁王安排的刺客刺杀掉了。

景帝得知真相后，与刘武的关系便变了。刘武也命薄，很快就病死了。

刘武之死，窦太后一直怪罪景帝：帝杀吾子！

刘武死后，窦太后变得有些怪异。她明确要求景帝及窦氏子弟不能不读黄老之书，要遵其理而行。

景帝倒也无所谓，他本来就奉行黄老之学无为而治，但他身边的儒生博士们不乐意了。

一个专门研究《诗经》的博士叫辕固，因在窦太后问其关于老子的学说时，贬了一通老子，就被窦太后关进兽圈里去与野猪搏斗。

景帝在位十六年，去世后，太子刘彻即位，就是汉武帝。窦氏升格为太皇太后之后，竟然同自己的孙儿冲突起来了。

祖孙俩的冲突明面表现在一个好黄老，一个"乡儒术"，其实骨子里是汉武帝不愿意活在祖母的操控之下，没有自由。

作为祖母，窦氏并不直接与孙儿对着干，她有最好的撒手锏，就是一个"孝"字。汉朝标榜以孝治天下，英武如汉武帝，都不敢违背孝道。他对这个历经三朝的女人毫无办法。

年轻的汉武帝试图一改此前的无为政治，想做出一番改革，于是重用了一批儒生，对研究《诗经》的赵绾、王臧等委以重任。

建元元年（前 140 年），御史大夫赵绾、郎中令王臧等建议立明堂以朝见诸侯。窦氏知道后，心里嫌其多事，但隐忍未发。第二年，赵绾又奏请武帝不必向长乐宫（太后所居）奏事，意图排除窦氏的干扰，为改革省去麻烦。窦氏知道了，无法再忍，便痛下辣手，暗中搜集了二人谋为奸利的证据，拿来责备武帝重用这种人。武帝无奈，把丞相窦婴和太尉田蚡都予以免职，将赵绾、王臧逮捕下狱，最后赵绾、王臧二人都自杀了。包括明堂在内的诸多新政都予以废除，方才了事。

这是汉武帝初次尝试改革时遭到的重大挫折。

窦氏都用些什么人？著名的"万石君"就是一个典型。景帝时期的太子太傅万奋，俸禄二千石。他的四个儿子皆为二千石，因此，合起来就是"万石"，故称万石君。《资治通鉴》说他们"不言而躬行"。窦氏还让万奋的长子万建担任郎中令，少子万庆担任内史。

武帝在祖母这种威压之下，无所作为，直到建元六年（前 135 年），窦氏去世，武帝才迎来了他的春天。

卫氏：国母的幸与不幸

祖母窦氏死后，汉武帝的人生开挂了。

他对内实行改制，易服色、改正朔，将汉初以来实行的无为之治一变而为大刀阔斧的变革；对外北征匈奴，出兵漠北，展示其文治武功和一代有为之君的气象。同时，他还进行了无数次的东巡，以封禅、求仙。

一句话，他彻底改变了过去政出后宫的传统。他幸运地遇到了一个好皇后，也由此为他的文治武功引来了得力助手。

偶遇真命天子

汉武帝建元二年（前139年）春三月，上巳日，西汉时称"祓禊"，魏晋以后称为上巳节，又称"三月三"。十八岁的少年天子汉武帝刘彻从祭祀先祖、祈福除灾的霸上（也就是白鹿原）回宫。

处在京都长安的平阳侯府邸，一个叫卫子夫的歌女和平常一样应主人之安排给客人献唱。但她明显感觉到，这一天来的客人非同往常。

卫子夫从小便生活在平阳侯府，她的母亲就是平阳侯府的家仆。

这个平阳侯曹寿娶了汉武帝刘彻的大姐平阳公主。这天进府的客人不是别人，正是汉武帝，他顺路来看望大姐平阳公主。

在卫子夫上堂献唱时，平阳公主早将先前物色好的十几个女孩子精心打扮，令她们拜见少年天子，然而武帝对她们谁都没有看上。平阳公主只好叫她们退下，摆上酒菜开筵。当卫子夫等一群歌女上来时，从众歌女中，刘彻一眼便看中了卫子夫。

当刘彻起身去更衣时，卫子夫陪同，结果，不出意外，就发生了不可描述的事情。《史记》说，汉武帝是在尚衣的轩车中宠幸了卫子夫。

卫子夫于是得以进宫。

然而，奇怪的是，卫子夫入宫一年多时间里，再也没有受到汉武帝的宠幸。如果不出意外，她也将成为后宫中无数怨女之一。

然而，第二年，汉武帝决定将宫中多余的宫人释放出宫。卫子夫这才有机会再见到刘彻，便哭着请求他将她释放回家。这一见面，大概唤起了刘彻的荷尔蒙，他再一次临幸了卫子夫。卫子夫不仅没有出宫，反而因此开始受到宠爱，并怀孕。

刘彻的皇后就是著名的金屋藏娇之主，大长公主刘嫖之女陈阿娇。仗着母亲帮助胶东王刘彻立为太子出了力，陈皇后格外骄横。卫子夫受到大幸而怀孕，陈皇后却多年没能生育孩子，女人间的嫉妒使其将卫子夫视为眼中钉。

没想到，长公主刘嫖竟然做出一个荒唐的举动，派人去抓捕在建章当差的卫子夫弟弟卫青，欲杀卫青。幸亏卫青的朋友公孙敖及时相救，使卫青免于一死，否则就没有大汉出征匈奴的辉煌了。

此事没有瞒过汉武帝，他不仅将卫青召为建章监，而且加封其为侍中。

元光五年（前 130 年），陈皇后因为巫蛊之事被废。两年后，卫子夫为二十九岁的汉武帝生下一个皇子，因而被立为皇后。元狩元年（前 122 年），七岁的皇子刘据被立为皇太子。

西汉后宫中罕见的贤内助

这一次意外的相遇，改变了卫氏家族的命运，不仅卫子夫本人受到汉武帝的宠爱，而且其家族也得以显贵，用"集万千宠爱于一身"来形容一点不为过。

卫子夫的长姐卫君孺嫁给太仆公孙贺为妻，汉武帝爱屋及乌，公孙贺亦因此更受亲信；二姐卫少儿仅仅与开国功臣陈平之后陈掌有私情，陈掌就被汉武帝召见，担当詹事；弟弟卫青则升为大中大夫、长平侯，后又两次益封，是名副其实的万户侯。卫青之后，又有五人为侯，特别是他的外甥霍去病，二十一岁即成为大司马，掌管军政。以至有民歌唱："生男无喜，生女无怒，独不见卫子夫霸天下。"

卫子夫成为皇后时，西汉著名的辞赋作家、郎官枚皋特作《戒终赋》一篇献给卫皇后，一改往日诙谐的文风，劝诫卫皇后要懂得慎终。

虽然不知道卫子夫对这篇赋理解得有多深，但直到后来她朱颜辞镜、色衰爱弛，她依然记着枚皋的劝诫。

她的家族并没有因为卫子夫的显贵而徒享清福。卫青、霍去病等一批卫氏外戚，屡次身披战袍，率汉家儿郎征战沙场，七次出征，六入匈奴，出生入死，在祁连山麓立下赫赫战功，基本瓦解了北方匈奴的势力，解决了汉朝几十年的边患，也留下了"匈奴未灭，何以家为"的慷慨豪情和暴骨他乡、矢志不移的爱国精神。

即使后来汉武帝移情王夫人、李夫人等其他后妃，但是受"戒终"之警，深晓月盈则亏、盛极必衰之理的卫子夫仍然能做到宠辱不惊，一心修行，公正处事，一反此前吕后、窦氏的做派，不仅不伸手要权力，而且还特别注重"善自防闲，避嫌疑"，赢得了武帝对她的高度信任。武帝每次外出，将宫中之事全部托付给卫子夫，而卫子夫并没有恃权而骄，而是处置得非常到位，每件事都有记录，等汉武帝回来又一一报告，令武帝很满意，有时干脆让她免了汇报。即使在卫青、霍去病相继离世之后的十七年里，她依然能够得到武帝的礼遇与尊重。史家称其为西汉最好的贤内助，可以说她有国母之风。

卫子夫身居汉宫四十九年，为后三十八年，自陈皇后被废以后，汉宫不复有妒妇悍后，更无妃嫔相争。

更难得的是，卫子夫为汉室引来了如卫青、霍去病等一批外戚干臣，他们为汉武帝外征匈奴，内理政事，做出了重要贡献。霍去病之弟霍光身奉四帝，躬辅三朝，"受遗命，佐幼帝，行遗策，兴废立"，成为西汉政权交替间的稳定器，算得上西汉中期的第一功臣。这是后话。

一代国母之不幸

然而，就是这样一位有国母之风的难得的贤内助，却仅仅因为一次诬告而遭遇不幸。

卫子夫及其家族基本上做到了干净清白，无隙可寻。然而，却因为太子刘据得罪了汉武帝的宠臣江充，结果引来一场大变。

先是征和二年（前91年），发生了公孙贺父子巫蛊事。

丞相公孙贺的儿子，身居九卿之一太仆高位的公孙敬声，仗着自己是皇亲贵戚，行事骄奢，不守法纪，竟敢擅用北军军饷近二千万钱。事情败露之后被捕下狱。这时，汉武帝下诏欲抓捕的阳陵人朱安世却迟迟未能归案，公孙贺为了保住儿子，便请求抓捕朱安世以赎公孙敬声之罪。武帝答应了。没想到，归案后的朱安世竟给公孙贺一家引来大难，他在狱中上书诬告公孙敬声与阳石公主私通，行巫蛊诅咒天子。汉武帝最忌恨巫蛊，陈皇后就是先例。因此，公孙贺父子均冤死狱中。

本来春秋已高的汉武帝身体不如以前，病久不见好转，出了这一档子事之后，更疑心左右身边人行巫蛊事。

史载，能通五经的夏侯始昌曾经预言了巫蛊之祸："太初元年十一月乙酉，未央宫柏梁台灾。先是，大风发其屋，夏侯始昌先言其灾日。后有江充巫蛊卫太子事。"

宠臣江充为了防止将来太子即位于己不利，便决定先下手为强，构陷太子，就说武帝生病是因为有人行巫蛊诅咒天子。于是，武帝命江充为使者，成立专案组，专治巫蛊之案。

江充得了尚方宝剑，便指挥巫师四处掘地寻找木偶人，但凡挖到就逮捕周围的人，并以炮烙之酷刑逼供认罪。百姓惶恐之余相互诬告，致使冤死者前后共计数万人。

当然，这并非江充的目的，他乘胜扩大战果，逐个搜查后宫，甚至连皇后卫子夫的椒房殿也不放过。但是，将整个禁中的御座掘地三尺，仍没有找到江充想要的"证据"。

七月，江充终于将铁锹挖到了太子东宫，在按道侯韩说、御史章赣、黄门苏文的帮助下，江充得到了桐木人偶。

这一来，太子非常恐惧，他想向父皇申辩，但被江充控制，无法见到汉武帝。

在少傅石德的建议下，太子决定反击。他向母亲卫子夫调用皇后的中厩车驾，取出武库兵器，并调长乐宫卫队，以奸臣造反的名义征兵，与江充等人在长安城中展开激战，七月壬午日，将江充缉拿杀死。

太子起兵后，汉武帝尚清醒地判断出太子一定是受到了江充等人的陷害才这样做的。于是便派遣使者入长安探查。而这个使者竟然因为胆怯不敢入城，回报武帝谎称太子造反要杀自己。

正是这一次诬告，引得武帝龙颜大怒，失去理智，派左丞相刘屈氂发兵"讨逆"。

太子兵力有限，根本不是丞相的对手，只好逃出长安。此时的汉武帝还有机会改变事态，一来有壶关三老令狐茂上书讼太子冤，二来太子还躲藏于外。可是，有所醒悟的汉武帝并没有宣布赦免太子。导致在地方官围捕的过程中，太子不肯受辱，自杀身亡，随同的两个皇孙也被害。在长安的太子一家除了尚在襁褓中的幼孙刘询即后来的汉宣帝外，全都遇害。

与此同时，汉武帝派人收缴皇后玺绶。卫子夫因无法自释，便以死明志，自杀身亡。一场惨绝人寰的悲剧就这样收场。直到第二年，因田千秋上书为太子鸣冤，汉武帝才悔之晚矣。他盛怒之下，还恢复废除百年的夷族之刑，将已死的江充夷三族。

这里，且不说太子冤不冤，只说国母。如果说卫子夫有错的话，唯一的错就是同意了太子刘据调用了她的车驾。而武帝竟然不分青红皂白，也不念其德行，就收其玺绶，逼成冤案。只能说武帝心底里的不安全感，导致他丧失了基本的理智。

《资治通鉴》的记载更详细："是时，方士及诸神巫多聚京师，率皆左道惑众，变幻无所不为。女巫往来宫中，教美人度厄，每屋辄埋木人祭祀之；因妒忌恚詈，更相告讦，以为祝诅上，无道。上怒，所杀后宫延及大臣，死者数百人。上心既以为疑，尝昼寝，梦木人数千持杖欲击上，上惊寤。"

从中可以看出，巫蛊之风已盛行于宫内，但与《史记》中江充在后宫中挖地三尺，一无所获的记载相矛盾。即使宫内真的流行巫蛊，责任也在汉武帝，正是他在外狂热地求仙，才导致后宫受其影响，迷信巫蛊。

王政君：是"汉室老妖"吗

良家子华丽上位

西汉一朝，那些厉害的女主大多出身不是很好。吕后虽然家境稍好，有一个有钱的父亲，但也处于底层，嫁给穷光蛋刘邦后，她不得不亲自动手干活。

窦氏更是如此，出身于农家的窦氏本来是要被清理出皇宫的，她自己也做好了回赵国的准备，却阴错阳差地被派到了代国，被代王看上，成了皇后。

王皇后王娡，也就是汉武帝的亲娘，汉景帝的第二任皇后，竟然是个二婚，嫁给景帝前已经有过一次婚姻，还生了孩子。

卫子夫也出身奴婢。

只有昭帝的上官皇后出身豪门，是霍光的外孙女。

这些女主的华丽上位，都大大出乎她们自己的意料。

王政君也差不多。她的父亲王禁只是一个廷尉史，贪酒恋色，不成大器，其妻李氏最后难以忍受，愤然离家另嫁他人。

王政君的出生伴随着一个神话，不知是富贵之后附会出来的，还是真有其事。其母李氏怀着王政君时，竟然梦见月光照射到自己胸前。王政君长成大姑娘后，性情温顺，颇懂妇人之道。貌美聪慧的王政君在十四五岁时许嫁了一户人家，可正要成婚，男方却突然死了；后来东平王要纳她为妾，不料还没入门，东平王也死了。

连续"克死"两个男人，引起了包括她父亲在内的很多人的震动。父亲请人为女儿占卜，占卜者说："梦月入怀，此女贵不可言啊。"如果联想起汉武帝的母亲王娡在怀孕时也曾有段"梦日入怀"的传奇，就会觉得汉宫的女人都了不得。

于是，王禁便将希望寄托在这个女儿身上，并在王政君十八岁时将她献入宫中。

皇太子刘奭宠爱的司马良娣死后，皇后在后宫中挑选了五个女子准备送给太子。不想，太子对这五个女子毫无兴致，但又不想违逆皇后的懿旨，便随口说了一声："其中有一个人还可以。"他并没有具体说是哪一个。因为当时王政君坐得离太子最近，而且打扮素雅，大家都以为太子属意的是王政君，便将她送到太子宫。

这一切都来得太偶然了，刘奭宠幸了王政君，她竟然一次枕席就怀孕了，生下太子的第一个儿子刘骜，这让宣帝喜欢得不得了。

汉元帝刘奭即位后，王政君顺理成章地成为皇后。

她是史上最长寿的皇后之一，活到84岁。也成为历史上最具争议的皇后之一，在很多人眼里，她既是大汉王朝的守护者，也是大汉王朝的终结者。

乱世中不该承受之重

一个女人到了九重深阙，就难免成为权力的奴隶。

王政君也不例外，况且她历汉四世而不衰，自然有她的办法。

一是怀柔术。

王政君为人谨慎，遵法循礼，给人以温婉无争、宽容大气的印象，既无傅太后之骄恣，又无赵氏姊妹之荒淫，可谓后宫中之贤者。这正是她的柔术，也是她本性善良的体现。

竟宁元年（前33年），汉元帝驾崩，汉成帝刘骜即位，尊母亲王政君为皇太后。此前傅婕妤很得宠爱，生下定陶王刘康，元帝想改立刘康为太子。王政君与其兄王凤、太子刘骜都为此感到恐惧，幸得史丹拥护，才使元帝打消了这个念头。成帝即位后，王政君知道元帝生前喜爱刘康，所以仍然对刘康待遇优厚，并不因为以前废立太子之事而与其产生嫌隙。

当王政君之兄王凤为了隔离成帝与刘康，要求刘康回到封国时，刘康只好离开。京兆尹王章看不过去，劝汉成帝不能再任用王凤，并推荐名声好的中山王之舅冯野王。王凤得知后，称病不仕。王政君亦为之垂泪，甚至不进御食。汉成帝也因为自幼倚赖王凤，不忍废弃他，只好继续任用。不想，王凤还职后，立刻诛杀王章，不过此事与王政君没有关系。

王政君的小弟王曼早死，因而王政君对王曼的儿子王莽格外关心。

汉哀帝即位后，着手排挤王氏外戚势力，强化皇权。他为了提高自己祖母和母亲家族傅氏、丁氏的势力，封祖母傅昭仪为恭皇太后，母亲丁姬为恭皇后，食邑与王政君相等。王政君看到后非常不安，但她没有吵闹，也没有霸道，反而要大司马王莽"乞骸骨"回家。

哀帝没有批准王莽的辞呈。丞相孔光、大司空何武、左将军师丹等对王政君说："皇帝听说太后下令贬斥王莽，非常伤心。大司马如果不复职，皇帝就不敢听政了。"于是王政君又令王莽复行视事。

在与哀帝外家的争锋中，王政君的柔表现得十分鲜明，面对傅太后的咄咄逼人之势，王政君总是主动避其锋芒。除了要求王莽等"避帝外家"，又让王氏族人赈济民众以获声誉。

正是凭借着那种能屈能伸的性格和谨慎守礼的处世态度，王政君在历次权力斗争中都能安然渡过难关，且始终处于政治核心。

二是有决断。

成帝皇后许氏及其家族许嘉"自元帝时为大司马车骑将军辅政"，虽然王凤也是大司马大将军，但按西汉旧例"后父重于帝舅"，许氏对王氏存在极大的威胁。

恰好此时灾异不断，刘向、谷永等人皆将其归咎于后宫，而许皇后又深得皇帝独宠，王政君即以忧"上无继嗣"为由，对许后进行限制。成帝也迫于压力，在"后宫女宠太盛，将害继嗣"的舆论压力之下，对许后逐渐冷落。

后来赵飞燕入宫，诬告许后"挟媚道，祝诅后宫，詈及主上"。皇太后大怒，下令废黜许后。汉哀帝即位后，政权落入祖母傅太后及生母丁姬手中，于是傅氏和丁氏外戚势力迅速膨胀，与王氏冲突不断。

当政敌傅太后、丁太后死后，哀帝无子而崩，王政君"即日驾之未央宫收取玺绶，遣使者驰召莽。诏尚书，诸发兵符节，百官奏事，中黄门、期门兵皆属莽"。然后又让百官举荐王莽为大司马，选九岁的中山王刘衎奉哀帝后，她自己则临朝摄政，如此便轻而易举地将权力收入囊中。

哀帝所拔擢的傅、丁两家迅速被王氏铲除。王政君依然被尊为太皇太后。

元始五年（公元 5 年），汉平帝死后，孺子婴继位，众人请求王莽效法周公辅佐周成王的故事。王政君认为不可，但无力阻止。王莽遂辅佐孺子婴，自称是摄皇帝。这自然引起很多人的厌恶。王政君听闻后说："众人所见者略同，我虽是一妇人，也知道王莽这样做必定会给自己招来灾祸，这种行为万万不可。"

有历史学家认为，王氏能历经四朝而不衰，在很大程度上仰仗了王政君这个女人。正是这个"历汉四世为天下母"，飨国六十余载的女人，目睹了西汉的衰亡，是她亲手将传国玉玺交给王莽，断送了西汉国祚。在王莽代汉过程中，王政君起到了非常关键的作用。

不用怀疑，王政君确实是个非常有政治智慧和政治权谋的女人。但如果将王莽代汉的责任都归咎于她，恐怕也不公道。

王政君在王氏权力鼎盛的过程中，确实起了关键作用。她和王氏族人配合得非常好，但应该说这都是为了保住权力。至于最后王莽代汉，那只能说是这种权力的惯性作用。

事实上，王凤、王音和王根这些手握重权的王氏族人，既无谋反之心，也无叛逆之实。到了汉哀帝时，王氏势力其实已经被打压至谷底。

借司隶校尉解光弹劾王根之机，汉哀帝将王根逐出京师，并将王氏举荐的官吏悉数罢免。此时大司马王莽的口碑很好，因而既未有专权之势，也未被权力触动。高昌侯董宏承旨，以《春秋》"母以子贵"之义请尊哀帝生母丁姬为帝太后。此议一出，遭到丞相孔光、左将军师丹等人的坚决反对。哀帝迫于压力，将董宏免为庶人。不久，未央宫举行宴会，内者令为傅昭仪设帷幄，坐于王政君旁。王莽呵斥道："定陶太后不过是一个藩妾而已，怎能与至尊并坐？"遂撤去其座。王莽此举，乃为维护王政君之地位，因为这明显有违礼制。

尽管这样，过了两年，汉哀帝还是尊傅昭仪为帝太太后，丁姬为帝太后，王莽则被贬逐新野。到元寿元年（前2年），王政君年事已高，哀帝才将王莽与平阿侯王仁召还京师。

汉家老寡妇

王政君临朝称制时，王莽竭力维护其合法性，通过对"行西王母筹"谣言事件重新做了一番祥瑞性解读，将一个灾异事件变成一个祥瑞事件，将"汉室三厄"之应归结为赵、傅、丁、董等人的乱政，一再强调傅、丁危及汉室的恶行，所谓"天降丧于赵、傅、丁、董"，又曰："予唯赵、傅、丁、董之乱，遏绝继嗣，变剥嫡庶，危乱汉朝，以成三陁，队极厥命。"

相反，王政君称制则有兴复广大汉室之功，故曰："天明威辅汉始而大大矣。"

面对傅太后的无礼挑衅，王氏子弟处处维护王政君最高国母的地位，不容他人僭越。

王政君对王莽等王氏族人自然尽力扶持，又以太后不宜过问细微琐事之由，以一纸诏书，下令"唯封爵乃以闻"，其余悉决于王莽，于是王莽"权与人主侔矣"。

作为一个女人，缺乏政治远见也是正常的。直到王莽指使党羽上书王政君，称"前辉光谢嚣奏武功长孟通浚井得白石，上圆下方，有丹书著石，文曰'告安汉公莽为皇帝'"。此时，王政君才觉察到王莽有篡夺刘氏江山的野心，立即予以驳回。但满朝文武游说不断，内外压力剧增，无奈之下，王政君只好下诏令王莽居位摄政。

应该说，不仅王政君此前不曾想过，即使是王莽也并非一开始就想夺刘氏江山。

西汉王室政治，自汉武帝开始，即显示出危机，经过昭、宣之后，汉元帝一改旧制，用儒生，委国政，"汉家基业由此衰败"。历史给了汉哀帝以机会，但是他没有抓住。男人都搞不定的事，一个后妃如何能力挽狂澜？

王莽一旦坐上权力的马车，其惯性便推动着他一步步走向欲望的巅峰。王莽的所作所为，又让人心的天平都偏向他。一方面，对于影响自己权力的人，王莽毫不手软将其铲除；另一方面，他荐举人才不遗余力，获得了士人的好评。王莽甚至一次性加封汉家宗室三十六人为列侯，其余也皆有所赐，以此赢得汉室的好感。以至泉陵侯刘庆主动上书，请求王莽如周公辅成王之故事。

王莽之子王宇对于王莽禁止平帝生母与平帝相见的做法十分不满，暗中配合卫氏对王莽施加影响。王莽得知后，竟将王宇毒死，并诛灭了卫氏全家。王莽以杀子的举动，获取了大公无私的赞誉，他还为此自作书八篇，以戒子弟。王政君怎么会相信一个敢于杀子的人，有夺位之心？因此，她将王莽所作的八篇文章颁发各地，让学官作为教材。

王莽做皇帝后，对王政君也做了精心安排，称其为"新室文母太皇太后"。他完全可以废掉这个姑母。

始建国元年（公元9年），王莽建立新朝，让安阳侯王舜去向王政君索取玉玺。王政君怒骂："你们父子一家承蒙汉家之力，才能世世代代都得到富贵，你们既没有报答他们，又在他人托孤之时，趁机夺取国家，完全不顾恩义之道。为人如此，真是猪狗不如，天子怎么会有你们这种兄弟？而且如果你们自以为得到天命而成为新皇帝，想要改变正朔服制，就应该自己做新的玉玺，流传万世，为何想要得到这个亡国的不祥玉玺？我不过是个汉家的老寡妇，随时都可能会死去，所以想要拿这颗玉玺陪葬，你们终究是得不到的！"说完，王政君随即痛哭流涕起来，旁人也跟着垂泣。最后她将传国玉玺取出，砸到地上。这一番举动应该不是演戏。

对于大权在握、人心所向的王莽，一个八十岁的妇人又能做什么？她除了诅咒，只有痛哭后悔的份儿。

一千六百多年后，王夫之在《读通鉴论》中激评王政君："亡西汉者，元后之罪通于天矣。论者徒见其吝玺不予、流涕汉庙、用汉伏腊而怜之，妇人小不忍之仁，恶足以盖其亡汉之大慝哉！今有杀人者，流涕祖免而抚其尸曰：吾弗忍也，而孰听之？……老妖不死，日蚀月龁，以殄汉而必亡之，久矣。故曰：罪通于天也。"

在王夫之眼里，王政君这个老不死的妖，是亡汉的罪魁，

"罪通于天"，远超班彪"妇人之仁"的指责。问题是，即使王政君早死，谁又能阻挡王莽夺取汉家江山的图谋？谁又能改变这一历史？

　　四个女人的政治，概括起来就是后宫政治，而后宫政治是一种伦理政治，或者说是伦理危机，它说明了一个事实：那就是西汉政治的空心化。

　　吕后的专权，所凭借的是她在刘邦平天下过程中的贡献或资历；窦氏在汉初政治中的地位和作用，纯然是西汉"孝治"的表现；卫氏则是西汉后宫政治的一个特例，她的背后站着一个强主；王政君的临朝，与吕后并无本质区别，既是西汉后宫政治的一部分，也可以说是后宫干政之典型。她们的共同点都表现为与帝王的权力冲突，二者之间此消彼长。表面上都是以孝治国的产物，实质则是西汉政治空心化的表现。尤其是吕后、窦氏、王氏，她们的身后其实都站着一个"空心汉"。究其原因，与其说是权力斗争，不如说是西汉在思想意识形态上缺乏一个稳定的、成熟的体系。思想意识形态上的不稳定、不成熟，才让权力有了斗争的冲动。这种斗争就是意识形态的斗争，它使高层政治出现空心，这才是西汉最终为后戚王莽所利用并取代的深层原因。这奠定了此后两千年的王权帝制政治模板，后世历史并不乏这种状况，武则天、慈禧就是两个典型。

出轨的江山

西汉政坛的不安全感

作为一代雄主，刘邦成功地建立起大汉帝国，文治武功都取得了众人瞩目的成绩，并在历朝历代圈粉丝无数，尤其是在宋朝。如苏辙甚至称："夫古之英雄，唯汉高帝为不可及也夫。"被誉为"近世以来最伟大的历史学家"的约瑟夫·汤因比更是对他推崇备至："人类历史上最有远见、对后世影响最大的两位政治人物，一位是开创罗马帝国的恺撒，另一位便是创建大汉文明的汉太祖（汉高祖）刘邦。恺撒未能目睹罗马帝国的建立以及文明的兴起，便不幸遇刺身亡，而刘邦却亲手缔造了一个昌盛的时期，并以其极富远见的领导才能，为人类历史开创了新纪元！"①虽然后世对刘邦推崇备至，但整个西汉，政坛上下始终都蒙着一层抹不掉的阴影，那就是一种莫名其妙的不安全感。

皇室子弟的不安全感

自汉高祖刘邦于公元前 206 年成为汉王开始，一直到汉武帝去世，这 119 年间，不少刘姓子孙死于残酷的造反与反造反之中。

汉文帝时，刘姓子孙有两次造反。公元前 177 年，济北王刘兴居叛乱，开了刘姓子孙武装造反的先例。刘兴居被俘后自杀。公元前 174 年，淮南王刘长因预谋谋反被废。公元前 154 年，发生了"七王之乱"。景帝派遣太尉周亚夫和大将军窦婴镇压，最后，"诸将破七国，斩首十余万级。追斩吴王濞于丹徒"。七王皆死。

元狩元年（公元前 122 年），汉武帝镇压淮南王刘安和衡山王刘赐叛乱，同时诛杀两王的同党数万人。第二年，江都王刘建祝诅武帝，闻淮南、衡山阴谋，亦铸兵器，刻玉玺，为反具，淮南事发，刘建亦未能起兵，数年后其欲谋反，事被发觉审问，自杀。

昭帝时（公元前 75 年），齐孝王之孙刘泽谋反，青州刺史隽不疑逮捕刘泽，刘泽伏诛。不久，鄂邑长公主、燕王刘旦与左将军上官桀、上官桀之子骠骑将军上官安、御史大夫桑弘羊皆密谋谋反，霍光发觉后诛杀上官桀、上官安、桑弘羊等及家

① 汤因比、池田大作：《展望二十一世纪——汤因比和池田大作对话录》，荀春生等译，国际文化出版公司，1985 年。

族。鄂邑长公主与燕王自杀。汉宣帝时（公元前 69 年），楚王刘延寿谋反，被告发后治罪，自杀。

整个西汉王朝，刘姓子孙在造反事业上都怕输在起跑线上，前赴后继，竟有十多次，这在中国历史上是罕见的。

过去史学家很少思考这是为什么。其实，导致这种局面的原因是弥漫在西汉政坛的不安全感。这种不安全感首先源自帝王。从刘邦称帝始，这种不安全感就存在。刘邦、吕后时期，王朝主要的精力用在了削平异姓王上。楚汉相争结束，刘邦在开国初，不得不把一部分国土封给一些联盟性质的功臣，但封疆伊始，他就将这些王国视为王朝最危险的潜在威胁，于是以各种非常手段，先后将这些异姓王灭掉。借口都是反叛，其实大多没有反叛之行。

排除异姓王的威胁后，文景时，同姓王国又成了帝王的心腹之患。贾谊的"众建诸侯少其力"的策略深得帝心。景帝时晁错的削藩之策，武帝时的推恩令、附益法，将王国所有的权力都收回中央，但同时也将帝王的不安全感转嫁到了刘姓子孙身上。

如刘兴居，他是文帝刘恒的侄子，他谋反原因是嫌文帝给的地盘太小，他自己又没当上梁王。再如刘长，是刘恒的异母弟弟，刘邦的少子，他谋反毫无理由。"七王之乱"也完全是被逼的。刘安则是刘长之子。这些"造反派"明知自己力有不逮，仍然挺身一搏，恐怕更多的是出于内心的恐惧。

不仅如此，连太子都没有安全感，公元前 148 年的废太子刘荣自杀案同样令人唏嘘。太子被废为临江王后，又因侵占宗庙地修建宫室犯禁，被酷吏郅都逼死。最奇葩的是征和二年（公元前 91 年）的"太子造反案"。

但是，如此一来，皇帝就有安全感了吗？答案是没有。武帝因为卫太子手中执有节信，就把节信上的旄改成黄色，使卫太子手中执有的节信失去效用。刘恒对登上帝位的感觉是"会吕氏之乱，功臣宗室共不羞耻，误居正位，常战战栗栗，恐事之不终"。周勃为丞相，朝罢趋出，露出得意之形，刘恒还经常亲自礼送，"上礼之恭，常自送之"。昭帝即位，"年八岁，政事一决于（霍）光"。刘贺为帝仅仅二十七天，整天不敢离开随从，也是畏惧霍光之故。宣帝刘询深知霍光家族在朝中的势力尊盛日久，"内不能善，内严惮之，若有芒刺在背"。成帝时，宗室刘向六次上书劝谏，成帝想用刘向为九卿，未果，想拜刘向之子刘歆为中常侍，左右竟然提醒他"未晓大将军"。哀帝在位时碰上为人刚暴的傅太后，同样束手无策。

丞相也是高危职业

纵观西汉一朝，前期以"无为"治国，以诛杀功臣收束；中期以"酷吏"治政，以子孙造反显著；后期以"外戚"当权，以王氏代汉结局。所谓纲纪，全无章法；所谓孝道，全无痕迹。英武如汉武帝者，其一生可谓只做了两件事：一是西征西域，虽然给匈奴诸国以重创，但也败迹昭昭，付出了惨痛的代价；二是东求神仙，不仅毫无所获，而且费尽民脂，搅乱世风与人心。

汉武帝虽然标举儒术，其实只不过是一个招牌，所谓"汉家制度，杂用王霸之术"是也。在人才方面，汉武帝不仅未能培养出治国之才，而且对现有的人才也没有予以重视。敢于直谏的汲黯，称汉武帝"内多欲而外施仁义"，"求贤甚劳，未尽其用，辄已杀之，以有限之士恣无已之诛"。汉武帝时人才不少，求才也不少，但人才在他眼里只是工具："所谓才者，犹有用之器也。"对于自己偏爱的人，汉武帝更是视纲纪为无物，如霍去病在一次打猎中射杀郎中令李敢，武帝竟然为之隐讳，欺骗大臣。

托汉武帝之福，整个西汉伦常颠倒，世风败坏。在西汉做宰相同样没有安全感。如武帝在位五十四年，任用丞相多达十四位。他们依次是卫绾、窦婴、许昌、田蚡、韩安国、薛泽、公孙弘、李蔡、庄青翟、赵周、石庆、公孙贺、刘屈氂、田千秋。前期所用之丞相，结局还算好。其中卫绾在景帝时做了三年丞相，到了武帝即位不久，因官府中多有无辜受冤的囚犯，卫绾身为丞相未能负责申冤，被免去相职。他官居显要，既无拾遗补阙之功，也无兴利除弊之绩，守道而已。

窦婴为相仅八个月就被免职，后以伪造圣旨罪被斩首。

许昌为相时间较长，但也只有四年多。他是窦太后任命的，汉武帝在太后死后以办事不力为由将他免职。

田蚡是景帝王皇后之弟，为相后独断滋骄奢靡。汉武帝甚至对他说："你要任命的官吏已经任命完了没有？朕也想任命几个官呢。"田蚡为相五年后惊惧而死。

韩安国刚被任命为丞相，却临时跌伤了脚，改为薛泽。

薛泽为相七年，无所作为，司马迁称其"备员而已"。

公孙弘以平民至丞相，为相六年，颇有作为，但也有受皇权制约而未能完全施展的无奈。他与众公卿事先约定好了上奏的事情及观点，但到了武帝面前，却违背之前的约定，顺从武帝的意思，因而汲黯公开指责他"齐人多诈"。

公孙弘死后，李蔡为相三年，因坐盗孝景园堧地（房边的空地），事发自杀。这开启了后期丞相下场不好的兆头。

庄青翟接任为相，因张汤与御史中丞李文不和，张汤之下属鲁谒居暗地里使人诬告李文，事发后，张汤下狱。赵王怨恨张汤，告发其与吏"摩足，有大奸"。丞相长史朱买臣、王朝、边通皆怨张汤，都巴不得他死，因此秘密地与丞相庄青翟谋划，并诬告张汤囤积取利。张汤为证清白自杀，后发现其家产不过五百金，武帝知悉，因而诛杀三长史，庄青翟下狱后亦自杀。

赵周接任，为相三年，在列侯贡金助祭案中，明知列侯所献酎金过轻，却不行纠举。武帝迁怒于丞相，将其下狱，赵周自杀。

接下来的丞相石庆，堪称史上最"认真"的人。一次，他为武帝驾车，武帝问他总共有几匹马驾车。石庆用马鞭逐个数完以后，举起手说："六匹。"由此可见其作为，史称"事不关决于丞相，石庆醇谨而已"。

石庆的谨慎不是没有理由的，不信请看接任的丞相公孙贺就可知。石庆死后，公孙贺被拜为丞相，他竟然不敢接受丞相印，"顿首涕泣不肯起。上乃起去，贺不得已，出曰：我从是殆矣"。做丞相竟然发出"我从此性命难保了"的慨叹，这丞相真成了高危职业。史载，当时朝廷多事，督责大臣，自公孙弘后，"丞相比坐事死"。果不其然，后来因公孙贺之子与阳石公主私通，并涉巫蛊事，公孙贺父子双双死于狱中，家被灭族。

接下来刘屈氂为左相，仅一年。贰师将军李广利与丞相议立昌邑王为太子，昌邑王是李广利之妹李夫人之子，李广利和丞相是亲家。有人告发丞相夫人祝诅武帝并共谋立昌邑王。事发，丞相刘屈氂被腰斩于市，妻子被枭首。

读到此处，人们不得不问，既然丞相职位如此高危，为何继任者却不接受前车之鉴，屡犯不止呢？其实不是丞相们不怕死，而是世风败坏至此，纲纪废弛所致。

丞相一职，"掌丞天子，助理万机"，是百官之首，终武帝一朝，丞相不仅不能助理万机，而且大都自身犯戒，焉能正人？足见西汉朝政之混乱，也就难怪女主势大，群弟世权了。西汉盛行的裙带风，丞相要负很大责任，皇帝责任更大，而这一切正是世风腐败的写照。

不安全感来自哪里

那么，这种深深的不安全感究竟来自何处？

一是功臣集团的存在。刘邦惩罚的只是那些有封国、有兵的功臣，但对周勃等功臣没有在意。《史记》把周勃称为"安刘诛吕"的功臣，其实他恰恰是吕后等人畏惧的功臣集团之首。

吕氏作乱是一大冤案，也是周勃等功臣集团强加给他们的罪名。吕后杀三王：赵王刘如意、淮阳王刘友、梁王刘恢，本意是为了保护汉惠帝；吕氏封王得到了大臣的首肯，但事后被作为一大罪状；诸吕把持宫廷，恰恰是怕功臣集团的诛杀，这在吕后遗言中有所明示。"吕氏欲发兵关中"，更是诬词。诛吕成功基本上是由朱虚侯刘章主谋，齐王刘襄带兵首义的。

周勃等人立刘恒为帝，就是看他没有强大的势力，有利于功臣集团。然而，刘恒并不相信他们，稳住帝位后，首先解决功臣集团的威胁，周勃"自畏恐诛，常被甲，令家人持兵以见之"。

此后，以霍光为首的功臣集团又出现了。霍光赏罚由心，不讲规矩。昭帝在位十二年，霍光执政。他将五岁的外孙女送进宫做皇后，为了防止她受到冷落，避免昭帝与其他宫女生子，霍光限制昭帝接触其他宫女。汉昭帝到死都没有留下子嗣。刘贺被迎立为帝，他的随从便劝刘贺什么事都不要管，政事一概听霍光的。但刘贺不听，导致被废。

霍光欲废刘贺，首先派田延年通报给霍光故吏——丞相杨敞。杨敞听了，大为惶惧，汗流浃背，不知所措。杨敞的夫人告诉他："这是国家大事，大将军计议已定，派九卿来通报你，你不赶紧答应，犹豫不决的话，就要先被诛杀了。"到了公开商议时，霍光说："昌邑王行昏乱，恐危社稷，如何？"群臣皆惊愕失色，莫敢发言，但唯唯而已。

诸如此类，整个西汉政坛，上上下下都蒙上了一层深深的不安全感。

二是整个西汉王朝没有制度建设。刘邦马上得天下，政体上选择并沿袭了先进的秦制，又在陆贾的建议下，搞了一套彰显皇帝威仪的儒家礼仪，但此后西汉再没有在制度的完善上下过功夫。宣帝教育太子，"汉家自有制度，本以霸王道杂之"。这里的"制度"是指思想意识形态，宣帝是西汉真正的明主，只有他真正明白所谓的"汉家制度"其实就是个大杂烩。换言之，西汉王朝就是没有制度。从汉初的黄老术，到武帝的独尊儒术，宣帝"所用多文法吏，以刑名绳下"，再到元帝崇儒，汉家制度多变。武帝尊儒术只是个幌子，相比之下，他更喜欢求仙和刑法。皇甫谧解释道："或以威服，或以德致，或以义成，或以权断，逆顺不常，霸王之道杂焉。"封德彝认为："秦任法律，汉杂霸道，皆欲治不能，非能治不欲。"没有一个稳定的制度保障，任是帝王、后妃、王子、丞相、功臣，都没有安全感。

汉武帝的"仙界"朋友圈

求仙，是中国古代一种绵延不息的文化现象。从战国的齐威王、齐宣王、燕昭王，到秦始皇乃至汉武帝，都是这一活动的追捧者。秦朝徐市、韩众、侯公、石生、卢生等人活跃于宫廷，汉武帝时神仙家李少君、谬忌、少翁、栾大、公孙卿等深受宠信。在现在看来，这些所谓的神仙家无一例外都是江湖骗子。问题是如秦皇汉武何等人物，如何会深陷其中？这些帝王的求仙活动又是如何收场的呢？

所谓"仙"，本作"僊"，意思是人爬到高处取鸟巢，加上"人"旁，表示人升高成仙。隶书作"仙"，表示仙人多住在高处。《说文》载："僊，长生迁去也。"古籍中的仙指神话人物，宗教中的仙指修炼得道长生不死的人，或指能达到至高境界的人物。

《史记·封禅书》指出："自齐威、宣之时，驺子之徒论著终始五德之运，及秦帝而齐人奏之，故始皇采用之。而宋毋忌、正伯侨、充尚、羡门子高最后皆燕人，为方仙道，形解销化，依于鬼神之事。驺衍以阴阳主运显于诸侯，而燕齐海上之方士传其术不能通，然则怪迂阿谀苟合之徒自此兴，不可胜数也。"

"五德终始说"出于齐人。这就是秦汉方士多出于山东的原因所在。不问苍生问鬼神。

虽然秦国的方士在骗术失败后曾遭到秦始皇的无情打击而元气大伤，但到汉武帝时，求仙之风又兴盛起来，其规模与声势更是远超秦代。

汉武帝宠信的第一个方士叫李少君，此人最大的本事是慧眼识"文物"，因而得到皇帝信任。

《史记·封禅书》载，汉武帝久闻方士李少君大名。见面后，武帝拿出一只旧铜器考问他。李少君回答，这是齐桓公十年时的旧物。汉武帝查看铜器上的铭刻，果然不假。满座惊骇，"以少君为神，数百岁人也"。就这样，凭借着认出一只旧铜器的来历，方士李少君被汉武帝断定为仙人。

考证李少君其人，无疑是一个江湖骗子。首先，他隐瞒了自己的年龄、籍贯、生平经历，但从他识齐桓公铜器应可断定他是山东人。其次，他敢于吹牛，也会吹牛。他说自己只有七十岁，但在田蚡的宴会上，他和一位九十多岁的老人谈话时，能说出老人祖父游射过的地方，他说他见过秦时燕齐方士安期生，去过蓬莱岛。再次，他向武帝献炼丹成金方以益寿而见仙。这三者都让人觉得可以一试：一者李少君说安期生"合则见人，不合则隐"，汉武帝想看看自己合与不合；二者即使不见仙人，也能益寿；三者即使不能益寿，也能出黄金。总之宁可信其有。

此人的骗术之所以没有被识破，主要是他病死得早。武帝还以为他"化去不死也，而使黄锤史宽舒受其方"。其结果是"求蓬莱安期生莫能得，而海上燕齐怪迂之方士多相效更言神事矣"。仙人没有见到，倒招来山东一带无数"怪迂之方士"。

大汉王朝的大忽悠接连登场

第二个大忽悠叫谬忌。此人似乎没有什么特异本事，只是告诉汉武帝祭祀神的方法。他的结局也没有明确记载。

第一个被识破的骗子是少翁。李少君死后两年，"齐人少翁以鬼神方见上"。当时武帝宠信的王夫人死了，这个少翁不知用了什么方法，让武帝在帷帐中可以看到王夫人。于是武帝封其为文成将军。但是一年后，他的方术越来越不灵验了，便让牛吃了写了字的帛书，然后告诉武帝，说此牛腹中有奇异。武帝杀牛后果得书。但此人作假术太低级，汉武帝认得这是他的笔迹。于是少翁成了第一个被杀的方士。

过了大约五年，乐成侯向武帝推荐了一个叫栾大的方士。这个栾大也是胶东人，和少翁是同学。在这个骗局中，栾大是被动的，是乐成侯的姐姐康后想自媚于上而推荐的他。栾大"为人长美"。正当武帝后悔把少翁杀得太早，未能尽得其方之时，栾大出现了，这让武帝十分高兴。此人比李少君更敢吹，更会吹，"言多方略，而敢为大言处之不疑"：

> 臣尝往来海中，见安期、羡门之属……臣之师曰："黄金可成，而河决可塞，不死之药可得，仙人可致也。然臣恐效文成（少翁），则方士皆掩口，恶敢言方哉。"（《史记·孝武本纪》）

意思是，他见神仙就好比见自己家里人一样随便。但他又怕成为第二个少翁。为了安抚栾大，武帝故意骗他，说少翁是吃马肝中毒死的。栾大使出方士们欲擒故纵之计，对武帝说：

> 臣师非有求于人，人者求之。陛下必欲致之，则贵其使者，令有亲属，以客礼待之，勿卑，使各佩其信印，乃可使通言于神人。神人尚肯邪不邪，致尊其使，然后可致也。（《史记·孝武本纪》）

意思是，他的老师从不求人，皇帝要招他来，当"贵其使者"。也就是说，皇帝要尊贵神仙老师的使者，这个使者当然就是栾大本人，这是典型的摆谱，也是所有大忽悠的终极目的。栾大又略施小技，于是武帝当即拜他为五利将军。一月后，武帝又把天士将军、地士将军、大通将军、天道将军四颗金印送给他，封其为乐通侯，二千户，还将卫长公主许配给他，赏金万斤，不仅亲临其府第，还不断派出慰问、送礼物的使者。栾大又自称"天道将军"，汉武帝许其弗臣。

> 于是五利常夜祠其家，欲以下神。神未至而百鬼集矣，然颇能使之。其后治装行，东入海，求其师云。大见数月，佩六印，贵振天下，而海上燕齐之间，莫不扼腕而自言有禁方，能神仙矣。（《史记·孝武本纪》）

四十四岁的汉武帝为了见仙人，如此手笔宽博，也索性任性了。尽管栾大夜夜施法，结果却是神未至而百鬼来。栾大知道骗术迟早露馅，便治装东行，借口亲自入海求见师父去了。

栾大一夜富贵，天下震动，惹得燕齐一带的人，都说自己有禁方，能见到神仙。

栾大去后，另一个大忽悠公孙卿又出现在武帝身边。借着这一年汾阴掘出一只古鼎，公孙卿给武帝讲了一则黄帝成仙登天的故事：

> 黄帝采首山铜，铸鼎于荆山下。鼎既成，有龙垂胡髯下迎黄帝。黄帝上骑，群臣后宫从上者七十余人，龙乃上去。余小臣不得上，乃悉持龙髯，龙髯拔，堕，堕黄帝之弓。百姓仰望

黄帝既上天，乃抱其弓与胡髯号，故后世因名其处曰鼎湖，其弓曰乌号。(《史记·封禅书》)

虽然屡次上当，但汉武帝对公孙卿所言依然深信不疑，他说："如能像黄帝那样成仙，我视离开妻儿如脱鞋耳。"于是他拜公孙卿为郎，让他去太室山为自己候仙，自己则着手准备封禅。

汉武帝甘心受骗

公孙卿这个大忽悠胆子比谁都大，陷汉武帝于其中的时间最长、声势最大。这年冬天，公孙卿声称自己在河南的缑氏城上发现了仙人的踪迹。武帝兴冲冲地赶到那里，欲一见"仙人迹"，却是一场空欢喜，失望之余，恨恨不休，欲问罪公孙卿。谁知公孙卿不慌不忙地回答："仙人对人主没什么求的，是人主有求于他。若非宽以时日，仙人不会来。"这种与栾大如出一辙的解释竟然令武帝欣然接受，而且下令郡国修路，各名山修造宫观，随时准备迎接神仙降临。这种倾国求仙的运动在公孙卿的蛊惑下，一时蔚为大观。

武帝四十六岁那年冬天，先是到桥山黄帝冢祭祀黄帝。第二年三月登太室山，据说从官在山下听到有呼"万岁"之声，而且很诡异："问上，上不言；问下，下不言。"武帝下山后直奔东海，山东百姓也都如痴如狂，"上疏言神怪奇方者以万数"。尽管"无验者"，武帝还是不断增加船只，命令自称见过海上神山的几千人，出海去求蓬莱仙人。

公孙卿则拿着皇帝的符节，带领大批随从，在一些名山候仙。他走到东莱的时候，又声称"夜见大人，长数丈，就之则不见，见其迹甚大，类禽兽云"。武帝又兴冲冲地赶到东莱，亲自观看那巨大的足迹。不知是巧合还是迎合，他手下的大臣们也说，他们见到一老人牵着一条狗，说了声"吾欲见巨公"就不见了人影。武帝断定此人即是仙人，就在那里住下，同时让方士们乘皇家传车（驿站公车）四处去找。参与的方士总人数在千数以上。

见不到神仙，汉武帝只好去泰山封禅。在方士们的怂恿下，他"欣然庶几遇之，乃复东至海上望，冀遇蓬莱"。一场荒诞无稽的求仙运动就这样一本正经地进行着。

元封二年，汉武帝五十四岁了，公孙卿又提出了新的结论："仙人好楼居。"好端端的海上仙人如何改变了生活方式？武帝来不及问究竟，便在长安、甘泉山一带大造高楼，包括"蜚廉桂观""益延寿观""通天台"等，随时等待仙人的降临。

汉武帝还命人扩建建章宫，"度为千门万户"。建章宫比阿房宫有过之而无不及，不仅四面皆建有宫观楼台，还有虎圈、大池。大池名太液池，池中建有"蓬莱、方丈、瀛洲"等神山。建章宫的"神明台""井干楼"高五十余丈，与其他楼观皆车道相属。

在大兴土木的同时，武帝又三次亲赴万里之外的东海边，但都毫无结果。《史记·孝武本纪》云："方士之候祠神人，入海求蓬莱，终无有验。而公孙卿之候神者，犹以大人迹为解，无其效。天子益怠厌方士之怪迂语矣，然终羁縻弗绝，冀遇其真。自此之后，方士言祠神者弥众，然其效可睹矣。"虽然汉武帝有所厌倦方士的怪迂之语，但心底仍然对神仙抱有希望。这样的结果是，谈神仙的方士越来越多，效果却是秃子头上的虱子——明摆着。

汉武帝乐此不疲

五十年间，汉武帝求仙乐此不疲，并且在建章宫北面的太液池内搞了几个"海岛"，起名蓬莱、方丈、瀛洲，希望能感动海上神仙，甚至把自己的女儿嫁给方士，将文景之治几十年积累的家底都差不多耗光了，最终也未能获得不死之药。

或许汉武帝对这种长途奔波和方士的怪迂之谈有点厌倦了，但他还是心存最后一线希望：明明"其效可睹"，还是"冀遇其真"。武帝信方士求神仙所导致的社会后果也开始显现——"言祠神者弥众"。整个社会风气都是谈神说仙，至于正常的生产活动如何，可想而知。据不完全统计，向汉武帝上书兜售成仙秘方的就有上万人。汉武帝屡上其当，但上当成了习惯，倒也不在乎了。

司马迁囿于当朝天子的面子，未对武帝求仙之举做任何褒贬，却大赞汉文帝："汉兴，至孝文四十有余载，德至盛也。"意思是汉兴之德到汉文帝已达最高，其意不言而喻。而《汉书》则完全没有顾忌地指出，武帝为求神仙长生，导致"竭民财力，奢泰无度""天下虚耗，百姓流离，物故（死去）者半"的后果。

在这种堂皇的求仙活动的背后，一股巫蛊之风则在宫廷内部及周围悄然刮起。如果说汉武帝的求仙活动是一场私欲膨胀的公开闹剧，那么汉初的巫蛊之风则更是一场场刀光剑影的血腥惨剧，二者互为表里。汉代流行的巫蛊，是将桐木削制成仇人的形象，然后在桐木人上插刺铁针，埋入地下，用恶语诅咒，使对方罹祸。相传，被施巫蛊术的人会产生感应性伤害。汉武帝自己公开求仙，却严厉打击地下巫蛊之风，将军公孙敖就在太始元年"坐妻为巫蛊"而被腰斩。

此后，从元光五年（前130年）皇后陈阿娇被废，至征和三年（前90年）丞相刘屈氂被杀，前后持续四十年之久，坐巫蛊案被杀者不下十万余人。其中重大案件就有公孙贺父子案、皇太子巫蛊冤案等。特别是征和二年皇太子一案，有数万人被杀，受株连者包括皇后、公主、丞相、将军等皇亲国戚和达官贵人。

潜伏地下的巫蛊之风与汉武帝毕生所从事的两件大事关系甚大：一是向西用兵征伐匈奴，二是向东求仙海上。这样一面兵连不解，一面寻求虚无、大肆折腾，导致社会矛盾日益尖锐，进而为了加强对百官的控制，不惜采取残暴手段。终汉武帝一世，共有丞相十四人，被逼自杀、狱死、腰斩者就有六人，其他人也大都没能寿终正寝，甚至出现公孙贺被任命为第十一任丞相时，都不敢接受丞相印，无奈之中他竟然发出"我从此性命难保"之叹。

西汉的言论自由空间

言论的春天

西汉的开国君主刘邦是秦朝的过来人，他自然知道秦灭亡的真实原因，但后来的天子却未必知道。文帝即位后，就让二十一岁的博士贾谊做这样一个国家重大课题。为此，贾谊写下了一篇脍炙人口的精彩文章《过秦论》，其中认为秦朝的灭亡就与钳制言论有关：

> 秦俗多忌讳之禁，忠言未卒于口而身为戮没矣。故使天下之士，倾耳而听，重足而立，拑口而不言。是以三主失道，而忠臣不谏，智士不谋也。天下已乱，奸不上闻。

"忠谏者谓之诽谤，深计者谓之妖言"（《汉书·贾谊传》），这是秦朝速亡的原因之一。因此贾谊建议文帝"观之上古，验之当世，参之人事"。

文帝即位的第二年（前178年）明令废除了诽谤、妖言法条，这本是从秦朝承袭来的法律，也是最为后世儒家非议的"亡秦"之罪。刘邦建汉后却继续执行，摆明了在贾谊之前，时人认为秦法并不是导致灭亡的酷法。在诏书中，文帝说：

> 古之治天下，朝有进善之旌，诽谤之木，所以通治道而来

谏者。今法有诽谤妖言之罪，是使众臣不敢尽情，而上（皇上）无由闻过失也。将何以来远方之贤良？其除之。……自今以来，有犯此者勿听治。（《史记·孝文本纪》）

"诽谤"本来是褒义词，《淮南子·主术训》中说："尧置敢谏之鼓，舜立诽谤之木。"自秦设诽谤之法后，诽谤就变成了一个贬义词。文帝认识到现行的诽谤、妖言法限制了臣下的自由表达和建言，导致天子无法听到自己的过失，无法招来天下的人才，因此明令废止"诽谤"法，西汉迎来了短暂的言论春天。

不过，这一言论的春天是与汉初无为之治并存的。以无为为宗旨的黄老之学，成为西汉初期政治的润滑剂。然而，没过多久，这一政治润滑剂却被武帝抹掉了。

恐怖的逻辑

黄生，一位姓黄而不知其名的黄老学者与儒生辕固在景帝刘启面前争论汤武革命的伦理合法性问题。

黄生称："成汤之废夏、武王之伐纣不是受命于天，乃犯上作乱。"

辕固说："不然，桀纣两代政治败坏，使天下人心归汤武，两人奋起革命乃是顺应民心，不得已而立，不是受命又是什么？"

黄生反驳道："俗话说'帽子虽破，是戴在头上的，鞋子虽新，是穿在脚下的'，此为上下有分的道理。桀纣虽然失道，但依然是君上，臣下理应匡正，而不是诛杀他！"

辕固说："依你的说法，汉高祖亡秦革命建立大汉也是错误的了？"

一听到话题涉及高祖刘邦革命、建立大汉王朝的合法性问题，黄生便不敢再回答了。

儒生辕固的逻辑非常恐怖。二人本来是探讨汤武革命的历史问题，结果，在理屈词穷之时，他却将其比附于现实，这种"影射式"的思维逻辑，直接将人的嘴巴封上了。

好在景帝还算开明，马上调和道："吃肉不吃马肝，也不算不知道肉的美味；钻研学问的人不探讨汤武革命，也不算愚蠢。"

这才将二人拉回到学术问题上来，平息了争端。

事实上，这个问题本来就是不可以拿来讨论的，无论哪一方获胜，都可能导致某种不可预见的危险。其内在本身就是一个充满矛盾和张力的问题：赞成黄生，则否定了大汉的合法性；赞成辕固，则鼓励了后世的革命。因而，从此"学者莫敢明受命、放杀者"。

儒家这种将学术问题政治化、现实化的逻辑非常可怕，这也是后世儒家排斥异端的心法。

但是，辕固排斥异端的做法后来还是遭到了报应。他根本不屑探讨黄老之学，而是直接指斥黄老之学算不上学问，不过是妇道人家的爱好，因此激怒了窦太后。窦太后做了一个富有娱乐精神的决定：打发辕固下猪圈去和野猪搏斗。

好在景帝刘启不以言论为罪，递给辕固一把剑，让他刺杀了野猪，他才得以脱身。

儒者眼里的异端邪说

汉武帝刘彻即位之初，延续了言论春天的惯性。

元光元年（前134年）五月，下诏贤良："贤良明于古今王事之体，受策察问，咸以书对，著之于篇，朕亲览焉。"武帝以策论的形式放开言论。这一次，董仲舒、公孙弘得以进入政坛。

在《天人三策》中，董仲舒试图重新总结亡秦的教训。但是，与贾谊明确指出限制言论自由是导致秦亡的教训不同，董仲舒恰恰主张统一言论，以配合"大一统"的观念：

> 不在六艺之科，孔子之术者，皆绝其道，勿使并进，邪僻之说灭息，然后统纪可一而法度可明，民知所从矣。

在董仲舒看来，《春秋》中"大一统"的理论，是天地之间的根本纲领，是古往今来的一贯道义，不在"六艺"范围内的学术都是异端邪说。只有邪说灭绝，政令才能统一。否则，只能如今世"法出而奸生，令下而诈起，如以汤止沸，抱薪救火，愈甚亡益也"。这与秦时李斯提议"焚书"时的说法、观点大体上异曲同工。

董仲舒围绕天人感应、君权神授的理论，倡禁百家之言，服务于"大一统"，也吻合了汉武帝的雄心壮志，于是受到汉武帝的重视。

董仲舒获得了极大的名声和一定的地位，大大刺激了与言论相关的各种投机现象。河间献王刘德着力去搜集封地内的古书，挑选后献给中央；齐、鲁故地的诸生方士也都想办法炮制各种"古书"；更多的人没有这样的资源，便试图走一条上书求荣的道路。

元朔五年（公元前124年）夏六月，"延天下方闻之士，咸荐诸朝。其令礼官劝学，讲议洽闻，举遗举礼，以为天下先"。丞相公孙弘请为博士置弟子员，学者益广。

公孙弘的飞黄腾达，也激励了广大不甘寂寞的士人，他们主动上书皇帝。如临淄的主父偃、严安，燕地无终的徐乐，他们的上书都得到了汉武帝的赏识。在这种背景下，士林的道德水平整体如何，可想而知。

董仲舒也开启了体制内言论自由之先河。只有在儒家这一统一的意识形态中，才可以有组织地开放言论。

杂糅百家的《淮南子》为淮南王刘安及其门客所著，著者以其皇族的身份，既倡导阴阳五行，强调天人相感，又主张清静无为，理法兼用，算是体制内言论自由的结果。

但是，体制内的言论自由容易演变成话语权之争，造就畸形的言论自由。特别是在这些新晋士人中，为了争宠而上演的权力斗争从没断过。尚且不提后来的今文经学与古文经学之争，《儒林列传》中载："诸谀儒多疾毁（辕）固。"

董仲舒与同样主张"大一统"的主父偃之间就形成了新的矛盾。主父偃偷其书上奏武帝，指责其书中"有刺讥"而"当死"。公孙弘与董仲舒、主父偃之间同样如此。而且，这类"体制内的言论之争"也即话语权之争，常常以道德水平较差的一方取胜告终。

司马迁说："主父偃当路，诸公皆誉之，及名败身诛，士争言其恶。"主父偃被视为最典型的功利主义者，一年内四次升迁，导致大臣们怕他在天子面前诋毁自己，争相贿赂他。有人责他太狂妄，他说：我穷了几十年了，"生不得五鼎食，死亦得五鼎烹"。

主父偃先是告发了燕王与其女儿乱伦，致燕王自杀，封国被废除。后来，王太后想将女儿嫁给诸侯齐王，在派人去跟齐王商量时，主父偃知道了，竟然想捎个夹带，将自己的女儿也嫁给齐王，但被齐王的母亲拒绝了。主父偃为了报复齐王，主动向汉武帝提出担任齐相，实际上就是亲自去做卧底，搜集证据。齐王与亲姐姐私通乱伦，主父偃就趁机彻查，掀起一场风波。齐王胆小，最后畏罪自杀。

恰恰这时，另一位诸侯赵王的太子也与他的姐妹乱伦。赵王害怕出事，便趁主父偃不在时，告发主父偃谋害齐王并受贿。汉武帝爱惜人才，不想杀他。但御史大夫公孙弘提出："不杀主父偃，无以谢天下。"这样，汉武帝才下令杀了主父偃全家。主父偃出于个人私欲逼杀齐王，结果遭到了报应。

公孙弘弄倒了主父偃，司马迁却将二人合并一传；同样，袁盎与晁错两人政见相左，互相攻讦，最后袁盎力劝景帝诛杀晁错，所以《史记》干脆也以二人合传。

腹诽罪

腹诽，顾名思义，是指心有不满，但口里不说。既然没有表达出来，怎么知道有罪？这就是政治的一朵"奇葩"了。"诽谤"罪，特指对于天子的恶意批评，至于这一批评是善意的进谏，还是恶意的诽谤，判断全在天子的一念之间。这导致了很多冤案，堵塞了言路，寒了臣民之心，导致上下壅隔，是亡国之祸首。文帝时特予废除。

诽谤罪是废除了，但一项新的法律出台，即"见知法"，"上以张汤为太中大夫，与赵禹共定诸律令，务在深文。拘守职之吏，作见知法，吏传相监司。用法益刻自此始"。见知法就是鼓励举报，官员知人犯罪而不举报就要被判刑。见知法的出台更加逼窄了言论自由的空间。

"腹诽"一词最早的历史记录出现在元光四年（前131年）。丞相窦婴与武安侯田蚡相争，这两个人都"好儒术"，一个是汉武帝刘彻祖母之侄，一个是武帝母亲之弟。二人争权与倾轧，本来只是起于一些琐事，最后形成一个被斩于大街、一个惊惧而死的局面。

田蚡加给窦婴的罪名就是："魏其、灌夫日夜招聚天下豪杰壮士与论议，腹诽而心谤，不仰视天而俯画地，辟倪两宫间，幸天下有变而欲有大功。"

这里，"腹诽"指向的是历代帝王最为忌讳的谋反之心。虽然窦婴被处死的罪名是伪造遗诏，但"腹诽而心谤"的指责未尝不令人恐惧。

武帝元狩六年（公元前117年），汉武帝与张汤商议发行一种新版货币——白鹿皮币。武帝北征匈奴、东巡海边，花费颇巨，急需用钱，于是想出一个办法，用上林苑中白鹿之皮做货币，一张鹿皮货币钦定价值四十万钱。那么这样一种货币发行给谁呢？一般人买不起呀。对了，只卖给王侯贵族，他们定期来长安朝贡时，必须购买。实际上是变相揽财。

　　面对这样一项任性的政策，时任九卿之一的大司农（相当于财政部部长）颜异，在武帝征求意见时公开表示反对。

　　颜异是颜回的第十世孙，以廉直著名，他说："今王侯朝贺以苍璧，直数千，而其皮荐反四十万，本末不相称。"武帝听了大不高兴。汉代礼制规定，王侯朝贺时要向天子献白璧，白璧要与"帛"包装相配，一只璧才数千钱，而包装它的皮反而要用价值四十万钱的白鹿皮，本末倒置，实在是一个笑话。

　　向来善于体察汉武帝心思的张汤，本来与颜异有旧怨，知道颜异反对此事，惹恼了汉武帝，便暗中调查颜异。恰巧有人告颜异，汉武帝将此事交给张汤去办。

　　张汤查到，颜异曾经与客人闲谈，客人说到某一法令刚颁下时有些弊病，颜异没有说话，"不应，微反唇"，只是动了下嘴皮。张汤知道此事后，立即上奏武帝说，颜异身为九卿，见法令有不妥处，不向朝廷进言，只在心中诽谤非难，其罪当死——"不入言而腹诽，论死"。

　　这样，古代历史上第一起"腹诽案"诞生了。经武帝批准，颜异被处死。"自是之后，有腹诽之法比，而公卿大夫多谄谀取容矣。"

西汉的律令中，并没有腹诽罪这一法律条文。此事载于《史记·平准书》。然而，它的影响是深远的，"自张汤死后，网密，多诋严，官事浸以耗费。九卿碌碌奉其官，救过不赡，何暇论绳墨之外乎？"（《酷吏列传》）虽然酷吏张汤死了，但因为文网严密，直接导致百官碌碌无为，弥补自己的过失都唯恐来不及，哪有工夫管法律之外的事。这正是汉武帝拒谏、限制言路，导致闭目塞听、奸不上闻的结果。

原心定罪

腹诽罪并非凭空制造出来的，而是有着深层的缘由，是有迹可循的。武帝时大儒董仲舒有一部司法案例集——《春秋决狱比》，在两汉的司法实践中经常被引用，其中记载了这样一个案子：

> 甲父乙与丙争言相斗，丙以佩刀刺乙，甲即以杖击丙，误伤乙，甲当何论？或曰：殴父也，当枭首。
>
> 议曰：臣愚以为父子至亲也，闻其斗，莫不有怵惕之心。扶杖而救之，非所以欲殴父也。《春秋》之义，许止父病，进药于其父而卒。君子原心，赦而不诛。甲非律所谓殴父，不当坐。

大意是，某甲的父亲与人争吵，打了起来，对方取出佩刀向某甲的父亲刺去。某甲情急之下，抄起手杖向对方打去，不想人家一闪，反而把自家老爹打伤了。

断案的官员要以殴父的罪名判处某甲斩首。这个时候，董仲舒出来说话了，他说："父子至亲，听说父亲与他人相斗，没有不担心的。以《春秋》的精义，许止父亲病了，许止喂父亲吃药，而父亲死了。根据他的动机，赦免了他，没有诛杀他。"

按动机，某甲本是救父不是殴父，伤父乃是误伤，理当无罪释放。

这就是所谓"原心定罪"，它源自《春秋》。因为西汉时《春秋》作为"五经"中最重要的一部经典，加上董仲舒等儒生的解释，这一条"原心定罪"的经义，就成为古代法制的一个合理原则。

本来，法律与人们的行为有关，道德与人们的动机有关，但"原心定罪"则将二者混为一谈。这样一来，《春秋》之类的经典，不仅影响着立法，而且影响着司法。直到两千多年后的晚清，"原心定罪"一直是一条获得公认的法理依据。

晚清时任两江总督的曾国藩断案就留下著名的论断：疆吏以城守为大节，不宜以僚属之一言为进止；大臣以心迹定罪状，不必以公禀之有无为权衡。这大概就是后人所说的理学杀人。

在西汉，以经注律、引经决狱几乎是常法。董仲舒以《春秋》断狱最为著名。

（女子）甲夫乙将船，会海风盛，船没，溺流死亡，不得葬。四月，甲母丙即嫁甲。欲皆何论？或曰，甲夫死未葬，法无许嫁，以私为人妻，当弃市。

议曰：臣愚以为《春秋》之义，言夫人归于齐，言夫死无男，有更嫁之道也。妇人无专制擅恣之行，听从为顺，嫁人者归也。甲又尊者所嫁，无淫行之心，非私为人妻也。明于决事，皆无罪名，不当坐。

某女子的丈夫坐船出海，不幸碰到强台风，溺海死亡。还没有等到女子的丈夫下葬，女子的母亲就将她嫁给了他人。

依据汉律，妻于夫死后未葬之时就擅自改嫁，理应处死。这叫作"私为人妻"，罪当弃市，就是杀头。

然而，董仲舒详细考察了整个案例之客观情况后，根据《春秋》之义认为：夫死无男有更嫁之道，且甲遵从母命所嫁，并无淫行之心，故而"无罪名，不当坐"。"不得葬"，事出有因：沿海渔民出海遇风暴，船破身亡，死不见尸，其妻遂改嫁他人。这种事在海边本是稀松平常，但是这次让人给告了官。

因为按当时的律条，夫死未葬，就还算是这个人的妻子，妻子不许改嫁，否则就是私嫁。董仲舒认为，按《春秋》之义，"夫人嫁于齐"，说的就是如果夫死无子，可以再嫁，而且再嫁者没有淫奔之心，只是为了生活，所以无罪。

如果法律上没有明文规定的，那么依照儒家经典来处理，还可以说得过去。可此案明显是有法律明文规定的。虽然董仲舒对此案具体情况具体分析，值得肯定，但也说明法律条文与儒家经义相违背的，得依儒家经义。可见，儒家经义具有高于现行法律的效力。

还有以《诗经》断案的：

> 时有疑狱，甲无子，拾道旁弃儿乙养之，以为子。及乙长，有罪杀人，以状语甲，甲藏匿乙，甲当何论？仲舒断曰："甲无子，振活养乙，虽非所生，谁与易之。《诗》云：'螟蛉有子，蜾蠃负之。'《春秋》之义，'父为子隐'，甲宜匿乙，诏不当坐。"

西汉时，一个人的养子杀了人，这个人将养子藏了起来。事发之后，父子两人都被关进了监狱。按西汉的律法规定，如果这二人是亲父子，老子肯定没事儿，"父为子隐"嘛，合情合理合法。

可是，由于他们二人并没有血缘关系，于是有人认为这个父亲是在包庇罪犯，所以有罪。在西汉那个时代，包庇罪可是要与所包庇的罪犯同罪的。

董仲舒这回依旧是持"与人为善"的态度，不过他这次没有引证《春秋》，而是从《诗经》里找到了依据。他说："《诗》云'螟蛉有子，蜾蠃负之'。"意思是说，根据《诗经》所言，养子也是儿子，一样符合"父为子隐"的"法则"，故儿子可以判罪，而老子理应开释。

在尚古的儒家看来，五经是圣人之言，是天地之大经，不可违背。这就开启了司法实践中以言代法（这里的"言"当然是圣人权威之言）的源头。在政治领域，董仲舒等一介儒生强调尊君，天子既然受命于天，自然就"言出即法"。这种儒家式的威权主义被逐渐确立起来，对中国古代社会的影响十分普遍，如圣旨就是法，人们可以批评法律，不可以批评皇帝。

腹诽罪，其实正是"原心定罪"这一原则下的产物。你心里有不满，当然就是犯罪。证据是不用表露出来的。

同时，在西汉初期，儒家尽量援法入儒，所谓礼法并治，后来甚至将阴阳之学、祥瑞、灾异之说都容纳进来，使得法律更加神秘化，以此作为治理臣民的工具。

武帝时的廷尉杜周，是个用法严苛的酷吏。当时有人批评他办案不以汉律为准绳，而是以皇帝的意旨为转移："君为天下决平，不循三尺法，专以人主意指为狱，狱者固如是乎？"

杜周毫不含糊地回答说："三尺安出哉？前主所是，著为律；后主所是，疏为令，当时为是，何古之法乎？"意思是，所谓法律，就是要以当今皇帝意旨为准。

韩非子曾说"明主治吏不治民"，但秦汉时却不是这么认为的。

如《管子·任法》云："有生法，有守法，有法于法。夫生法者君也，守法者臣也，法于法者民也。"

管子被齐国稷下道家推崇，《汉书》将其归入道家，管子在奉行黄老之学的西汉前期尤其有影响。他明确将法治的主体分为三种：一种是生法者，就是制定法令的人，是君主；一种是守法者，即执行法律的人，就是大臣；一种是法于法者，就是遵照法律行事的人，就是普遍的庶民百姓。管子突出了制定法律者和执行法律者的权威，直接导致法律变成驾驭臣民百姓的私器。

对统治者来说，法律越神秘，管理越方便。一方面，出言成法导致法的产生缺乏透明性，政府治理由部分人执行最高指示。原心定罪最大的好处就是，方便统治者更好地控制百姓的思想，管理也更方便。另一方面，原心定罪，又导致"法无定科"。心迹这个东西，说你有就有，没有也有，因此对上就常常担心不合上意，使民众恐惧不敢有言。

谈何容易

事实上，司马迁本人就是因言获罪的典型一例。他因为替战败投降了匈奴的李陵辩护，坐刺了汉武帝心爱的将领李广利，而遭受宫刑。

正是在这样的背景下，与司马迁同朝为官的著名滑稽人物东方朔作了一篇《非有先生论》。

非有先生是东方朔拟造的一个虚拟人物，任职于吴王幕下，上朝时不引用古史故事来为治国安邦出谋划策，退朝后又不颂扬君王以彰显其治理的功德。这样默默无言三年了。吴王因此感到很奇怪，忍不住问他。

吴王一开始就很诚恳地表示自己这些年来，"体不安席，食不甘味，目不视靡曼之色，耳不听钟鼓之音；虚心定志，欲闻流议者"，希望非有先生告诉他为什么沉默不语。

非有先生仍然唯唯诺诺，并不说话。直到吴王表示自己将

"竦意而听"，非有先生才一连道出了四个"谈何容易"。

第一个"谈何容易"是指："谈者有悖于目、拂于耳、谬于心而便于身者；或有说于目、顺于耳、快于心而毁于行者，非有明王圣主，孰能听之。"有些话看着不顺眼，听着不顺耳，心里认为不对，但是有好处；有些话顺眼顺耳顺心，但对行动有害，只有贤明的主子才能分辨得出来。所以，建言不容易。

第二个"谈何容易"是古今对比。古时关龙逢的谏言切中夏桀的要害，王叔比干对殷纣也直言不讳。他们想的完全是如何尽忠，忧虑着君王的德泽不能流布四方，而造成百姓骚动，所以直截了当地指出君王的过失，以求增添君王的荣誉，除去君王的祸害。如今却反被当作诽谤："今则不然，反以为诽谤君之行，无人臣之礼，果纷然伤于身，蒙不辜之名，戮及先人，为天下笑。"这里所说的"今"，不正是汉武之世吗？"是以辅弼之臣瓦解，而邪诏之人并进。"

第三个"谈何容易"是"邪主之行，固足畏也"。因为进谏一些重大问题，违逆昏主的心意，触犯时代的法网，下场很惨，令人恐惧。

第四个"谈何容易"是感叹君臣遇合之难。谁都想专心致志，竭尽诚意，为国家出谋划策，估量得失，上安君王，下抚百姓，裂地定封，传之子孙，名显后世。但只有遇到像文王那样的君主，才有这样的好运气。

四个"谈何容易"虽是游戏之笔，却直指当世直言切谏之难，是对汉武之世言论空间狭窄的愤懑和压抑的倾吐。东方朔借吴王由"竦意而听"到"危坐而听""泣下交颐"的变化，表达自己的政治理想：

> 正明堂之朝，齐君臣之位。举贤才，布德惠，施仁义，赏有功；躬亲节俭，减后宫之费，损车马之用；放郑声，远佞人；省庖厨，去侈靡，卑宫馆，坏苑囿，填池堑，以与贫民无产业者。开内藏，振贫穷，存耆老，恤孤独，薄赋敛，省刑辟。行此三年，海内晏然，天下大治，阴阳和调，万物咸得其宜。国无灾害之变，民无饥寒之色，家给人足，畜积有余。囹圄空虚，凤凰来集，麒麟在郊，甘露既降，朱草萌芽。远方异俗之人，向风慕义，各奉其职而来朝贺。

这样一个令人向往的政治理想需要通过一个虚拟故事来表达，可见东方朔意识到当时的言论空间并不自由。东方朔感叹的君臣遇合、进言之难，是后世士大夫共同的心声。西汉二百多年间，除了文景之时有过一段短暂的言论春天之外，就只有宣帝一朝对言论保持着宽容态度。可见，古人评价一个帝王是明君还是昏君，一个重要标准就是看其能否开放言论空间。

夏侯胜诽谤案

本始二年（前72年），也就是汉宣帝即位的第三年，宣帝下诏曰："（孝武皇帝）功德茂盛，不能尽宣，而庙乐未称，朕甚悼焉。其与列侯、二千石、博士议。"

庙乐就是帝王宗庙音乐。

"古者天子食饮，必顺四时五味，故有食举之乐。"汉代皇帝宗庙的"食举乐"，当是在宗庙祭神献飨礼毕，皇帝"就酒东厢"与宗室助祭者及执事臣僚聚宴时所奏之乐。

西汉有庙乐的皇帝仅有四位：太祖高帝刘邦、太宗文帝刘恒、世宗武帝刘彻、中宗宣帝刘询。对于没有宏伟功绩的皇帝，其庙以谥号称，如惠帝庙、景帝庙、昭帝庙、成帝庙等。宗庙不仅在称号上与一般帝庙有别，在祭祀礼仪的等级规格上也不尽相同，体现在宗庙音乐方面，高祖庙有《武德》，文帝庙有《昭德》。

宣帝此时距汉武帝去世已有十五年，一直未立庙乐。因而当宣帝下诏后，百官都表示赞成。

然而，一个叫夏侯胜的人站出来公开反对，他直言汉武帝虽然有西击匈奴扩大疆土之功，然而好杀大臣，手下的丞相善终的很少。他批评汉武帝"竭尽民力，奢泰亡度，天下虚耗，百姓流离，物故者半。蝗虫大起，赤地数千里，或人民相食，畜积至今未复"，指出武帝于百姓毫无德泽，不应当给他立庙乐。

夏侯胜的批评对不对，暂且不管，但他敢于当众批评汉武帝，这真是胆大包天！话音未落，当即招致群臣的发难：这可是天子诏书啊！你胆敢非议诏书，妄议诋毁先帝，罪不可赦。

但是，夏侯胜面对群臣，毫无怯色，正言道："人臣之谊，宜直言正论，非敬阶，意顺应。议已出口，虽死无悔。且不闻，君为天，民为地，地以承天，天才以覆地。如地立翻覆，天何以覆地？食君禄应为君远计，人非圣贤，孰能无过？"

夏侯胜提出作为大臣应该实话实说，不应该曲意逢迎，然而群臣关注的不是他反对的正确与否，而是他非议皇帝诏书。因此，夏侯胜反对的结果是以死罪下狱，还连累了支持他的丞相长史黄霸。黄霸也是历史名人，他做太守时绩效考核常常为天下第一。在狱中，黄霸抱着"朝闻道，夕死可矣"的心态坚持向夏侯胜学习经学。虽然判了死罪，但宣帝并没有真正要杀夏侯胜。四年后，夏侯胜遇大赦天下而得以复出。

那么，汉宣帝为什么不杀犯有诽谤罪的夏侯胜？

这就得了解一下夏侯胜这个人。

他是宁阳侯国人，是西汉今文尚书学（亦称"大夏侯学"，讲求经世致用）的开创者，汉武帝时担任博士，宣帝时担任过长信少府、太子太傅，是一个敢于直言议政的人。他主张为国要忠，为民要仁，为事要义，上不奉下不欺，为人正派刚直。

汉宣帝刘询是史上有名的贤君，在位二十五年。他统治时期被史家称为有汉一代武力最强盛、经济最繁荣的时期。汉宣帝能够登基，跟夏侯胜还有着重要的关联。

汉宣帝本是武帝的曾孙、废太子刘据之孙。巫蛊之祸发生时，宣帝还在襁褓之中，侥幸逃过一死，但被关在牢狱之中，吃过不少苦。昭帝驾崩，没有子嗣，霍光迎立昌邑王刘贺为帝。刘贺即位后荒淫无度，无帝王风范。

夏侯胜决意进谏。一次，夏侯胜挡住刘贺的车驾说："老天久旱不雨，臣下有废立之机可乘，一旦有人作乱，皇上怎么办？"刘贺斥其为灾异之说，怒而将其下狱。正有意行废立之事的大将军霍光和车骑将军张安世听后大惊，以为机密泄露，为防不测，果断行动，向太后请旨废掉在位仅二十七天的刘贺，迎立废太子刘据之孙刘询为帝，这就是汉宣帝。

夏侯胜本意是匡正刘贺，算是刘贺的人，但这一次以其灾异学说谏上而被下狱，反倒促成霍光行废立天子之事，客观上为汉宣帝即位铺了路。霍光也将其视为功臣，宣帝也许对其心存感激。

宣帝即位后，大权握在霍光之手，自己贤不贤，在于霍光一言而定。聪明的宣帝一边亲信霍光，等待时机，一边为显示自己仁孝，确立自己的正统地位，下诏丞相及御史百官，商议为汉武帝建立庙乐。这里的意图，就是要向天下昭示自己是武帝的子孙，避免再成为下一个昌邑王。而霍光正是武帝的托孤大臣，树立武帝的权威，霍光自然不便反对。

然而，不理解宣帝意图的夏侯胜却直言反对，让宣帝很尴尬，不得不将废除多年的"诽谤"罪施加于其身上。但是不可理解的是，为什么只将其下狱而不杀他呢？

倒并不是夏侯胜真的于宣帝有恩，而是宣帝刚即位不久，在朝中本来就没有根基，若杀掉这样一个有着重要影响的正直人物，有害无利。同时，宣帝对武帝这个曾经导致自己家破人亡的先祖，内心里应该并无好感，他只是需要武帝这杆旗罢了。况且，夏侯胜的反对于为武帝立庙乐并无妨碍。在百官的支持下，宣帝顺利地为武帝上了尊号，立了庙乐。宣帝的意图得以实现。

《汉书》记载，夏侯胜复出后，宣帝对他更加亲信。有一次，夏侯胜见了宣帝，出去把宣帝的话告诉了别人，宣帝因此责备夏侯胜。夏侯胜回答说："陛下说得很好，我宣扬之。尧的话散布于天下，至今仍被诵读呢。我认为您的话值得传颂。"宣帝释然。

后来朝廷每商议大事时，宣帝知道夏侯胜率直，就点名要他发言："先生您尽管直话直说，不要因为以前的事而有所畏惧。"宣帝还宣称"言者无罪，知无不言"。

夏侯胜后来升任太子太傅，九十岁时在任上去世，死后赐葬平陵，类似国葬，而且太后赐予他二百万钱，并为他穿了五天孝服，以报师恩，这让儒者引以为荣。

杨恽之死

如果说，夏侯胜的诽谤罪不至死，那么杨恽之死就是咎由自取了。

杨恽的遭遇在《汉书·元帝纪》中有记载：汉元帝刘奭做太子时，见宣帝"所用多文法吏，以刑名绳下"，大臣杨恽、盖宽饶等"坐刺讥辞语"为罪而诛，劝其父皇不要"持刑太深"。

这里，太子认为杨恽等人之罪不至死，是用刑太深导致的冤案。

杨恽不是别人，正是司马迁的外孙，而且杨恽之父、丞相杨敞对宣帝有拥立之功。杨恽不仅为人孝顺，轻财好义，奉公守法，而且敢于冒死谏言，后来正是他告发了霍光子孙谋反的事实。他也因此被封为平通侯，迁中郎将。也正是他将外祖父司马迁存放在其家的心血之作《史记》献给宣帝，才让这部原本"藏之名山"的巨著得以公开面世。

然而,此人也有其另一面:心胸狭隘,生性尖刻,爱揭别人的隐私:"同位有忤己者,必欲害之,以其能高人。"特别在封侯以后,他居功自傲。

正是这样的性格和行事作风,很快就使他犯了大忌,与宣帝作平民时的发小、太仆戴长乐结下梁子。戴长乐反告他六条罪状:"(杨)恽妄引亡国以诽谤当世,无人臣礼。又语长乐曰:'正月以来,天阴不雨,此《春秋》所记,夏侯君所言。行必不至河东矣。'以主上为戏语,尤悖逆绝理。"事下廷尉,"称引为妖恶言,大逆不道"。

注意,又一个"诽谤"。尽管这样,宣帝却不忍杀他,只是贬杨恽为庶人。试看,杨恽拿皇帝开玩笑,宣帝并没有杀他,算是他命大。

但是,杨恽并不感恩,觉得自己只是在背地里说过几句风凉话,"一朝以暗昧语言见废",心中不服。失望之余,他索性广置产业,建造豪宅,决意彻底归隐,享受人生。

杨恽老友安定太守孙会宗,写信劝他闭门思过,取得皇上的理解和怜悯,以期东山再起,而不应当置办田产,结交宾客,招来物议,向朝廷示威。

没想到,任性的杨恽给孙会宗回了一封信即著名的《报孙会宗书》。信中,杨恽不仅流露出对宣帝的怨恨讽刺,而且挖苦孙会宗:"故道不同,不相为谋。"杨恽还为自己狂放不羁的行为辩解,锋芒毕露,声称:"即使是至尊之君至亲之父,就算为他们送终服丧，也有一定的期限。我得罪皇上，至今已有三年，作为臣子的义务也应该尽完了。"

信寄出后，正碰上发生了日食，一个养马的小吏告发杨恽，说其"高傲奢侈，死不悔过，发生日食灾异的根源，就是杨恽"。深信灾异之说的宣帝将此事下发廷尉，廷尉从其家里搜出了给孙会宗信的底稿。宣帝看后深为厌恶，以大逆不道罪判其腰斩。史家称其为中国历史上文字狱之始。其实不然，文字狱的典型特征是寻章摘句，捕风捉影，罗织罪名，禁锢思想，排除异己。这则是典型的恶言诽谤，正如宋代学者洪迈在《容斋随笔》中所言："予熟味其词，独有'君父至尊亲，送其终也，有时而既'。盖宣帝恶其'君丧送终'之喻耳。"于情于理，这样的话语一般人都难以接受，更何况至尊天子？

杨恽死于自己的"作"，事实上，杨恽的侄子杨谭也劝过他，说："你的罪并不大，又曾于国有功，将会再次被任用。"杨恽却回答说："有功又有什么用？不值得为皇上尽力！"

与杨恽同时代的还有一个叫盖宽饶的人，两人的性格有些类似，不过他死于自杀，并非为宣帝所诛。盖宽饶和杨恽一样，也有刚直高节、廉洁奉公的一面，却也好言刺讥，多与人结怨，宣帝仍然优容之。而且也有人苦心真诚地劝告过盖宽饶，但他不听。后来他上书指责宣帝"圣道浸废，儒术不行，以刑余为周、召，以法律为《诗》《书》"，又引《韩氏易传》言："五帝官天下，三王家天下，家以传子，官以传贤，若四时之运，功成者去，不得其人则不居其位。"意思是，五帝将天下视为公有，三王将天下视为私有。视为私有则传给子孙，视为公有则传给圣贤。看你皇帝老子是视天下为公还是为私，就看你将来传位给谁。

读到这样的话语，宣帝尽管很生气，但还是没有杀他，只是将其免职。盖宽饶见言不为用，干脆在未央宫北门之下用佩刀自杀而死。作为一名士大夫，他的勇气确实值得时人和后人同情和敬佩。盖宽饶给人的感觉是从二十一世纪民主社会穿越时空到了公元初的人物，可是他到死都不明白，他所处的是一个皇权专制的时代，言论空间再大，也是有限度的。杨恽、盖宽饶等人的死，无疑给社会留下了阴影。

谣言的力量

汉成帝建始三年（前30年），关内地区连降了四十多天大雨，京师突然有谣言：洪水就要来了。谣言迅速引得长安百姓一片混乱，人们在奔跑逃命中相互践踏，体弱年老的人一片哀号。这一情景，吓得皇帝与太后都不敢住在皇宫里，准备登船逃命。城中官吏和百姓都登上了城墙。然而，洪水却并没有真的来。

仔细梳理这样一个谣言，不难发现，其中隐含着一场对毁灭的企盼。

幽幽的谣言像一条条游在水中的小鱼，在政治权力那张大网的网眼中穿过，虽然无法撕破这张大网，但大网也无法限制它们的行动，甚至捕捉不到它们的行踪。这无疑是对权力的一种极大的讽刺和挑战。

谣言时不时冒出个头来，很快又不见了。

哀帝刘欣时期，建平四年（前3年）春，关中地区发生大旱。此时却从关东地区传来一个谣言：行西王母筹。

《汉书·哀帝纪》记载："（建平）四年春，大旱。关东民传行西王母筹，经历郡国，西入关至京师。民又会聚祠西王母，或夜持火上屋，击鼓号呼相惊恐。"

在此事发生的前两年，据《汉书·五行志》载：建平二年四月，哀帝准备拜御史大夫朱博为丞相，少府赵玄为御史大夫，即将登殿册命之时，忽然传来大声如钟鸣，殿中百官站在阶下者都听到了。问题是，君臣所处的宫殿里根本没有大钟。哀帝觉得非常怪异，就召问黄门侍郎扬雄、李寻。李寻回答说：此即《洪范五行传》所称鼓妖。按占象之法，君王偏听偏信，为众所惑，庸才得进用，则无形发声，不知其故。扬雄认为朱博为人强梁多诈，宜为将不宜为相。二人都认为这是天在示警，如果不听，必有凶祸。果然半年后，朱博、赵玄因犯奸谋而一死一免。

从鼓妖到行西王母筹，有何隐秘的内在联系，实在搞不明白。但是，谣言所到之处，吓得百姓无缘无故地拿着禾秆或麻秆惊慌奔走。人们还在长安举行了大规模的祭祀西王母活动。这次事件持续时间很久，参与人数众多，波及范围也很广，是一起典型的社会群体事件。

《汉书·五行志》对此事记载得更详细：

哀帝建平四年正月，民惊走，持稿或棷一枚，传相付与，曰行诏筹。道中相过逢多至千数，或被发徒跣，或夜折关，或窬墙入，或乘车骑奔驰，以置驿传行，经历郡国二十六，至京师。其夏，京师郡国民聚会里巷阡陌，设祭张博具，歌舞祠西王母，又传书曰："母告百姓，佩此书者不死。不信我言，视门枢下，当有白发。"至秋止。

结合多方记载，大致可以还原谣言事件的真相：

汉哀帝建平四年正月，关东至少有二十六郡国的民众互相传送一种筹策，号曰"行西王母诏筹"。参与人数多达数千人。这些人在西入长安过程中，举止怪诞。或披发赤足，或乘骑奔驰，或置驿传行，一路上或乘夜冲关夺门，或逾墙入屋。

西入长安以后，这些人聚集在里巷阡陌，并设祭，或博弈，或歌舞，并举行了盛大的祭祀西王母活动。组织者还传西王母之话给民众，要求每人都要佩戴符书，说："佩此书者不死。不信我言，视门枢下，当有白谨。"整个事件一直持续到秋天，引起朝野震动。

西王母的形象在司马相如的《大人赋》里已有描述："舒阆风而摇集兮，亢乌腾而一止。低回阴山翔以纡曲兮，吾乃今目睹西王母皬然白首。"谣言中的"白发"与西王母"白首"一致。

西王母为何成为谣言中的关键词呢？其实，早在建平元年，已经出现了一个关于犬祸诗妖的谣言。《汉书·天文志》将这两个谣言联系在了一起：

哀帝建平元年正月丁未日出时，有著天白气，广如一匹布，长十余丈，西南行，谨如雷，西南行一刻而止，名曰天狗。传曰："言之不从，则有犬祸诗妖。"到其四年正月、二月、三月，民相惊动，哗奔走，传行诏筹祠西王母，又曰"从目人当来"。十二月，白气出西南，从地上至天，出参下，贯天厕，广如一匹布，长十余丈，十余日去。占曰："天子有阴病。"

"从目人"是什么？应该是个隐语，可能是"纵目人"，"从"通"纵"。《楚辞》中就提到了"纵目人"，意为四方之人，凶神恶煞。与此相对，《庄子》中提到了"横目之民"，有学者提出即中国之人，善良之人。汉哀帝刘欣确实有病，死时年仅二十五岁。有的说他因为纵情声色，将身体掏空了；有的说他有痿痹症；还有的干脆说他死于服春药。

谣言没有具体的作者和出处，只是谣言制造者敏锐地抓住了公众的心理，发表了一通意见后，便遁入人海。它无疑也是一种言论，刺痛着不公平的现实，也给这毫无希望的世道一点点刺激。

谣言的力量出乎人们想象，朝臣们对谣言先后做出不同的解读，对西汉末年的朝政影响巨大。

有着巫术背景的息夫躬把行西王母筹事件和兵乱、边关预警联系起来，提出"遣大将军行边兵，敕武备，斩一郡守，以立威，震四夷，因以厌应变异"。息夫躬提出化解之术，其实是想帮助与之交好的外戚傅晏。果然，哀帝即任用傅晏为大司马卫将军。

丞相王嘉的解读却不一样，他反感息夫躬的为人，也反感哀帝的男宠董贤，便将谣言中的灾异，连同此后出现的日食现象，都归咎于董贤：

> 奢僭放纵，变乱阴阳，灾异众多，百姓讹言，持筹相惊，被发徒跣而走，乘马者驰，天惑其意，不能自止。或以为筹者，策失之戒也。（《汉书·何武王嘉师丹传》）

然而，这却引起哀帝的恼怒，王嘉因此获罪，死于狱中。

息夫躬等人也因为在拜傅晏为大司马卫将军时出现日食这一灾异而被免官。

依附成帝母王氏的凉州刺史杜邺却认为谣言中的灾异"指向昭昭"，是外戚傅氏和丁氏不守臣道所致，矛头甚至指向傅太后干政。

谏大夫鲍宣对此谣言也有自己的解释，结果引发了一起历史上的大事件，即西汉太学生请愿。

鲍宣给皇帝呈上一封信，严厉批评他重用外戚，宠信董贤，提出"民有七亡而无一得，又有七死而无一生""天下乃皇天之天下也""官爵非陛下之官爵，乃天下之官爵也""治天下者，当用天下之心为心，不得自专快意而已也"。陛下用非其人，而希望上天高兴，百姓服从，怎么可能办到？

汉哀帝刘欣读到此信，本想发怒，但考虑到鲍宣的声誉，就忍住了。

但是到了第二年（公元前2年），丞相孔光负责巡视先帝园陵，让属下官吏通行于天子驰道。鲍宣以京师地方最高行政长官的身份，缉查时正好发现，便指令吏员制止丞相掾吏通行，并没收了其车马。哀帝因其冒犯丞相，将其交由御史处理。办事官员来到鲍宣府上要逮捕其随从，鲍宣紧闭大门，拒绝他们进入。结果鲍宣因阻止皇帝使者，不遵礼节，被以大不敬、不道的罪名，下廷尉，入狱。

没想到，在长安的太学生们因为一直敬仰鲍宣的正直，获悉情况后，认为事情是由孔光的手下违规使用天子驰道引起的。于是，博士弟子济南王咸率先举幡太学下，说："欲救鲍司隶者会此下。"很快，太学诸生聚集者千余人。

太学是中国古代的大学，始设于汉武帝元朔五年。最初太学中只设五经博士，置博士弟子五十名。汉元帝时博士弟子达千人，成帝时增至三千人。

这千余名精英组成的游行队伍先是挡住了丞相的车队，向丞相陈述了他们的意见，后又行进到皇宫大门前，向皇帝上书。宣帝无奈，只好将鲍宣罪减一等，像往昔季布那样处以髡钳之刑——剃去头发，用铁圈锁颈，流放上党。

太学生们的举动成功地救了鲍宣一命，为东汉及以后的太学生运动开启了先例，影响至深。宋代学者黄震在《谢黄提举升陟》中写道："太学举幡，已验乌台之风采；清朝累疏，更占黄阁之经纶。"宋人宋祁《泌阳王介夫》诗写道:"光华覆盆日,哆侈谮人星。生计依江芷,年芳老砌蓂。无人举幡救,挥涕望明庭。"

俸禄,天下的磨刀石

不能理性地处理建言问题,加速败坏了朝廷风气。不过,仍然有正直的建言者希望天子悔悟。

永始三年(前 14 年),南昌县的一个小小县尉梅福,在多次上书石沉大海的情况下,再次上书:

> 从前汉高祖"纳善若不及,从谏如转圜,听言不求其能,举功不考其素",所以如陈平、韩信等天下人才都云集于汉王旗下,"知者竭其策,愚者尽其虑,勇士极其节,怯夫勉其死"。这就是汉高祖无敌于天下的原因,"举秦如鸿毛,取楚若拾遗"。
>
> 孝文帝遵循了高祖的做法,又十分节俭,所以天下太平。
>
> 孝武皇帝好忠谏,"出爵不待廉茂,庆赐不须显功",天下百姓都各自励志。假如孝武皇帝能"听用其计,升平可致",可惜他没有这样做,以至"积尸暴骨,快心胡越"。
>
> 今年内,各地小规模的动乱接二连三,布衣窥国家之隙,亡徒见间而起,无所畏忌。士者,国之重器。得士则重,失士则轻。臣多次上书求见,但每次都没有答复。我听说齐桓公时,有人以九九乘法请求召见,桓公没有阻挡,他是想得到更大的建议。我现在所说的,并非只是九九乘法,可陛下拒绝了

三次。这正是不能招来天下贤能的人才的原因。

如果想招来天下有用之才，就应当对上书提出过可采建议的人"秩以升斗之禄，赐以一束之帛，若此，则天下之士，发愤懑，吐忠言，嘉谋日闻于上，天下条贯，国家表里，烂然可睹矣"。

封爵俸禄，只不过是天下的磨刀石，高祖用它来激励世人。现在陛下既不采纳天下的建议，反而大肆杀害他们，戮及妻子。"自阳朔以来，天下以言为讳，朝廷尤甚，群臣皆承顺上指，莫有执正。""王章非有反畔之辜而殃及室家，折直士之节，结谏臣之舌。群臣皆知其非，然不敢争，天下以言为戒，最国家之大患也！"

如今天子的权力受到了侵犯，威力受到剥夺，外戚权力一天比一天强大。陛下即使看不到具体现象，也要考虑一下它的影响。建始年间以来，经常发生日食、地震，按总次数来说，是春秋时期的三倍，而发生水灾的次数更无法统计。阴盛阳衰，金铁为飞，这是什么情景？自大汉建立以来，国家曾出现过三次政权危机，祸首吕氏、霍氏、上官氏都是皇太后家的人。自从比较贤明的霍光以后，西汉争权者中就没有人再为子孙后代考虑过。所以，掌权的大臣一旦换了朝代，就会成为危险——势力凌驾于天子之上，权力超过了天子。出现这种情况以后再去防范，就来不及了。希望陛下"循高祖之轨，杜亡秦之路，除不急之法，下无讳之诏，博览兼听，谋及疏贱，令深者不隐，远者不塞"。

汉成帝刘骜已经听厌了这类建议，所以再一次采取了搁置的办法。

梅福只不过是一个小人物，出于对汉室的忠诚，尽管多次碰壁，仍然极力上书劝谏。此前，永始元年（公元前16年），王凤当政，灾异屡见，梅福就曾上书直言朝政，但被斥为"边部小吏，妄议朝政"，险遭杀身之祸。

这一次，他的上书被班固、司马光都记入史册，可见其言的影响力。俸禄是天下的磨刀石，这句话堪称至理，颇具创新性。汉高祖刘邦就深谙其理，在亡秦之战中，他毫不吝啬论功行赏，厚赐部下；在楚汉相争时，他打出"与天下共利"的旗号，大度地拿出尚未到手的山东土地许诺封赐给有功者，迅速获得了各诸侯的相助，从而将项羽击败于垓下。

古代的文人士大夫一般都耻言俸禄，充其量也是将俸禄视为养家糊口的必需品。特别是后来的儒家，认为俸禄取之于民，而官员为民之父母，如果有一颗爱民之心，理应不拿高的俸禄，否则就当不起"民之父母"这一光辉的道德形象，由此也造就了历史上的低薪制，有的朝代官员竟然没有俸禄。梅福作为一个基层小吏，别出心裁地提出，俸禄是天下的磨刀石，是拿来激励人才贡献智慧的。如果肯慷慨赏赐那些进言者，哪怕是升斗微禄，也象征着帝王对人才的重视、对进言的鼓励。这代表了天下底层人物共同的观感。

历史上，凡是懂得这个道理的统治者不仅可以获得士心，还可以创造出一番丰功伟绩。可惜，梅福关于"俸禄，天下的磨刀石"这一至理之言未能获得汉成帝的认同，成帝也错失了重振汉室的机会，其碌碌也由此可见。

梅福并不是那种靠上书迎合上意以求取厚禄之辈。绥和元年（公元前 8 年），因见成帝久无继嗣，梅福再度上书提出"宜建三统，封孔子之世以为殷后"的建议，后在王莽的推动下，下诏封孔子后人世为殷绍嘉公。此时的梅福退居在家，以读书养性为乐。

会议治国

盐铁会议：国退民进

西汉武帝临死前对自己的施政方略有所反思，但并无实际行动来改变，那个著名的"罪己诏"的真实性至今还引起史学界的争议。那句"朕即位以来，所为狂悖，使天下愁苦，不可追悔。自今事有伤害百姓，靡费天下者，悉罢之"，并不见于征和四年（公元前 89 年）的"轮台诏"，而是武帝封禅泰山后的口谕，始见于司马光《资治通鉴》。司马公从何得知，就不好说了。

昭帝即位后，国家到底往哪里去？走什么路？有两种完全不同的政策思路。

一种是以大司马大将军霍光为首，主张举贤良、问民情、免田租，即"恤民政策"；另一种是以御史大夫桑弘羊为首，坚持开屯田、强国力，即"富国强兵"路线。后者，是坚持武帝时既定的国营经济政策不变，"臣不变君之政""不宜害先帝之功而妨圣主之德"，反对改变武帝生前的政策路线。

那么，到底走哪条路呢？似乎二者都有必要，为政之道，恤民为先，但富国强兵也不能不要。问题是，当时没有找到可以二者兼顾的路线。哪一条路线优先，就成为当时不得不探讨的大事。双方也因此对立起来，而且又同为托孤大臣，公说公有理，婆说婆有理。

随着局势的发展，路线问题成为迫切需要解决的重大问题。桑弘羊推行的一系列官营政策，使国家几乎垄断了生产销售和市场。地主、官僚、贵族和商贾，都对这些政策表现出强烈的反对和抵制。霍光为了缓解内部矛盾和压力，主张对国家垄断的工商业稍微放松一些，不要管得太死，而桑弘羊则坚决主张严管，二人的分歧越来越明显。几股政治势力开始萌动，直接威胁到霍光的地位。

这场争论，概括说来，就是坚持汉武帝的路线，还是回到文帝时的路线。它不仅是经济路线之争，而且是政治路线之争。

在这样的背景下，始元四年（前83年），霍光开始酝酿召开一次会议，希望让人们认识到现有的理财措施的弊端和缺陷，为从政治上打击桑弘羊提供子弹——舆论支持。

始元五年（前82年）六月，谏大夫杜延年向霍光建议行文帝时期政策，提倡节俭、对民宽和。霍光采纳了他的建议，诏令三辅、太常各举贤良二人，各郡国察举文学一人，准备开会讨论。

始元六年（前81年）二月，各地选出来的贤良文学之士抵达京师，霍光召集他们商议罢黜盐、铁、酒等专营政策，会议在首都长安隆重开幕。至七月，会议结束，历时五个多月，是我国古代史上为期最长的一次会议。

这次会议上，霍光显得很超脱，他让远道而来的贤良文学代表们为一方，以桑弘羊、丞相史、御史们为代表的在朝官员为一方，就会议的主题"民所疾苦，教化之要"展开开放、自由而广泛的讨论。霍光自己并不参与，而请丞相田千秋主持会议。

这六十余名贤良文学之士都是从民间挑选出来的。"贤良"者，是已经取得功名的儒生，"文学"者，是在某种学问上有一定成就的名士，他们属于在野的民间知名人士。这既是一次具有广泛代表性的"人大会议"，也是一次朝野共商国是的会议。

会议按照霍光预想的思路进行。这些从地方基层来的代表对盐铁官营、平准均输、酒类专卖、货币发行等多项政策提出了尖锐批评，强烈要求废除，并对汉武帝时期的内外政策进行了批评。作为这些措施的实际制定者和推动者，统管中央财政近四十年的桑弘羊对他们的否定意见不以为然。他在会议上发言一百一十四次，就这些措施与代表们进行了激烈争辩。双方唇枪舌剑，讨论的自由度之高世所罕见。

这次会议实际上成为检讨汉武帝时期政治得失的重要会议，史称"盐铁会议"，可能也称得上是最早探讨"国进民退"还是"国退民进"的会议。三十年后，桓宽根据这次会议的官方记录整理成著名的《盐铁论》，以对话体的形式，生动而真实地反映了当时的辩论情景。

双方在辩论中充满了内在的矛盾，贤良文学之士们支持自由经济的主张，既是以董仲舒的儒学观点为武器，以道德仁义来反对"言利"，而董仲舒是倡导功利的，所以他们同时又引用了法家的重本抑末思想，批评汉武帝时的官营政策非治国之本务，是与商贾争利，宜"进本退末"。桑弘羊强调法家思想的法治，坚持国家干预，维护官营工商业，却又和董仲舒儒学崇尚功利合拍。

会议结束后，朝廷仅仅罢去了酒类专卖和关内铁官，其他各项政策仍维持不变。但桑弘羊在政治上受到一定的挫折，霍光得到比较广泛的舆论支持。经济上，官营政策也有所收缩。

盐铁会议的举行，透露出一个重要信息，那就是以桑弘羊为代表的法家思想和以所谓"贤良文学"为代表的儒家思想的交锋，充分表明当时的儒学是远离政治的。盐铁之辩中，儒家所谓道德化的主张之所以失败，是因为它没有一个统一的理论体系；即使汉武帝刘彻接受了董仲舒的建议，百年来，儒家思想也并未成为主流意识形态。

石渠阁会议：古今之争

石渠阁会议是西汉官方举办的又一次学术会议。

史学界一般认为，汉宣帝为了进一步统一儒家学说，加强思想统治，于甘露三年（公元前 51 年）召萧望之、刘向、韦玄成、薛广德、施雠等儒生二十三人，在皇家图书馆即长安未央宫北的石渠阁讲论"五经"异同。

这一次国家级的学术会议，有一个特别之处，那就是汉宣帝亲自出马，亲任裁判。会议成果被辑成《石渠议奏》一书。这是古代经学史上的一个大事件，受到经学界与史学界的重视。

只可惜，《石渠议奏》这本书失传了，其中都讨论了些什么，详情已不得而知。

倒是从这次会议的结果中，略微可以看出一些端倪。

《汉书·儒林传》中记载："（宣帝）召五经名儒太子太傅萧望之等大议殿中，平《公羊》《谷梁》同异，各以经处是非。时《公羊》博士严彭祖、侍郎申车兔、伊推、宋显，《谷梁》议郎尹更始、待诏刘向、周庆、丁姓并论。《公羊》家多不见从，愿请内侍郎许广，使者亦并内《谷梁》家中郎王亥，各五人，议三十余事。望之等十一人各以经谊对，多从《谷梁》。由是《谷梁》之学大盛。"

《汉书·宣帝纪》中记载："诏诸儒讲《五经》同异，太子太傅萧望之等平奏其议，上亲称制临决焉。乃立梁丘《易》，大小夏侯《尚书》、谷梁《春秋》博士。"

就是说，这次会议最大最直接的结果，就是确立了《谷梁传》的地位。

自武帝时开始，在宣帝之前，《公羊传》一直占主导地位，倡导"独尊儒术"的董仲舒就是治"公羊学"的。建元五年（公元前136年）立五经博士，《公羊传》得以立为博士，上升为官学。五经博士，是分经而立的，而不是以人而立的：

> 宣帝即位，闻卫太子好《谷梁春秋》，以问丞相韦贤、长信少府夏侯胜及侍中乐陵侯史高，皆鲁人也，言谷梁子本鲁学，公羊氏乃齐学也，宜兴《谷梁》。

宣帝刘询听说自己的爷爷爱好《谷梁传》，便特别关心这部书。他身边的丞相、少府、侍中恰好又都是鲁人，他们认为，《谷梁传》是鲁学，《公羊传》是齐学，自然愿意兴"谷梁学"这一鲁学。朝臣的本位主义、地方主义向来如此。

汉宣帝出于对祖父的感情，自然也有心兴谷梁学。

但是，真正要兴谷梁学，光靠天子一句话也难以成功，首先得了解"谷梁"和"公羊"的异同，为立谷梁为官学寻找合法性。这样，便有了这一次由皇家御办的学术会议。

那么，这次会议的初心应当是为立谷梁博士张本，可为什么要辩"五经异同"呢？

此时西汉"五经"的"经"，与后世儒家的"经"，不完全是一回事。这里是指经学，而不是五部经典。事实上，西汉时"五经"并没有被视为儒家的经典，而是更广泛意义上的学术。

五经原本不是儒家所专有，更非孔子所专有，只是后人将其称为儒学，就成为儒家之"专经"。这是一种话语策略，而非史实。

五经其实都是官书，孔子最多对它们有所研究罢了，而后儒竟然将著作权都归了孔子，实在有些牵强。五经确实都有传，但这些传究竟有多少是孔子写的，至今尚没有出现有力的证据。《尚书》有《尚书大传》，其作者最早被认为是秦博士伏胜，这个人据说是孔子的弟子，谁知道呢？《易经》有《易传》，说是孔子作的，证据仅仅是书中有"子曰"，但奇怪的是，西汉时帝王引用孔子的话，都明确说"孔子曰"。《诗经》历来被认为是孔子删定成三百篇，似乎至今没有争论，但至少西汉时有"齐诗""鲁诗"，齐人辕固讲的《诗》就与鲁国申公讲的《诗》大不相同，假如都是出于孔子，怎么会差距那么大？《周礼》作者世传是周公，其传为《礼记》，是西汉戴圣所作。《春秋》三传，都各有其作者，其中《左氏传》作者左丘明显然不是孔子弟子。西汉以孝治国，不知何时何人写了一部《孝经》，因为孔子弟子曾参最孝，所以作者便归了曾参，说是孔子教他的。

《诗》《书》都是古代传下来的经书，百家之言是春秋战国时的各家学说，孔子也不过是"百家"之一。

具体说到《春秋》这部书，后来接二连三地冒出三部传来，这本身就可疑。

首先，记录孔子言行的《论语》中竟然没有提及《春秋》，都是后世儒生说《春秋》是孔子作的，目的是要整顿纲常名教。既然是孔子所作，又是这么重要的书，为什么孔子一个字都不提及呢？这本身也违背了孔子"述而不作"的作风。

最先出来的是《公羊传》，本书"《公羊传》的真相"一节中将会介绍，它是秦汉时的博士们杜撰出来的，是为了迎合西汉初年"大一统"观念的需要。

出身于广川的董仲舒，就因治《春秋》，于汉景帝时被立为博士。武帝继位，董仲舒出任江都国的国相。他主要是以《公羊传》为指导，通过推究"自然灾异""阴阳运行"之因，在求雨时能闭阳释阴，使天下雨；止雨时，能闭阴释阳，使雨停止，非常神奇。

很显然，公羊学到了董仲舒手上，糅合了阴阳学说，进而来解决灾异问题。

钱穆认为，战国诸子以及汉时人所引的《春秋》常是《公羊传》里的文字，可见该传成书很早。景帝时所任的董仲舒和胡毋生两个《春秋》博士，也都是所谓公羊学派的。

其实这个逻辑是不能成立的，我们也完全可以将民国时期一些要人说过的话，整编成一本新书，然后说成是他们引用此书。因此，这可能恰恰说明，《公羊传》糅合了战国诸子和汉时人们的语句和思想。至于《汉书·艺文志》，自然是要将一切儒家经典的时间尽量往前说。

不过，钱穆有一句话说对了，他认为《谷梁传》的出现，表示它只是一家之言而不是唯一的《春秋传》，是有人把自己的意思另写了一部《春秋传》。这话对《公羊传》同样适用。最明显的漏洞就是《谷梁传》中竟出现了引用《公羊传》作者公羊子的话。

和《公羊传》不同的是，《谷梁传》看重宗法情谊，"已废天伦，而忘君父，以行小惠，曰小道也"。《谷梁传》出现的时机，恰好是西汉前期历次宗室内部同室操戈、骨肉相拼的背景。《谷梁传》受到重视，也与这一时期掌权者开始重视宗法礼制相关。

另外，灾异说在西汉开始流行是在昭帝时，宣帝更是大力宣扬灾异祥瑞，重用大批经学之士，当然不都是儒生。巧合的是，《谷梁传》中极多灾异之说，不合"大一统"的需要。

二者更大的区别是，《公羊传》是今文经学，而《谷梁传》是古文经学。

这次石渠阁会议中"平《公羊》与《谷梁》同异"，说到底还是古今之争的延续。宣帝出于感情，想通过会议确立《谷梁传》的地位，到了与会者那里，却变成了"各以经处是非"。

换言之，与会者要确定的是从今文经学断是非，还是以古文经学断是非。谁胜谁败，直接决定其学者的话语权，也就是在政治上的地位。

古今之争，其实是政治意识形态之争，事关儒生地位之争。

儒家是尚古的，政治上历来主张"是古非今"。无论是孔子、孟子还是荀子，都坚持认为，做事不以古人为师法，绝不能长久。

针对儒生们这种政治态度，李斯的反对态度最为坚决：从前天下未统一时，君主所定的制度常常受私家之学的攻击；他们说的名为古事，其实是装饰出来的虚言。现在天下已统一了，而这种风气还没有改变，倘不严令禁止，那么下面一旦形成党派，上面的权威就坠落了。由此引发了饱受儒家攻击的"焚书"事件。

只有确立"师古"的观念，儒生们才有市场，才有地位。

但是在政治的实际掌权者看来，那些只懂三代的儒生哪里知道新制度的好，大有批评儒家"白天不懂夜的黑"的味道。

西汉初年，尽管"暴秦"之名深入人心，但秦时之法照旧施行，直到汉惠帝时才有所废除。文景二帝，更是以黄老为尚。那些崇信"三代"之法的儒生基本上只能靠边站。

秦始皇手下的博士还能作《仙真人诗》，真人根本不是儒家的话语体系中的词汇。汉初名相萧何、曹参奉行黄老之学不提也罢，儒生叔孙通为汉制礼仪，被称为"汉家儒宗"，并无实际参政资格；名为大儒的陆贾，其思想兼合儒道；贾谊的言论，从儒生立场出发，却又糅合了法家思想；至于晁错，法家色彩更为浓厚；董仲舒执教鞭的时间远远长于为官的时间，即使为官，也只是辅佐诸侯，而且总是格外谨慎，提心吊胆。

丞相公孙弘本为公羊学者，因其特殊的身份，倒是把公羊学推向一个高峰。"公孙弘以《春秋》之义绳臣下取汉相。"但是，公孙弘的公羊学并没有再传弟子。

今文之学的公羊学虽然被立为博士，但在汉武时代，儒生仍然没有多大发言权。不甘于被权力冷落的儒生，只好另辟蹊径。好在汉武一改"黄老学"的宗主地位，儒学的地位有了明显提高。这样，古今之争从儒学与外部之争，转移到儒学内部之争。

因此，古文经学，甚至以伪《古文尚书》为首的一系列伪古文经典的面世，无一不是儒家为争取自己的政治地位而上演的戏码，也由此导致后来两千多年来时起时伏的辨伪。

西汉末年的刘歆，为古文经学大造舆论，声言鲁共王（汉景帝之子刘余）要造自己的宫殿，把孔子的旧宅也圈了进去，正在拆卸墙壁，忽然发现了许多古文字的书简。

刘歆还致力将《春秋左氏传》也立为博士。当时就有人反驳刘歆，说左丘明是不传《春秋》的，哪里会有什么《春秋左氏传》？

刘歆的理由是，《春秋左氏传》是古文字的旧书，藏在秘府里。秘府是什么？就是禁中藏书之所。可是为什么司马迁没有看到，独独被刘歆发现了？刘歆的立论是站不住脚的。近代学者，揭开了这一伪装。

钱穆就说，刘歆作伪的痕迹是很显然的，例如，他的信里所说的鲁共王坏孔子壁得古文经事，《史记》里就没有；共王死在武帝初年，巫蛊之难于武帝末年，经过了三十余年，以古文经的价值之大，加以武帝喜欢表章六经，哪有在数十年中寂寂无声之理？而且那位献书的孔安国早已死了，也挨不到巫蛊之难。

钱玄同则说得更有意思："古文经对于今文经的态度是这样：我的篇章比你的多；我的字句比你的准；我的解释比你的古；我有你所没有的书，而你所有的我却一概都有。"这话很幽默，今文经不如古文经，倒似学术在倒退，实际暗指古文经比今文经更"今"。

班固在《汉书·儒林传》中一语道破了今、古文经之争的实质：自从汉武帝立了五经博士，选弟子员，经过了一百多年，传业者愈盛，枝叶丛生，一部经书解说至百余万言，大师的数目多至千余人。为什么会这样？只因这是一条禄利的门路！

石渠阁会议还有一个有意思的结果，就是参与会议的二十三个人中，只有十一个人"多从《谷梁》"，明显赞成的比例不过半。但结果呢？《谷梁》之学大盛。显然，宣帝的意图起了关键作用。

这样一个令人大跌眼镜的结果，哪里有什么统一经义或者崇儒的迹象？反而有越来越乱之趋势，"异端纷纭，互相诡激，遂令经有数家，家有数说"。

就这样，儒生与国家权力进一步紧密结合，皇帝成为经学的最高权威，标志着政权和经学的合一，儒家宗法伦理和纲常名教的统治向社会政治、生活领域扩大。元帝即位后，"颇改宣帝之政"，崇敬儒学，政治上依靠儒生。

白虎观会议：厘定三纲

白虎观会议是建初四年（79年）东汉章帝召集朝野大夫、博士、议郎、郎官和诸生在白虎观召开的一次重要学术会议，可考的参会者有数十人。同样是讲论"五经"异同，皇帝到场裁决，会议持续了一个多月。会议成果就是著名的《白虎通义》。正是这次会议，将"君为臣纲"列为三纲之首。

"三纲"被二十世纪的国人骂得体无完肤，它固然有该骂之处，但是此次朝野会议上讨论形成的"三纲"的本义却并非现代人所理解的那样。

白虎观会议阐述的纲纪被载入《白虎通义》，其中"三纲六纪"中明确指出："何谓纲纪？纲者，张也；纪者，理也。大者为纲，小者为纪，所以张理上下，整齐人道也。人皆怀五常之性，有亲爱之心，是以纲纪为化，若罗纲（网）之有纪纲而万目张也。《诗》云：'亹亹我王，纲纪四方。'"

纲纪，简单的理解，就是整齐人道的基本规则。纲纪是基于人之常性与亲爱之心而形成的规范。

早在《吕氏春秋·离俗览·用民》中就出现了这一观念："用民有纪有纲，引其纪，万目皆起；引其纲，万目皆张。"治理民众也一样，要有纲有纪，纲举则目张。

那么，"三纲"是怎么来的？汉代典籍中有关涉的，不外乎无名氏之《礼纬·含文嘉》、董仲舒之《春秋繁露》，但这些记载并没有定型，真正使之定型的是这次白虎观会议。

《白虎通义·三纲六纪》："三纲者，何谓也？君臣、父子、夫妇也。"此前出现的《礼记·乐记》中有"二纲"："然后圣人作，为父子君臣，以为纪纲。"唐代大儒孔颖达疏引《礼纬·含文嘉》云："君为臣纲，父为子纲，夫为妻纲。"这是关于封建礼法的明确表达。

《白虎通义》指出"三纲"为"君臣，父子，夫妇，六人也"。为什么称三纲？原因在于"一阴一阳谓之道。阳得阴而成，阴得阳而序，刚柔相配，故六人为三纲"。换言之，三纲六人是基于阴阳刚柔相配，与后世所谓的主从关系不是一回事。

要理解"三纲"的真正含义，必须了解两汉的天人观念。

支配白虎观会议的是董仲舒的天人感应学说。董仲舒的天人感应学说是建立在《易经》《春秋公羊传》已有的天人观念之上的，是在"对策"汉武帝时提出的：

> 国家将有失道之败，而天乃先出灾害以谴告之。不知自省，又出怪异以警惧之。尚不知变，而伤败乃至。(《汉书·董仲舒传》)

董仲舒用五行学说来解释了灾异产生的原因。灾异为什么产生？是因为国家失道而不知自省。灾异是对政治得失的一种警示，意图以此来警示帝王要施善政。天子违背天意，不行仁政，天就会施以惩罚，因此天子要法天。其意是想限制君权。

因而，《白虎通义》指出："三纲法天地人，六纪法六合。君臣法天，取象日月屈信归功天也。父子法地，取象五行转相生也。夫妇法人，取象六合阴阳有施化端也。六纪者为三纲之纪者也。师长君臣之纪也，以其皆成己也；诸父兄弟父子之纪也，以其有亲恩连也；诸舅朋友夫妇之纪也，以其皆有同志为纪助也。"

这是对老子所谓"人法地、地法天、天法道、道法自然"的一种延展。

《白虎通义》具体阐述了三纲：

> 君臣者，何谓也？君，群也，下之所归心；臣者，缠坚

也，属志自坚固。《春秋传》曰："君处此，臣请归也。"

君为臣纲，意思是君统领天下，使天下归心，臣则志坚。宋代大儒朱熹在解释这一点时说，"人主之心正，则天下之事无一不出于正；人主之心不正，则天下之事无一得由于正"，也是在说要以君为臣纲。后世认为"三纲"成为精神枷锁，将其罪名归咎于朱熹，显然大谬。在朱熹看来，君为臣纲恰恰是对君主的要求与约束。这与孔子所说"民虽有罪，罪不在民"是一个道理，也与荀子所说"从道不从君"是一致的。

同样，在谈到父子、夫妇二纲时，《白虎通义》指出：

父子者，何谓也？父者，矩也，以法度教子；子者，孳孳无已也。故《孝经》曰："父有争子，则身不陷于不义。"
夫妇者，何谓也？夫者，扶也，以道扶接也；妇者，服也，以礼屈服。

父是矩，矩者，法度也。为父者所作所为是为子者的法度。同时，《白虎通义》引《孝经》的话进一步说明，为子者不是盲目顺从父亲，而是要敢为争子，避免使为父者陷于不义。

夫，《白虎通义》释为"扶"，这一解释很形象很生动，将为夫之道简洁地揭示了出来，做丈夫的以道扶接，为妇者则以礼屈服。夫为妻纲，本义是夫为妇的榜样。

可以说，"三纲"简要抓住了吻合自然的社会伦理法则，是对社会秩序的基本规范。纲是纲纪，纲是法度，纲是榜样，纲是责任，纲是教育。文天祥《正气歌》中说得好："三纲实系命，道义为之根。"后来人们理解的"三从"——在家从父，既嫁从夫，夫死从子，是对"三纲"的歪曲。"三从"出自《仪礼·丧服》，特指出嫁妇女为夫、为父服丧年限，为夫三年，为父一年。后来"三从"扩大为妇女一切都要服从父、夫和子，才是一种禁锢。

纲，《说文》释为"网之大绳"（捕鱼时抓住渔网的大绳，就可以收网），引申为事物的关键部分。社会秩序的关键就在于君、父、夫，对应阴阳就是臣、子、妇。三纲正，则四方定。

因此，此时的"三纲"并没有确立君权、父权、夫权的统治地位。后儒把等级制度、政治秩序神圣化为宇宙的根本法则，才使其成为束缚人民的精神枷锁。

《公羊传》的真相

《公羊传》（《春秋公羊传》）的作者，西汉时人指认是战国时齐人公羊高，该书以其姓为名。公羊高受业于孔子弟子子夏。《公羊传》经西汉儒生大力宣扬，成为与《春秋左氏传》《春秋谷梁传》并称的"春秋三传"之一，其影响甚至超过《左传》，成为西汉今文经学的主要经典。

但是，《公羊传》的出现很可疑，在秦以前不见于文字和史册，据经学家解释，此书此前是口耳相传，直到西汉景帝时，才著于竹帛。因此，可以断定《公羊传》写定于汉初，系用汉代通行的隶书写成的。

相比之下，《左传》重史，而《公羊传》则侧重于理论，宣扬改制和"大一统"，并且形成所谓"三世说"的理论。现在读来，《公羊传》不像一部记史的经典，倒像一部刻意而为的系统的理论著作。

更可疑的是，西汉初，《公羊传》的出现又首先来自齐鲁。汉景帝时，胡毋生和董仲舒被招为博士，这二个人都是学公羊的。司马迁在《儒林列传》中说："言《春秋》于齐、鲁自胡毋生，于赵自董仲舒，……公孙弘治《春秋》不如董仲舒……故汉兴至于五世之间，唯董仲舒名为明于《春秋》，其传公羊氏也。"

其实，《公羊传》显然是秦汉时人伪造的一部书籍，历史上有多人对此书的作伪之处提出过质疑。

杨伯峻在《经书浅谈》中也指出："《公羊传》中'大一统'这个观念，要在秦汉以后才能有，这就足以证明《公羊传》不出于子夏。"

首先，如果按西汉儒生的说法，《公羊传》的成书从公羊高到汉景帝初，经过了350年左右。这350年间公羊氏仅传五代，每代相距约70年，这怎么可能？

其次，《公羊传》既然是公羊高自己写的，自己的观点就不应该再用引用，直叙便是，这个漏洞太明显了。

最后，正如学者们指出的，"左氏善于礼，公羊善于谶"，谶纬之学正是秦汉最流行的文化。

因此，《公羊传》应当就是齐地学者对《春秋》改造的结果，其背景和目的针对性太明显，也太具有指向性了。

秦统一六国后，秦始皇多次巡游东方，受到了阴阳家和方士的吹捧和歌颂。秦始皇显然接受了他们的说法和理论，这让战国以来一向狂傲的儒生眼红，认为想要靠近中央政权，就必须创造出一套神秘的东西来满足帝王的需要。于是，齐鲁的儒生就开始致力于这样一份事业，《公羊传》就成了他们取悦秦皇汉武、彰显儒学、走上权力高峰的工具。

事实上，他们实现了自己的愿望。《公羊传》的出现恰好迎合了西汉初期"大一统"的需要，因而公羊学大盛于汉，学公羊的儒生受到了权力的青睐，位居显贵。

虽然汉武帝时"独尊儒术"只是虚晃一枪，但为后来汉成帝及王莽推崇儒学奠定了基础。事实上，西汉的公羊学早就背离了孔子儒学的核心，推动了两汉祥瑞灾异之说，影响了汉代甚至此后的政治走向，远离了孔子的初心，是对儒家的最大背叛。

开国腐败的背后：西汉的"大老虎"

按理说，西汉的建立来之不易，先是"天下苦秦久矣"，起义者费了九牛二虎之力才得以灭掉"暴秦"，继而又经过楚汉相争，才有新的基业。开国功臣们应当吸取教训，对官员腐败严防死守，这才是正道。可是，西汉开国，高官显贵们不但没有自觉防范腐败，反而带头腐败。

有人说，西汉清廉东汉腐败，此乃笑话。其实，西汉的腐败程度远超东汉。那么，西汉腐败起于何时呢？

西汉腐败起于丞相萧何

汉高祖七年（前200年），西汉初立，大汉王朝既要面对匈奴扰边，又要面对各大诸侯王"叛乱"，大兵之后必有凶年，国家和人民双穷。但是，就在这种情况下，时任丞相的萧何居然瞒着汉高祖刘邦，动用民力修建了极尽奢华的皇宫——未央宫。

萧何此举引发刘邦大怒，史载："萧何治未央宫，立东阙、北阙、前殿、武库、大仓。上见其壮丽，甚怒，谓何曰：'天下匈匈，劳苦数岁，成败未可知，是何治宫室过度也！'萧何曰：'天下方未定，故可因以就宫室。且夫天子以四海为家，非令壮丽亡以重威，且亡令后世有以加也。'"刘邦听后大为高兴，于是徙都长安。

萧何认为，在国家动乱之际，建立宫室可以安定人心，配得上皇帝拥有四海的身份，有仪式感，是身份和地位的象征。

刘邦接受了萧何的逻辑，这个马屁拍得刘邦身心舒畅，国家将要走上常规治理，他也想开创后世不能超越的局面。膨胀了的自尊心和自信心让曾经的黄金搭档都跌落迷宫之中。靠楼堂馆所的壮丽奢华来增强自己的权威，这摆明了是亡秦的节奏，秦修阿房宫就是前车之鉴；至于后世无法超过，更是想当然。

萧何想要树立刘邦的权威，也想让征战多年的将士们尝到胜利的甘甜，殊不知却走上了一条不归路。成由勤俭败由奢。

一旦贪图享乐就为国家种下了祸根。

萧何此举，不仅为当时那些追随刘邦打天下的文人武士的奢华腐败打开了方便之门，也为后世多少想借大修楼堂馆所的奢华享受之人找到了冠冕堂皇的理由。

事实确是如此，萧何担任丞相期间的腐败例子很多，"相国强贱买民田宅数千人"，后世史家为了美化他，居然说萧何追求奢靡腐败是为了避祸。殊不知，避祸方法千条万条，可以如范蠡那样选择挂冠而去，从商打拼做富翁，也可以选择远离政治中心去办学校，为何一定要走腐败这一条道路呢？

到西汉中后期，腐败更是一发不可收拾。不光汉武帝为了求仙大修楼堂馆所，就连那些女主宗族外戚也一个比一个骄奢，最终导致王氏代汉。所以，说西汉腐败起始于萧何，一点也不为过。

叔孙通的腐败理由

叔孙通，原本是秦王朝的博士，在秦行将灭亡之际，赶巧带领追随他的百余儒生集体投奔了刘邦。投奔的动机很明确，就是为了荣华富贵。

建国初期，叔孙通背离儒学的立场，为刘邦设计了"三叩九拜"的朝仪制度，让曾经目睹秦始皇出行的威仪时发出"大丈夫当如斯"之感叹的刘邦感受到了当年始皇帝的尊贵，从而获得了高官厚禄。当年随从叔孙通的所有儒生都在他的推荐下获得了高官。一个以叔孙通为首的利益小集团在开国之初既已形成，叔孙通因此被儒生们称为西汉的第一个"儒宗"，其实是腐败之宗。

叔孙通无视国家和百姓利益，靠钻营投机牟取利益的所作所为，连他的两个追随者都看不惯了。他们指责叔孙通说："公所事者且十主，皆面谀以得亲贵。今天下初定，死者未葬，伤者未起，又欲起礼乐。礼乐所由起，积德百年而后可兴也。吾不忍为公所为。公所为不合古，吾不行。"这等于撕破了这位儒宗披在其丑恶灵魂之上的华丽外衣，并且这两名追随者还公开宣布与儒宗叔孙通脱离关系。叔孙通气急败坏地指责他们说："若真鄙儒也，不知时变。"（《史记·刘敬叔孙通列传》）

儒学所说的与时俱进，到了叔孙通的嘴里，竟然成了他腐败的理由！

西汉开国功臣之一的张苍，是王朝的阴阳律和法律的制定者，曾位居丞相，但是他的腐败奢靡更让人叹为观止。史书记载，这样一个立法者，不仅专门供养乳母为自己提供人奶，而且妻妾竟达百余人之多，甚至连自己有多少孩子都不知道。

陈平，西汉王朝的另一开国功臣，也曾任丞相。他结党营私，腐败昭然。一次他给太尉周勃送礼，出手吓人。史书记载说，陈平"乃以五百金为绛侯寿，厚具乐饮太尉，太尉亦报如之。两人深相结，吕氏谋益坏。陈平乃以奴婢百人，车马五十乘，钱五百万，遗贾为食饮费"（《汉书·陆贾传》）。

曾经劝谏刘邦"马上得天下，马上治不了天下，治理天下得依靠儒术"的陆贾，也是开国功臣，他不仅参与陈平结党营私，而且陈平赠送周勃厚礼也是他的主意，陆贾本人还亲自跑腿。

这个史书上有名的谦谦君子，号称大儒的陆贾，个人生活同样极其奢靡。史书记载说，陆贾"以好畤田地善，往家焉。有五男，乃出所使越橐中装，卖千金，分其子，子二百金，令为生产。贾常乘安车驷马，从歌鼓瑟侍者十人，宝剑直百金"（《汉书·陆贾传》）。陆贾光是出使南越时，就收礼上千金，秦时首富商人吕不韦当年就凭这个数额拿下了秦国。

是人总有爱好，爱剑爱美女，倒也不好非议，但是陆贾换宝剑和女人到了"十日而更"的程度，就不可思议了。

这些高官显贵，有的是法律规范的制定者；有的是声名显赫的博士，比如叔孙通是汉惠帝的老师，是王朝的最高朝仪制度的制定者。他们都是西汉开国初期口碑甚好的高官，尚且如此腐败奢靡，由此不难想象，其他武将和中下层官吏又能够清廉到哪里去呢？

高官腐败的风景

事实上，西汉开国之初，正是由于这种上梁不正，王朝的中下层官吏也已经开始滥用权力而腐败了。史书记载，刘邦在洛阳时，曾下令解放天下奴隶，废除酷刑，让士兵转业回家各事产业。这也是为了褒奖同他打天下的将士，让大家有个好的归宿，所以就给解甲归田的兵士发放安家费。然而，这种天子赏赐的安家费，各级官吏都敢贪污，惹得刘邦雷霆震怒，他指责小吏们背公立私，守尉长吏教训不善，从上到下贪污成风。

文帝初，贾谊公开指责汉朝承袭了秦朝的败俗，废弃礼义，提出应该移风易俗，使天下回心而向道。他建议制定新的典章制度，兴礼乐，改正朔，易服色。在著名的《论积贮疏》中，贾谊指出当时社会上出现了"背本趋末""淫侈之风，日日以长"的现象。对这个有才有识之人，绛侯周勃、颖阴侯灌婴、东阳侯张相如、御史大夫冯敬等齐心攻击排挤。相反，一个毫无本事，只不过应了汉文帝梦境的小人邓通，竟能大得文帝欢心，位居上大夫。

汉朝开国不久，即发生很多叛乱，与这种腐败风气关系紧密。贾谊在文帝初即看出了不管是异姓王还是同姓诸侯王皆有谋反之心。

景帝即位后，就已经洞察到腐败现象到了可怕程度，因而他在诏令中一再抨击朋党现象："吏或不奉法令，以货赂为市，朋党比周，以苛为察，以刻为明，令亡罪者失职，朕甚怜之。有罪者不伏罪，奸法为暴，甚亡谓也。"（《汉书·景帝纪》）

但是景帝没有能消除腐败。在他的儿子刘彻登基后，腐败更为严重了。为了转移国内矛盾，汉武帝对外加强了军事扩张，对内实行了军政专制，如盐铁酒专卖制度。这种官商合一的做法，却给腐败者提供了肆无忌惮盘剥百姓的机会！"重以贪暴之吏，刑戮妄加，民愁亡聊，亡逃山林，转为盗贼，赭衣半道，断狱岁以千万数。"

《汉书·食货志》记载了董仲舒对盐铁专卖、官吏腐败及其高税赋的军政统治的忧思与谏言。汉武帝本人也意识到了董仲舒所担忧的局面。"仲舒死后，功费愈甚，天下虚耗，人复相食。武帝末年，悔征伐之事，乃封丞相为富民侯。"

然而，扬汤止沸并不能解决问题。《汉书》记载了武帝时的一只"大老虎"王温舒，官居廷尉和中尉，相当于国家最高公检法长官和国家卫戍司令，他不仅经常滥杀无辜，还非常贪婪，"温舒死，家累千金"，"是时，郡守尉、诸侯相、二千石欲为治者，大抵尽效王温舒等，而吏民益轻犯法，盗贼滋起"。终汉武帝一朝，腐败高官不可胜数。

宿命还是历史规律

总之，西汉开国即走上腐败之路，几乎成了历代都无法逃避的宿命。原因何在呢？

第一，家天下的体制设计，是开国即腐败的根源。历史上各个王朝的更替，没有任何的信仰，一如刘邦、项羽在见了秦始皇所表达的意愿那样"彼可取而代之"。即便是一些开国皇帝深知腐败对于统治的危害，如唐高祖李渊、明太祖朱元璋，他们对腐败采取了各种控制措施，其目标也只是保住自己的王权，至于民众的生死祸福，那只不过是他们维系王权的一个理由。

第二，开国即腐败产生的另一根源是旧王朝的贵族势力并没有得到清除，他们往往以另一种面貌出现在新王朝的官僚体制中。他们同样没有信仰，有的只是对荣华富贵的追求。

第三，任何开国王朝的国家机器的运行都不是靠制度来维系的，或者说，尽管有一定的制度，但依然极大地受制于权力；相反，权力却得不到制约，即使是至高无上的帝王，很多时候也不得不屈从于权力集团，正是这种势力增加了改革的艰难。

正如毛泽东所说，开国便是一场赶考。和别的考试不一样，这场考试不是知识和能力的较量，而是信仰和信念的较量，是新旧制度的较量，是新旧文化的较量。其主考官是永远中立的历史，或者书写历史的人民。与其说，开国即腐败是一个历史规律，倒不如说，是私有制下的腐败文化的产物。

复仇：秦汉之际的社会梦魇

司马迁在《史记》中专列《刺客列传》，但其中却没有西汉刺客的一席之地。是西汉没有刺客吗？非也。自先秦至明清，华丽的历史背后隐藏着一部血腥的历史，这就是复仇私斗史，而且绵延数千年，至今在国人心里尚潜伏着一股复仇的痛快感。荆轲刺秦王、赵氏孤儿复仇记、武松血刃潘金莲等，人们无一不为历史和小说中的主人公最终复仇成功而大呼痛快。撇开专诸刺王僚、聂政刺侠累、豫让刺赵襄、要离刺庆忌等著名刺客故事不算，先秦两汉社会上还上演着各种各样的复仇剧。

儒家鼓励复仇

复仇私斗的原因千奇百怪。

有的为血亲被杀而复仇。比如，《竹书纪年》记载了殷商先人王亥在有易氏部落淫乱被杀，其子上甲微借兵报仇的故事。《左传·襄公二十六年》记伍子胥复仇，《史记》对此更是表达了高度的称赞："向令伍子胥从奢俱死，何异蝼蚁？弃小义，雪大耻，名垂于后世。悲夫！方子胥窘于江上，道乞食，志岂尝须臾忘郢邪？故隐忍就功名，非烈丈夫孰能致此哉？"

有的是因为怨恨而复仇。著名的"楚材晋用"，就是因为析公、雍子、子灵、苗贲皇等四个楚国大夫因为各式各样的怨恨离开楚国后，为晋国所用，对楚国产生了巨大的危害。

有的因自尊受到侵犯而报仇。比如，范雎就以"一饭之德必偿，睚眦之怨必报"而闻名。晋文公重耳为公子时流浪国外，路过曹国，因被曹共公偷窥其洗澡而感觉受辱，即位三年后发兵灭曹。宋国南宫万曾被鲁国所俘，宋闵公戏之曰："始吾敬子；今子，鲁囚也，吾弗敬子矣。"南宫万为此记恨宋闵公，便于次年谋乱，"弑闵公于蒙泽"。陈灵公与孔宁、仪行父君臣三人都与夏姬淫乱，有一次在夏姬家中饮酒之后，互相调戏夏姬之子夏徵舒长得像对方。夏徵舒闻听大怒，杀死灵公。晋国大夫郤克有足疾，奉君命出使齐国时，遭到了妇人的侮辱，回国即劝晋景公伐齐，不获允许，但郤克长期憋着气，终于等到成为执政大夫兼中军元帅之后起兵伐齐。孟尝君也曾因被耻笑而复仇。孟尝君过赵，赵人闻其名都来观看，原以为他是一个魁梧大人，不料竟是个矮个子"小丈夫"，便都笑他。孟尝君感到受辱，斫击杀数百人，遂灭一县而去。吴起年轻时，家产千金，游历求官不成，反而败掉了家业，乡亲们嘲笑他，他便杀掉了三十多个讥笑他的人。

有的是为君主或国家报仇，比如齐襄公复九世之仇而灭纪。

复仇之风直接导致三大后果：

第一，社会上私斗成风。

血亲复仇的起源早于文明社会，进入宗法社会后，亲亲原则更加强化了复仇的责任。先秦作为一个典型的宗法社会，其复仇习俗为儒家所承继。《礼记》《大戴礼记》《公羊传》《周礼》等文献甚至对此做出了具体的要求，形成了教条，由此扩展到君主师友等政治与社会关系中。

复仇与私斗纽结，个人之间的争斗愤怒常转为宗族集团或家庭血缘间反复不解的仇杀。杀死一人后，为了预防其亲族后人为其报仇，就不得不将其亲属全部杀戮——"灭门"。有的还借助外力，因而游侠、刺客应运而生。至战国时，复仇报怨、私斗之风仍很盛行，私家专制人命，排斥公法，甚而报杀官吏亲属，成为严重的社会公害。程大力先生认为，中国武术发达，绝大部分内容产生于私斗、用于私斗。[①]

第二，私斗对国家政权产生了深远的影响。

秦二世而亡，即亡于复仇。张良之所以追随刘邦，就是为韩复仇。"弟死不葬，悉以家财求客刺秦王""以大父、父五世相韩故"。后来张良寻得一力士，使铁锤重百二十斤。秦始皇东游，张良与刺客狙击秦始皇于博浪沙中，误中副车。秦始皇大怒，大索天下，为张良故也。张耳、陈余也如此结交，少年

---

① 程大力：《中国武术：历史与文化》，四川大学出版社，1995年。

"报父兄之怨"。《史记》载，楚之南公曰："楚虽三户，亡秦必楚。"楚南公同样抱有复仇心理。到了秦末，全国各地"家自为怒，人自为斗，各报其怨而攻其雠，县杀其令丞，郡杀其守尉"。秦王朝的各级官员，要么被众多的复仇者杀害以响应起义，要么改弦易辙倒向起义军，秦王朝的覆灭因而如此之迅速。

正是基于这样的社会风气，春秋时期老子提出了"报怨以德"的思想，试图说服人们解开冤冤相报的死结。然而，这一思想却遭到了以孔子为代表的儒家的反对。《论语·宪问》中，孔子首先质疑"以德报怨"，否则"何以报德"？他干脆提出"以直报怨，以德报德"，就是以对等的办法回报人家的怨。在孔子看来，以德报怨是不公平、不等值的。

因此，《礼记·檀弓上》载，子夏问孔子："居父母之仇，如之何？"孔子回答："寝苫枕干，不仕弗与共天下也。遇于朝市，不返兵而斗。"父母之仇，不共戴天，遇上则斗。《礼记·曲礼上》《大戴礼记·曾子制言上》都表达了同样的观点："父母之仇不与同生，兄弟之仇不与聚国，朋友之仇不与聚乡，族人之仇不与聚邻。"由此产生了"有仇不报非君子""君子报仇，十年不晚"等根深蒂固的复仇观念。

第三，鼓励复仇直接影响司法。

如果说《礼记》《论语》赞成复仇还只是影响民间，那么孔子在《春秋》中赞赏复仇则直接影响到司法。因为《春秋》不仅是儒家的经典，还是后世决狱的依据。孔子在《春秋》中认为"不复仇而怨不释"，他赞赏齐襄公灭纪，批评鲁庄公没有复仇（齐襄公阴谋害死鲁桓公）却与齐襄公释怨。

后来儒家公羊学派进一步的提倡，对司法判决的影响极为深远。汉代以《春秋》断狱，为复仇披上了一层合法的外衣。在司法实践中，法律的尊严在儒家伦理面前黯然失色。"贼斗杀人，以劾而亡，许依古义，听子弟得追杀之"（《刑法志》）；"《春秋》之义，子不报父仇，非子也"（《春秋繁露》）。复仇情绪得以高扬，"睚眦之怨莫不报复"，是当时的价值取向和共同心态。上自王公贵胄，下至贩夫走卒，无不生活在"怨仇相残"之中，造成相当严重的社会后果。淮南厉王刘长手刃仇人审食其，梁孝王刘武遣郎吏暗杀袁盎，寿光侯刘鲤"怨刘盆子害其父，因（沛王刘）辅结客，报杀盆子兄故式侯恭"等故事不断上演。刺客或在大庭广众之下，或在县廷之中公开杀人复仇。

对复仇的限制

为了改变这一局面，历史上也采取过不少办法对复仇私斗加以限制。

秦自商鞅变法始即采取了"两手抓"，一是将民气导向公战，一是严惩私斗（包括家庭、宗族间的复仇）。秦法规定"有军功者，各以率受上爵；为私斗者，各以轻重被刑"，通过"重刑而连其罪"的措施，使"褊急之民不斗"。秦简《法律答问》中关于惩治私斗的条例有十二款之多。虽未根绝复仇私斗，但世风为之一变。史评秦人"勇于公战，怯于私斗，乡邑大治"。荀子入秦"观其风俗"，见"其百姓朴"，"百吏肃然"。

孟子也看到了"杀人之父，人亦杀其父；杀人之兄，人亦杀其兄"的现实，指出复仇者虽然不是自己杀了父兄，但也只差那么一点点了。《韩非子·六反》直斥复仇者为"活贼匿奸""暴憿之民"。《韩非子·五蠹》篇指出"人主尊贞廉之行而忘犯禁之罪，故民程于勇而吏不能胜也"，强调不可助长个人复仇行为。相传为周公旦所作，实际上成书于汉代的《周礼·地官司徒第二》中有为复仇而设的专职官吏"调人"，"掌司万民之难而谐和之"。"调人"近乎今天的司法调解员。对于杀父杀兄之仇，尽量劝说当事人远离当地"避仇"，如果不避仇，调人就可以抓捕他治罪。如果是官吏依法诛杀有罪的人而被复仇的，复仇者则成为天下公敌而被加以捕杀。如果杀人符合义理，就使当事双方不要同住一国，劝令不要报仇，如果报仇就要判死罪。如果吵嘴打架，就加以评断和解，不和解，就记录下来，先行报复的要加以惩罚。《左传·襄公二十二年》中，郑国的游眅公然掠夺他人之妻，被其夫所杀，执政子展下令召还杀人者，并且禁止游氏复仇。这就是霍姆斯所说"法律起源于复仇"。

私人不再有擅自杀人的权利，杀人复仇须受公法制裁。但是，社会风气仍然将其看作贞廉之行。《韩非子·五蠹》指出："今兄弟被侵，必攻者廉也；知友被辱，随仇者贞也。廉贞之行成，君上之法犯矣。"张金光先生在《商鞅变法后秦的家庭制度》中指出，秦简《日书》中载，民间尚有定"利报雠"的吉日，并主要存在于东方。有些审案官不惜"牺牲"官位甚至性命以保全复仇者。薛况在皇宫门口刺杀官吏，本是重罪，却因为是为父报仇，符合《春秋》之义而被从轻发落。

西汉的变通法

既然公法不允许私人复仇，到两汉时期，就产生了一种变通做法："受赇报仇"，即买凶杀人。两汉上承战国之余烈，人民"轻死重气，怨惠必仇，令行私庭，权移匹庶"，整个社会依然弥漫着浓厚的复仇气息。

这个时期，社会上出现了许多"轻薄少年恶子""淫恶少年"（班固语），他们"轻死重气，结党连群；实蕃有徒，其从如云""攻剽椎埋，劫人作奸，掘冢铸币，任侠并兼，借交报仇"（《史记·货殖列传》）。例如：郭解常"以躯借交报仇""少年慕其行者，亦辄为报仇"；原涉家养"刺客如云，杀人皆不知主名"；颖川"大姓原、褚宗族横恣，宾客犯为盗贼"；戴子高"家富，好给施，尚侠气，食客常三四百人"。《汉书·游侠传》将他们称为"报仇怨养刺客"之"豪侠"，实际上可谓武断乡曲（《史记·平淮书》）的地方黑恶势力。

东汉复仇之风更浓。桓谭说："今人相杀伤，虽已伏法，而私结怨，子孙相报，后忿深前，至于灭户殄业，而俗称豪健，故虽有怯弱，犹勉而行之。"酷吏阳球组织轻侠少年数十人，暴杀辱母郡吏，"灭其家"。窦宪所养"悍士刺客满城中"。祭遵"尝为部吏所侵，结客杀之"。东汉南阳太守杜诗不惜丢官弃爵，"遣客为弟报仇"。酒泉杨阿若"少游侠，常以报仇解怨为事，故时人为之号曰：东市相斫杨阿若，西市相斫杨阿若"。

《潜夫论·述赦》中说："洛阳至有人主谐和杀人者，谓之会任之家，受人十万，谢客数千。"他们又用财赂略官府，"吏与通奸，利入深重""荣乐过于封君，势力侔于守令"，形成盘根错节之势。因而王夫之在《读通鉴论》直指："猾民伏其巧辩，讼魁曲为证佐，赇吏援以游移，而法大乱。"

西汉鲍宣，东汉桓谭、张敏都曾建议朝廷禁止"私相伤杀"，"其相伤者，加常二等"且不得赎罪。帝王也害怕这些势力发展，汉武帝将郭解灭族；尹赏捕杀长安"恶少年"；王温舒捕灭"河内豪奸之家""苛察淫恶少年"；涿郡太守严延年诛杀大姓西高氏、东高氏。汉成帝河平年间，京兆尹王尊捕杀长安"宿豪大猾"万章、张回、赵君都、贾子光诸人。

然而，这种做法打击的只是"豪侠"势力，却没有改变其根本。汉世以"孝悌"治国，以血缘为纽带捆缚家国宗族为一体，因而民间对复仇者仍然给予普遍同情和赞誉。人们唯恐被世人讥笑为"忍辱之子""无耻之孙"。东汉时，血亲复仇甚至成了品评人物的重要标准之一。朝廷也陷入了一种尴尬两难境地，因为如果"不许复仇"，又担心"伤孝子之心，乖先王之训"；如果允许复仇，又担忧"人将倚法专杀，无以禁止其端"。因此，东汉章帝颁布了《轻侮法》，为私斗复仇提供了合法的依据，官方对复仇者往往加以宽宥。和帝虽然听从张敏之议，废除此法，但"形同具文"。两汉的司法实践始终受制于这种礼与法的冲突，在纵与禁中挣扎，买凶杀人之风从未息止。

三国时，孙策死于刺客之手，曹操报杀父之仇攻伐徐州，刘备为报关羽之仇发兵攻吴等故事,仍然可见复仇之风甚烈。

有唐一代依然纠结于此,陈子昂主张礼法兼顾,对复仇者依律处刑,但其复仇行为应予表彰,"宜正国之典,宽之以刑,然后旌闾墓也"。柳宗元则指出二者只能择其一,否则就会出现"趋义者不知所向,违害者不知所止"的麻烦。韩愈主张酌宜处之:"然则杀之与赦,不可一例,宜定制曰:凡有复父仇者,事发具其事由,下尚书省集议奏闻,酌其宜而处之,则经律无失其旨矣。"此后理学盛行的宋明清等朝代都未能逃避这种两难境地。特别是元末明初和明末清初,民族复仇情绪一度高涨,也折射出社会上根深蒂固的复仇心理。

总之,在公权观念没有确立之世,复仇私斗始终是社会一大景观,或隐或显。在张扬儒家传统的今天,这股复仇私斗风仍然值得人们警惕。

儒的命运

通常的说法是，中国文化是以儒家文化为主干的。儒家、儒学确实在中国历史上居于核心地位，但并非一开始就是如此。与唐宋之后儒家的辉煌不一样，西汉及此前的儒家饱经磨砺，其命运可谓一波三折，特别是西汉的儒生为此付出了艰巨的努力。儒的命运与西汉政权发生了特殊的纠葛，并由此影响到西汉的国家治理。要研究西汉政治，不可能不研究儒在西汉的命运。

西汉立国之初，信奉的是黄老思想。儒生们为了获得政治地位，历经百余年的惨淡经营，前赴后继，使出了全身解数，最终使得儒学成为西汉国家治理的指导思想。然而，没有想到，这一结果并没有带来西汉大治，反而成全了王莽这个西汉的外戚。其中的因缘际会，颇为复杂，让我们从头说起吧。

《论语》的成书和儒家的创立

　　《论语》是儒家的一部重要经典，人们一提到儒家必想起《论语》。然据钱穆先生考证，"隋唐以前人尊孔子，《春秋》尤重于《论语》。两汉《春秋》列博士，而《春秋》又几乎是五经之冠冕。《论语》则与《尔雅》《孝经》并列，不专设博士。以近代语说之，《论语》在当时，仅是一种中小学教科书，而《春秋》则是大学特定的讲座"；"下及二程和朱子，才始提高《论语》地位超过了《春秋》，于是讲孔学的，更要研究《论语》了。但这一观点，到清代乾嘉以后又变了，似乎他们看《春秋》又复重过了《论语》"；"只有最近十年，一般人意见，似乎较接近两宋之程朱，因此研究孔子，都重《论语》，而忽略了《春秋》"。由此可知，在程朱之前，《论语》是为人们所忽视的一个文本。

　　那么，人们为什么会忽视《论语》呢？原因即在于《论语》本身。考诸文本，其疑点有四。最可疑的是《论语》一书的成书时间；其次是《论语》的书名是何意思；再次是《论语》编纂的用意与动机，这一点尚无人论及；最后是《论语》一书的作者和编者是什么人，由于汉人对此说法颇为含糊，因而其成为本书研究的一个重点。

《论语》书名的真实含义

《论语》一书书名最早见于文献是在班固的《汉书·艺文志》中：

> 孔子应答弟子、时人及弟子相与言而接闻于夫子之语也。当时弟子各有所记，夫子既卒，门人相与辑而论纂，故谓之《论语》。

若按先秦诸子典籍的编定习惯，为何不叫《孔子》呢？班固此说虽为后世学者所认可，但这明显是就字解字，就文论文，望文生义，这一说貌似道出了《论语》编纂的动机与目的，以及《论语》的性质，但细究起来，其实班固什么也没有说。

更细究一步，班固之前的史籍文献中有无《论语》书名的记载呢？司马迁的《史记》中没有反映，司马迁之前的先秦典籍中没有记载，也没有出现过《论语》中的篇名。《史记》为先秦人物作传，大凡有书传于后世者均明示其书名或篇名，如《老子韩非列传》中称"关令尹喜……老子乃著书上下篇，言道德之意五千余言而去""庄子故其著书十余万言，大抵率寓言也，作渔父、盗跖、胠箧……"。司马迁作《史记》时，正逢汉武帝独尊儒术之际，孔子无诸侯之位，却单列《孔子世家》，其传不可谓不详："子思作《中庸》""曾子作《孝经》"。如果在司马迁时有《论语》一书传世，他必然会在传中载明。可见，在司马迁时期，《论语》尚未成书。另外，《史记》全书也无"儒家"一词，所称"儒者"可理解为学习儒学的人。

《汉书》和《后汉书》中记载，西汉皇帝在诏书中曾引用孔子的话，其中，汉宣帝引二次，元帝引三次，成帝引三次，哀帝引二次。次数并不算多。

据《汉书》记载，昭帝时开始有《论语》这一书名。

昭帝《始元五年诏》称："朕修古帝王之事，通《保傅传》《孝经》《论语》《尚书》，未云有明。"（《汉书·昭帝纪》）

昭帝死后，霍光立宣帝时称："孝武皇帝曾孙病已，有诏掖庭养视，至今年十八，师受《诗》《论语》《孝经》。"（《汉书·宣帝纪》）

这两个地方，一个将《尚书》置于《论语》之后，一个赫然将《孝经》入列，而且竟然都没有提到《春秋》，也是奇事。

杨伯峻在《孟子译注》中说："汉文帝把《论语》《孝经》《孟子》《尔雅》各置博士，便叫'传记博士'。"[1] 此说乃本于东汉赵岐之《孟子题辞》。但考《史记》，并未有此说，大约只是赵岐为广传《孟子》而推演罢了，赵岐自己即否定过《孟子·外书四篇》，视为赝品。沈约《宋书·百官志上》也不予采信："汉武建元五年，初置《五经》博士。宣成之际，五经家法稍增，经置博士一人。"明确表示"五经博士"初立于汉武帝。汉文帝时确有立博士，并见之于史，然均无有所谓"传记博士"，且没有任何资料可资证明谁是《论语》博士。汉文帝本

---

① 杨伯峻：《孟子译注》，中华书局，1960。

好刑名，深受其赏识的晁错都是靠上书言皇太子应深知术数而晋升的。

汉代流行的《论语》，至少有三种本子：一个是鲁《论语》，一个是齐《论语》，一个是古《论语》。这条史料同样也出自《汉书·艺文志》，所说的"汉代"是指整个西汉至班固时。至于古《论语》，早已不传，但《艺文志》说："武帝末，鲁恭王坏孔子宅，欲以广其宫，而得古文《尚书》及《礼记》《论语》《孝经》凡数十篇，皆古字也。"可知古《论语》碰巧在"武帝末"，而且是伴随着很可疑的《古文尚书》一起被发现的。《古文尚书》之真伪不说，《礼记》就多被视为汉时成书的典籍。班固自注中也说《礼记》类文献是"七十子后学所记也"。这又是一巧。

假如班固所说是实，作为儒家一部重要的经典，武帝学淮南王广招文学之士，内中应有《论语》的传播者，且武帝时尚无今文古文之分。按徐复观先生的说法，今文比古文要受重视些，齐论与鲁论都是今文，太史公不可能不知道这些，最起码这一书名应该是会有记载的。

另外，武帝末年，鲁恭王已死四十年之久了，如何"坏孔子宅"？后儒百般解释，力图为之合理化。

接下来，应该追问的是，《论语》这一书名的含义。班固称其是"门人相与辑而论纂"，故"谓之《论语》"，显然是想解释"论"字。但通观《论语》，毫无门人"论"之必要与内容。作为孔子言行思想的忠实记录，完全没有必要论，也没有论。后人陆续本于此说，有相同或不同的论述。

刘熙说:"《论语》,记孔子与弟子所语之言也。论,伦也,有伦理也。语,叙也,叙己所欲说也。"(《释名·释典艺》)此说明显牵强附会,杨伯峻先生已对此进行过反驳与否定。

邢昺则认为:

> 论者,纶也,轮也,理也,次也,撰也。以此书可以经纶世务,故曰纶也;圆转无穷,故曰轮也;蕴含万里,故曰理也;篇章有序,故曰次也;群贤集定,故曰撰也。(《十三经注疏·论语注疏》)

此说亦是后世儒学地位上升之后才有的观点。

何异孙更说"论"是"讨论","皆所以讨论文义也"。袁枚《论语解》干脆说"论是议论"。皆为不通之义。《论语》既不存在讨论文义,也不是议论。还有人认为"论"是"择"的意思,认为"论"字在先秦大都有"选择"之义,故而认为《论语》是"经过选择整理的对话录"。其实这还是等于没说,明眼人一看就知道,《论语》是经过了后学整理辑录的,"择"和"辑"没有什么本质区别。

总之,就《论语》书名,说来说去,还是回到了东汉。

又据《韩非子·显学》篇记载:"自孔子之死也,有子张之儒,有子思之儒,有颜氏之儒,有孟氏之儒,有漆雕氏之儒,有仲良氏之儒,有孙氏之儒,有乐正氏之儒。"又说:

> 故孔、墨之后,儒分为八,墨离为三,取舍相反不同,而皆

自谓真孔、墨，孔、墨不可复生，将谁使定判别真假世之学乎？

既然弟子相互攻讦，"相与辑而论纂"又从何说起？但是这却能给我们一点启示。《说文·言部》："直言曰言，论难曰语。"《论语》之得名是否根据儒分为八之后，弟子相互论战所本而得之，即孔子的言论乃论战之依据（语录）？《艺文志》"相与论纂"透露的只能是这个信息。

儒之分化以后的各种迹象，都能佐证这一点。有人说，儒家内部即便有区别有矛盾，但其一致性更多，这是自然，否则就不是一家了。究其实，其矛盾与论战的焦点都是为了争正统。谁是孔子的嫡传，这一关系重大的问题在孔子死后露出了端倪。故而，各人为了论战之需要，各自辑录引证自己认为有利的尊师语录，作为反驳对方的论据，来支持自己的观点。这就是《论语》一书的原始面貌，当时并无篇名，现今所见篇名是后来编纂者所加。有的人辑录得多一点，有的则辑录得相对少些，有的则集中于某一主题，有的则杂乱无章，各弟子手中的这些"论语"，随着论战的展开而广泛传播。到了后来，儒家成为显学之后，有必要统一各学派之间的主张，消解其中的矛盾，以利于巩固儒学的统治地位，便有好事者从各个学派那里搜集起来编成一书。至于齐论与鲁论的区别，大概就是编纂初期两种不同的本子而已。

《史记·仲尼弟子列传》篇末有"太史公曰：学者多称七十

子之徒，誉者或过其实，毁者或损其真，钧之未睹厥容貌，则论言弟子籍，出孔氏古文近是"。这里"誉者过其实，毁者损其真"，道出了儒学内部的矛盾；而对于"出孔氏古文近是"的孔氏古文，钱穆先生认为是指"六艺"，而非孔壁中的古文《论语》。以司马迁之推重孔子，又《史记》中引孔子言论之富，不可能不录《论语》。就这一点，东汉王充一语道破了其中的奥秘，只是没有引起人们足够重视而已：

　　初，孔子孙孔安国以教鲁人扶卿，官至荆州刺史，始曰《论语》。(《论衡·正说篇》)

　　但杨伯峻先生持不同意见，引《礼记·坊记》篇中的一段话来做论据：

　　子云："君子弛其亲之过而敬其美。"《论语》曰："三年无改于父之道，可谓孝矣。"

　　《礼记》不一定是汉人所伪作，目前来看，《汉书》之前，只有《礼记》中出现过《论语》一次。杨伯峻先生断然认定"论语的名字是当时就有的，不是后来别人给它的"①，缺乏论

---

① 杨伯峻：《论语译注》（导言），中华书局，1980。

证和根据。吴骞因《坊记》有"论语"之称，故而认定《坊记》是汉人所记，是有其道理的，也说明汉朝前期人们并不知有《论语》。邢昺亦指明："以其口相传授，故经焚书而独存也。"他认为在汉以前，《论语》只是口耳相传罢了，没有成书。

今天流行的本子则是东汉时张禹以《鲁论语》为主，参考《齐论语》整理出来的，时称"张侯论"。"论"字用作书名或者篇名，西汉以前没有过，而在汉时才开始大量出现，且是和传、说、记、章句等一起作为一种文体出现的，如《论衡》《过秦论》《盐铁论》等。又如《春秋左氏传》等"春秋三传"在汉前就没有"传"字，而称《左氏春秋》《公羊春秋》《梁春秋》。且从现有记载来看，最早传"鲁论"的夏侯胜是宣帝时人，传"齐论"的琅邪王卿是武帝后期时人。"汉世通谓《论语》《孝经》为传，以《论语》《孝经》非先王之书，是孔子所传说，故谓之传，所以异于先王之书也。"（《十三经注疏·论语注疏》）由是之故，郑玄统一今、古文经学之时，只给《论语》作注，唐孔颖达作《五经正义》时，也不录《论语》，直到宋时《论语》才被列入十三经。

《论语》的作者、编者

由上可知，《论语》应是孔子死后，各弟子学派出于论战需要各自辑录，其成书年代至早也在西汉武帝时，否则还轮不到班固来解释。

《论语》的作者肯定不是孔子，这是无疑的。目前关于《论语》的编纂，学者比较普遍的看法是，先秦古书多非作于一时，也非成于一人之手。但具体是哪些人所为，说法众多。

较早提出这一观点的学者是郑玄，他认为是"仲弓、子游、子夏等撰"。依据何在？没有说明。《论语崇爵谶》认为是子夏等六十四人。傅玄的《傅子》则认为是仲弓之徒。这些看法无疑都本郑玄之说。

唐代以后，柳宗元《论语辨》认为《论语》中"屡称曾子，子为弟子对本师之尊称，所以当出于曾子弟子乐正子春和子思之徒"。程子、朱子沿此思路，以为《学而》称有子、曾子，当出于二子之门人。这种思路越来越接近今人。

胡寅《论语详解》、赵顺孙《四书纂疏》，认为《宪问》第一句"宪问耻"不书姓 ①，直接称呼名字，所以可能是原宪所记。刘宝楠《论语正义》亦称："书字者，为弟子所记。书子者，为三子之弟子所记也。"

各家说法，其实都犯了一个共同的错误，那就是陷入一种惯性思维。郑玄的说法只是推测，其根据不得而知。或者都像班固那样只是没话找话，稍做变通的无非在孔子弟子中选了几个代表而已。自柳宗元起，又犯了"尊称病"。或因为只有曾子、有子和孔子一样称"子"，故把著作权归属于他们；或因为

---

① 据徐复观先生论证，春秋前期，一般平民皆无姓无氏，春秋中期始，平民始用其先人之氏为姓氏。仲由、仲弓之"仲"皆不是姓，有若的"有"字，也"恐非其姓，而系连'若'以为名"。七十七弟子中，有许多怪异的名字，大抵是他们进入孔子之门，由社会的低层而初始接触到文化，在自己的名字上加上一个字以为姓。详参《两汉思想史》第一卷。

强调文本中有重复的文字而归之于二三"子"，都明显是一孔之见。后世学者沿袭这一思维定式进行研究，无疑得不出正确解释。

要考察《论语》"作者"都有哪些人，必须打破一种迷思，即"某子"是尊称，而"子某"就不是尊称。

"某子"与"子某"究竟有何区别？

一般都认为，名字后面加"子"字是尊称，而"子"置于名前则不是。根据何在？既然"子"为春秋战国男子之尊称，为何位置不同性质就变了？司马迁《史记·仲尼弟子列传》中都把他们看作是"字"，只有极少数弟子的"字"中不带"子"。这是一个很奇怪的现象，为何孔子弟子的字中大都清一色带"子"字？而同时期墨家弟子、法家弟子的字中大多又不带"子"字呢？

其实，"某子"与"子某"同为尊称，如《孟子》称孔伋为子思，孟子是子思的再传弟子，为何不称其为"思子"？又称孔子为仲尼，不称"子曰"而直接称"孔子曰"。闵子骞在《论语》中也被称为"闵子"，且在《孟子》中，公孙丑亦称其为"闵子"。《墨子》称"墨子"为"子墨子"，《论语·雍也》篇称桑伯子为"子桑伯子"，樊迟在《史记》中字子迟，但《论语》却称"樊迟"。字还可以拆开来称呼吗？由此也可以看出，"子"在前在后当为习惯罢了。正如孔子弟子皆称孔子为"夫子"（"夫子"当为习称尊称），而不称"孔子"。"孔子"当为外人对孔丘的尊称。

无论是汉初的贾谊还是董仲舒，他们尽管引用过孔子的话语，但都没有标示《论语》，而是"孔子曰"，与《论语》中的"子曰"不同。显然，"子曰"是对"孔子曰"的简化和尊重，也进一步说明《论语》的编辑成书要晚得多。

考察《论语》的作者，对于了解"儒分为八"之后有着重要的意义，同时对于掌握和梳理儒学发展史也有重大意义。《论语》的成书是在汉武帝末或以后无疑，但《论语》的思想材料是在战国时期形成的。王博先生强调作者和编者的区别，他说："就《论语》来说，如果说有'作者'的话，那么这个'作者'只能是'编者'，而不是另外的什么人……这种区分，也是我们讨论《论语》编纂问题的基础。"①

我认为王博先生也误会了作者和编者的概念。所谓作者应该是写作《论语》的人，哪怕他只写了一篇或一章，而编者则应该是汉武帝时对这些作者写成的篇章进行整理编辑的人。从《论语》来看，虽然只是一些简单的"子曰"，但这无疑也体现了作者的思路。"子曰"后面的话即便是孔子的原话，但毕竟不是孔子写的，只是他说的。况且这些孔子说的话，还经过了作者的加工和组织，从《论语》中众多篇幅是可以看出来的，其文字组织功劳还是抹杀不了的。

我们从《十三经注疏》入手，看看《论语》的内在体系和脉络就可知道。

1.《学而》。全篇16章。后人把《学而》置于《论语》篇

---

① 王博：《简帛思想文献论集》，台湾古籍出版有限公司，2001。

首，是因为"此篇论君子孝弟仁人忠信道国之法，主友之规，闻政在乎行德，由礼贵于用和，无求安饱，以好学能自切磋而乐道，皆人行之大者，故为诸篇之先"。

2.《为政》。"学而后入政，所论孝敬信勇为政之德也，圣贤君子为政之人也。"故此篇是紧接前篇的。

3.《八佾》。"为政之善，莫善礼乐，礼以安上治民，乐以移风易俗，得之则安，失之则危，故论礼乐得失。"为政以礼乐为重，故在讲为政之后，突出礼乐。

4.《里仁》。"君子体仁，必能行礼乐。"要行礼乐，必须体仁。此篇是上篇的发挥。

5.《公冶长》。"明贤人君子，仁知刚直。择仁者之里而居，故得学为君子。"上篇讲君子体仁，此篇讲鲁无君子，从反面来加以论证。

......

13.《子路》。此篇讲"治国修身之要"。回也入室，由也升堂。

14.《宪问》。此篇述"三王二霸之迹，诸侯大夫之行"。

15.《卫灵公》。此篇讲"志士君子之道，事君相师之仪"。

16.《季氏》。此篇从反面讲"卫君灵公失礼，鲁臣季氏专政"。

17.《阳货》。此篇讲"大夫之恶，家臣之乱"。

18.《微子》。此篇讲"群小在位，仁人失所"。皆有次序先后轻重之别。

19.《子张》。此篇皆为弟子之言，或接闻夫子之语，或辨扬圣贤之德。

20.《尧曰》。总结全书，阐明"天命政化之美皆是圣人之道可以垂训"的道理。

从上述情况来看，《论语》并非随意编成，其内在有着一定的连贯性。我们相信，《论语》最终成书肯定出于一人之手。尽管其材料来源可能非常复杂，作者众多，但无疑在最后整理成书的时候，体现了编者的思路。

结合武帝时期儒道两家之争，武帝后两汉今古文经学之争，以及孔子死后"儒分为八"这些线索，我们可以推断，《论语》的成书动机应该是为儒学独尊或确立儒家地位服务的。两汉今古文之争可以看作是"儒分为八"之后的余绪和继续，是儒家内部矛盾；而儒道之争属于外部矛盾。当外部矛盾未得到解决之前，内部矛盾暂时缓解。秦汉之前，儒的内部矛盾是很突出的，但这一矛盾冲突在汉初突然消失，不能不令人纳闷。这中间，秦始皇焚书坑儒是一个刺激，高祖及文景、窦太后在世时独尊黄老也是一个刺激。儒生目睹这些"溺冠""刺豕"惨剧之后，不能不想方设法应对。故而，从口耳相传的孔子语料中编选一本书，一则可以消弭内部争端，二则可以昭示孔子思想中有利于王化的主张，宣传儒家学说，取得帝王与士人的支持。我们从整部《论语》的主旨可以看出，孔子思想的核心是主张行王道、施仁政。其中编者的用意是需要用心才能领会到的。

一个突出的例子就是，《论语》中文字的重复。我们绝少看到一部书里有像《论语》这样的重复现象。这些重复的句子本来完全可以删去，但是编者偏偏不这样做，而且后世儒家也不删它。这种不正常的现象必定隐含着某种深意。我们来看，这类重复文字有 6 处：

1.《学而第一》：子曰："父在观其志，父没观其行。三年无改于父之道，可谓孝矣！"

《里仁第四》："子曰：三年无改于父之道，可谓孝矣！"

2.《学而第一》："子曰：主忠信，毋友不如己者，过则勿惮改。"

《子罕第九》："子曰：主忠信，毋友不如己者，过则勿惮改。"

3.《学而第一》："子曰：巧言令色，鲜矣仁。"

《阳货第十七》："子曰：巧言令色，鲜矣仁。"

4.《泰伯第八》："子曰：不在其位，不谋其政。"

《宪问第十四》："子曰：不在其位，不谋其政。曾子曰：君子思不出其位。"

5.《雍也第六》："子曰：博学于文，约之以礼，亦可以弗畔矣夫。"

《颜渊第十二》："子曰：博学于文，约之以礼，亦可以弗畔矣夫。"

6.《学而第一》："子曰：君子……敏于事而慎于言。"

《里仁第四》："子曰：君子欲讷于言而敏于行。"

上述重复现象一般都被看作是"《论语》之作，不出一人"的原因，而偏偏忽视了编者为什么要重复？一般来说，重复就是一种强调。我们看这些重复的文字都强调了些什么：第一处，重复的也就是强调的是一个"孝"字，汉代正是以孝为立国之本。第二处，重复的是忠信，即强调为人要忠信，正符合汉代的社会背景，忠信也是统治阶级所喜欢的。第三处，重复的是"仁"，即强调不要巧言令色，汉初皇帝如高祖就忌恨儒生巧言令色。第四处，强调的是人要摆正自己的位置，不要违背"思不出其位"的教训，汉代社会不再是春秋战国那种士无常主的环境了，而是一个大一统帝国。第五处，强调的是博学，以礼约束自己，不要离经叛道。第六处，和第三处类似，强调的仍是行、事而非言语功夫。我们可以看出，孔子同一句话的重复，不是孔子的不同表达，而是弟子的加工。我们从刘向校书的情形可以看出，"一人读书，校其上下，得谬误为校。一人持本，一人读书，若怨家相对"。刘向还自言校孙卿书的经过，都经过两大程序：一是搜集，除其重复，厘定次第，作为定本；二是重新加以缮写。难道这些重复的句子校对不出来吗？

　　有学者注意到，这些重复现象都是处于独立的语境，与上下文关系不大，删之不惜。这是对的，也说明这绝不是简单的将错就错，而是编者有意为之。

　　重复现象反映了编者的意图。假若现代人来编《论语》，完全可以着眼于孔子思想的不同角度来整理。之所以成为现在这个面貌，既有历史的因素在，也有编者的用意在，而后者的因素更大些。历史的因子主要在于这些话都有所本，都在长期口耳相传。比如《八佾》篇，共二十六章，章章都涉及"礼乐"，这明显不是历史形成的，不大可能七十子儒学派别中有某一家只专注于礼乐而不及其他。这样以主题来组合材料，无疑经过了编者的组合编次。有学者认为礼乐属于文学之科，而儒家文学科代表是子夏和子游，故把该篇的著作权归于子夏之儒。这只是一种揣测，《乡党》篇所言也主要在礼乐，文中没有出现一个弟子的名字，为何不把它也归于子夏呢？很明显，《乡党》篇也应是编者重新编次的。

又如《宪问》篇，刘宝楠说："宪不称氏，疑此篇即宪所记。"其根据就是首章"宪问耻""宪不称氏"。此说一出，其著作权就归了原宪。其实，此篇如果是原宪所记，称不称氏无关紧要，根本就没必要注明"宪问耻"，明显多余嘛。这样一来，反而证明是旁人所记，或者编者加注。因此，刘氏此说显然是没有经过深思熟虑的结论。类似明显留有编者痕迹的篇章还有很多。

再如，从《季氏》起至《尧曰》，即《论语》最后五篇，大多数学者认为此五篇晚出，不类前十五篇。清人崔述说："《微子》篇杂记古今逸事，有与圣门绝无涉者，而'楚狂'三章，语意乃类庄周，皆不似孔氏遗书。至《尧曰》篇，《古论语》本两篇，篇或一章，或二章，其文尤不类。盖皆断简无所属，附之书末者。"（《洙泗考信录卷之四·遗型》）

其实崔述的怀疑正说明了《论语》并非先秦之书，《季氏》篇明显不再是语录，而是一篇记事文了，七十子后学绝不会这么记。《子张》篇记载的全是孔子弟子的话，而且除子贡外主要是晚期弟子，其中"公孙丑问孟子"一章则在《孟子》中有所本，明显是后来编者有意为之。最后一篇《尧曰》不仅只有三章，与前述比例不同，内容上又是称颂尧舜禹及孔子的。称尧舜禹，其用意在禅让，为汉高祖取天下的合法性张目。把孔子与上述人物联系起来，明显是在"祖述尧舜，宪章文武"，为儒家道统张目。而有意追溯儒家道统正自汉朝始，孟子之述道统还是无意识的。可以说这后五篇无疑是经过编者的用心加工的，其编者为汉人无疑。

《论语》与儒学的成立

《论语》与"儒家八派"应该是有关系的。考虑到汉代与法家的关系，司马迁在作《仲尼弟子列传》时未采信法家的观点，在介绍孔子弟子时，依照的是孔门四科和受业先后的次序。《仲尼弟子列传》中还有一个重要的线索，那就是在介绍公冶长与南容时，两人前后相接。内容也相当简略，一是提到孔子"以其子妻之"，一是孔子"以其兄之子妻之"。这与《论语》提到此二人的情形基本相同。而且司马迁也没有交代此二人与孔子的年龄差距，故而不知他们到底属于"先进"弟子还是"后进"弟子，《集解》和《索隐》也未补充提及。《韩非子》儒家八派中也没有他们，但这并不意味着《论语》与儒家八派没有关联。

孔门四科者，德行科：颜渊、闵子骞、冉伯牛、仲弓。政事科：冉有、季路。言语科：宰我、子贡。文学科：子游、子夏。

其中，德行科四人闵子骞年龄最大，少孔子十五岁，其他三人年龄都差不多，应该都是孔门"先进"弟子。政事科的冉有和季路也是"先进"弟子。言语科的宰我和子贡，同样都是"先进"弟子。只有文学科的子游和子夏是"后进"弟子。

而儒之八派中，"先进"弟子中只有颜氏之儒，其他如子张之儒、子思之儒、孟子之儒、荀子之儒、乐正氏之儒都属"后进"弟子，甚至是弟子的弟子。另有仲良氏之儒，因为生平无考，故不知其情，大约也属"后进"弟子或弟子的弟子之列。八派之中的颜回死得早，只活了三十来岁，颜氏之儒只能是他的弟子。漆雕开年纪较大，只少孔子十一岁。按其在《史记》中出现的顺序，可能也属于"后进"弟子。这八派如果按照四科来分，无疑有同合之处，故后世把子思之儒与孟子之儒合称为"思孟学派"。

没有出现在《论语》一书中的孔门弟子有孟子、荀子、乐正氏、仲良氏。此四人均系孔子的再传弟子，而《论语》作为儒家八派论战的素材，记载了儒家内部矛盾攻讦的过程贯穿了孔子死后到孟、荀之时，到荀子时最盛。孟、荀各有自己的著述。奇怪的是，孔门许多著名的弟子并不在这八派之中，如子路、子贡、子夏、曾子、有子等。子路是弟子中年龄最长的，只少孔子九岁，《论语》中出现次数最多（五十二次），名气最大；武帝时，东方朔"服子路之言"，却不提孔子。而子贡，《史记·仲尼弟子列传》载其事最详，子贡在《论语》中出现的次数仅次于子路，有四十三次之多，除去重复的还有三十五次。子夏也有三十三次。据《史记》载，孔子死后，"子张居陈，澹台子羽居楚，子夏居西河，子贡终于齐。如田子方、段干木、吴起、禽滑厘之属，皆受业于子夏之伦，为王者师"。

子夏弟子既多，形成学派的可能性也大。但是《韩非子》没有列子夏之儒，考其原因：一是子夏与韩非子相距时间过长，中间又有韩非子的老师荀子把子夏之"贱儒"批驳得非常严厉；一是子夏不过是文学科代表，而其弟子如段干木、吴起、禽滑厘之属均未承师说，吴起致力于军事，成为兵家人物，禽滑厘则转入墨家。子夏一派势力已经消长。从《史记·仲尼弟子列传》来看，子贡俨然是一位纵横家，苏秦一类人物。故子贡一出，存鲁，乱齐，破吴，强晋而霸越。子贡一使，使势相破，十年之中，五国各有变。

《论语》中孔子也曾逼子贡承认自己不如颜回，多次不客气地批评他。子贡本为言语科代表，是后世纵横家的祖师，也是属于"巧言令色"一派的。故子贡之儒已不再是严格意义上的儒了。类似的还有子张之儒，郭沫若先生已然认为子张比较接近墨家。但子张能自成一派。

同时，韩非子所列的八家儒，出于其所见，还有可能就是把某几家归并为一家了。如《荀子》中有子游之儒，但韩非子却未提及它。而乐正氏之儒不知是指孟子的弟子乐正子，还是《史记》所载孔子弟子曾子的学生乐正子。

要之，儒分为八既是我们考察《论语》的一个重要事实基础，又不能拘泥于此，眼光还要更开放些。王博先生在其《谈〈论语〉编纂》一文中有意一一考定二十篇所属儒家各派别，其出发点是"可以得到儒家分化的更直接而重要的数据"①。然而，他的论证自相矛盾者甚多。

如，他认为《先进》篇是按主题组织材料的，该篇集中在德行和政事两类弟子上，由于"篇中称冉求为冉子，疑为其门人所编。所以偏于德行和政事"②。文中虽称"疑"，实则是肯定。其实仅凭一称谓，不足置论矣。《先进》篇大量的章句谈的是颜渊。第三、四、五、六、七、八、九、十、十一这几章谈的都是一件事，那就是颜渊之死。篇中第十三章还称了"闵子"，第二十三章又谈颜渊，与死字有关：

> 子畏于匡，颜渊后。子曰："吾以女为死矣。"曰："子在，回何敢死？"

最后一章是一长篇，即著名的《子路曾皙冉有公西华侍坐》。此章明显晚出，是一篇文学性极强的文字，绝不是孔子弟子当时所记。因此，这一章与冉子关系不大，不大可能出自其门下。接下来《颜渊》篇，开头仍是"颜渊问仁"，明显是接续上一章而来。这一篇，王先生却把它归属于子夏的门人，我以为也不妥。相对来说，这一章更有特色。先是"颜渊问仁""仲弓问仁""司马牛问仁"，接着又是"司马牛问君子""司马牛忧曰"，然后是"子贡问政""齐景公问政""子张问政""季康子

---

① 王博：《简帛思想文献论集》，台湾古籍出版有限公司，2001年。
② 王博：《简帛思想文献论集》，台湾古籍出版有限公司，2001年。

问政",占了大量篇幅；最后是"樊迟问仁""子贡问友"、曾子论友。子夏只出现两次，而且是居配角，不能因为他在阐释孔子的话而定其为主角甚至作者。这样的编排是很用心的，故而要把此篇视为某一学派之作是说不过去的。

如果还是依据某篇中弟子人名的出现为线索来考察其归属，这种做法值得商榷。相反，要得到儒家分化的重要而直接的数据，不如认真梳理《论语》中各派的观点，通过比较最后分析其特色。

《论语》与出土简帛文献

我们再来看看，《论语》与《孟子》以及新出土的先秦典籍的关系。

先看《论语》与《孟子》。东汉赵岐认为《孟子》系拟《论语》而作的，杨伯峻先生也颇为认同。依据在于，差不多同时代的《墨子》《庄子·内篇》及《荀子》都是每篇各有主旨，而篇名也与主旨相应，《孟子》却不然，各章的篇幅虽然比《论语》长，但各章间的联系并没有一定的逻辑关系；积章而成篇，篇名也只是撮取第一句的几个字，并无所取义。这都是和《论语》相同，而和《墨子》《庄子》《荀子》相异的。[①] 然而，杨伯峻先生却忽略了一个更重要的区别，那就是，《孟子》和《论语》的言说方式存在根本的差异。《孟子》的言说方式是对话，

---

① 杨伯峻：《孟子译注·导言》，中华书局，1960年。

不管孟子是跟梁惠王这类大人，还是与陈相这些"异端"人物或自己的弟子，在对话时都是保持着平等的言说姿态和民主辩论方式。而《论语》却完全采用了一种居高临下的"训话者"姿态，而非"对话者"。其方式基本上可以分为两类：一类是纯粹的"子曰"，而没有特定的受众，有的只是绝对真理的口述者，不容置辩；一类是"弟子问"，所有的弟子都是以仰视的姿态来求经问道的，而夫子的回答就形同"末日审判"。有时候甚至是夫子挑起话题，然后各弟子回答，看上去孔子形象是非常亲近平和的，但其实对话的重心落在夫子的总结性发言上。

通读《论语》，应该知道，孟子前与孟子后的孔门弟子没有必要坐下来特意编一本教训自己的"言论集"。无论是春秋还是战国时期，士特别是儒家的士也即"知识分子"对那种人文精神与人格尊严是比较看重的。譬如子思，既不愿为君友，更不愿为君臣，而只愿为君师，就是一个典型例子。孟子在七篇中，不同于《论语》的地方还有，他引孔子的话颇多，但用的都是"孔子曰"。完全是一个旁观者的姿态，没有把自己当成一个俯首帖耳的"听话者"。这一点，正是《孟子》与《墨子》《庄子》《荀子》的共性。与其去编一本别人的言论集，倒不如干脆自己"立言"。最起码，孟子是绝不会参与编这样一本书的。

至于《孟子》与《论语》谁先谁后的问题，我们不可盲目相信赵岐的话，作为《孟子》的注释者，他自然愿意为之抬轿。正如杨伯峻所说："赵岐把《论语》看成是'五经之錧辖，六艺之喉衿'，《孟子》又是'拟圣而作'，那《孟子》也成为经书的传记了。"① 其目的正在于此。

此外，我们从儒家思想发展角度来看，孟子无疑对孔子是非常佩服的，但限于当时的社会环境，孟子继承并发展的是孔子的辞让与恭敬的原则。孟子身处战国中期，是在社会大流动的背景之下提出"保民而王""仁者无敌"的政治主张的，他所言"王道""仁政"有着具体的社会背景和指向。从他身上我们可以发现儒家思想发展的清晰脉络。而假如《论语》是在孟子前后孔门弟子所编，则同样应该能看出编者（儒者）的思想倾向。我们现在看到的《论语》，思想主旨是不符合战国中晚期的社会背景的，如果抛开汉代编者的用意来看，我们只看到孔子所处时代的社会背景，却完全看不出孔子语境背后的真实时代。因而，我们进一步相信，无论《论语》是子夏、曾子、子思或其门人弟子所编，还是七十子各行其是"寓作于编"，都不会是今天我们所看到的《论语》。确切地说，《论语》是汉代儒者出于儒学独尊的目的所编的。

综上所述，《论语》编纂成书是在汉代无疑，先秦时期只有口耳相传的孔子"语录"，见诸书篇的少数只有到了汉武帝时期才开始编定命名。《汉书·艺文志》不把《论语》归入诸子略而置于六艺略是有其考虑的。钱穆说："入《六艺略》者为'王官学'，入《诸子略》者为'百家言'。"《论语》无疑不属于诸子典籍，而应该算作阐发孔子思想的经学典籍，编纂成书的人一

---

① 杨伯峻：《孟子译注·导言》，商务印书馆，1960年。

定是汉代的一位大经师。

半部《论语》治什么

讨论儒的命运，为何要在这里探讨《论语》呢？作为儒家的经典，它对后世无论是个人修养还是国家治理产生的影响都极为深刻。虽然在西汉，我们还看不到它的重要性，但是厘清《论语》一书的产生，不仅可以看到西汉儒生为争取儒学地位所付出的努力，而且也可以看清儒家创立的清晰过程。这一过程伴随着孔子在西汉初年政治的边缘地位逐渐上升到素王地位，对于我们理解西汉国家治理的脉络会有很大帮助。

我们不妨提前看看《论语》在宋代的作用，或许可以让我们更好地理解儒学与国家治理的关系。

宋朝宰相赵普留有一句流传千年的名言：半部《论语》治天下。致使后世很多人以为读了半部《论语》就聪明起来了，就可以治理天下了。

其实，这是历史上一个天大的误会，一个乌龙。

"半部《论语》治天下"的出典是这样的：《宋史·赵普传》载，"普少习吏事，寡学术，及为相，太祖常劝以读书。晚年手不释卷，每归私第，阖户启箧取书，读之竟日。及次日临政，处决如流。既薨，家人发箧视之，则《论语》二十篇也"。

其实，细读《宋史》就不难发现，此话不靠谱。首先，赵普读书并不少。其祖父赵全宝、父赵迥在唐五代时都担任过州司马，至少是官绅世家。后周显德元年（954 年），赵普被永兴军节度使刘词聘请为"从事"。刘词死后，上遗表向朝廷推荐赵普。赵匡胤也觉得赵普很不寻常。《宋史》记载赵普亲自说过："臣载披典籍，颇识前言。"宰相范质也称赵普精通治道，史上著名的"杯酒释兵权"就出自他的谋议（历史上究竟存不存在"杯酒释兵权"，学者有新证，此处从略）。其次，宋史所载赵普读《论语》也主要是在其晚年，而《论语》是每一个读书人小时候必读的书。

最重要的是，"次日临政，处决如流"这句话包含着深意却常为人所忽视。这就是说，赵普读《论语》的用意是为了寻找"处决"的依据。换言之，《论语》只不过是赵普决断用事的凭据而已。

《论语》在宋以前并不受人重视，汉儒董仲舒喜欢用《春秋》《诗经》等来断案，未见用《论语》。《论语》是宋以后才被抬高到"四书"的地位。引用经典中的句子来作为行政的依据，一直是中国行政文化的一大传统，这和现代人喜欢引用名人名言来说理是一样的。《宋史》并没有说清楚赵普如何用半部《论语》治天下，治天下显然是后人附会的。《论语》并没有那么神。其实，"半部论语知天下"是元代儒生地位低下时开始流行的一句轻蔑的话语，言下之意是指儒生没有真功夫。然而，歪打正着，由于夸大了《论语》的作用，深受儒生们欢迎。

那么，半部《论语》治什么呢？答案显而易见——"治人。"

所谓孔子与其弟子的对话，只不过都是训话。《论语》中一类是以"子曰"开头的、没有特定受众的绝对真理的口述；另一类是以"弟子问"开头，然后引出孔子斩钉截铁式的结论。看起来，一方是平易近人的孔子形象，另一方是虚心求教的弟子群像。整部《论语》就是一部圣人之"法"，言出即法，不容置疑。和历代帝王的"圣谕""圣旨"有所不同的是，后者是要绝对执行的，《论语》则是可以选择性地执行的。

如果说《论语》中孔子尚无权据自己之"法"来治人，那么在实际中，孔子则彻底实现了一把。著名的孔子诛杀少正卯就是一例。

少正卯被诛杀就发生在孔子担任鲁国"摄相"七天的情况下。七天！何以急不可耐？少正卯所犯何罪呢？孔子对此做了一番解释："人有恶者五，而盗窃不与焉：一曰心达而险，二曰行辟而坚，三曰言伪而辩，四曰记丑而博，五曰顺非而泽。此五者有一于人，则不得免于君子之诛，而少正卯兼有之。故居处足以聚徒成群，言谈足以饰邪营众，强足以反是独立，此小人之桀雄也，不可不诛也。"简单地说，"心达而险"是指心思通达但用心险恶；"行辟而坚"是指行为邪僻但顽固不化；"言伪而辩"是指言语不正但善于辩解；"记丑而博"，是指宣扬邪恶且旁征博引；"顺非而泽"是指张扬是非且影响很坏。明眼人一看，这"五恶"都只不过是孔子个人的看法，没有任何实证。真正的原因就在于后面"居处足以聚徒成群，言谈足以饰邪营众，强足以反是独立"，正是因为少正卯和孔子一样也是一个名师，孔子的弟子都跑到少正卯那儿听课去了，一度导致"孔子之门三盈三虚"。

而且奇怪的是，此事不载于《论语》，却是被视为儒家"叛逆"的荀子所记载下来的。而且孔子杀少正卯的理由在《论语》中是有所依凭的：巧言乱德。在孔子看来，少正卯就属于思想言论犯。

思想言论犯是不需要法律依据的，违背圣人之言即可定罪。因此，中国古代形成了"言出即法""以言定罪"的行政传统。这直接造成后世信权威不信法律的后果。

独尊儒术的背后

儒学如今是显学，从学界到民间，从儒学论争到读经运动，似乎都彰显了新世纪儒学的"复兴"。不管是把儒学当作一种信仰，还是批评儒学只是一缕"游魂"，总而言之，儒学已进入新时代人们的视野。接下来值得一问的是：为什么那么多人关注儒学？

概言之，我以为，儒学其实只是一种权力，或曰权力的实现。

要理解这句话的意思，我认为还是要回到儒学成为"独尊"的历史语境来探讨。

传统的说法，儒学独尊[①]，发生在汉武帝之时。武帝为什么

---

① "罢黜百家，独尊儒术"的说法是1910蔡元培提出来的。1916年，易白沙论述"罢黜百家，独尊儒术"是董仲舒的主张。然，其实汉武帝是表章六经，尊崇经学，董仲舒并没有提出要独尊儒术。

要独尊儒学？他又是怎么来尊儒的？他真正将儒学"独尊"了吗？这个问题本来是个大问题，然而人们都有意无意地忽略了它。要弄清这个问题，我们先来看三件事。这三件事发生在三个很有意思的人身上。

始皇坑儒

第一件事是秦始皇的坑儒。《史记·秦始皇本纪》记载的关于坑儒的背景是这样的：秦始皇听信方士关于长生不老之说，打发方士到处寻找长生之方，殊不知，世间哪有什么长生不老之方？方士得了银子，却不敢回见始皇，于是只好逃亡。方士侯公、卢生潜逃后，秦始皇大怒。"于是使御史悉案问诸生，诸生传相告引，乃自除犯禁者四百六十余人，皆坑之咸阳，使天下知之，以惩后。"御史是刑狱之官，诸生即儒生。御史把诸生捉来审问，诸生互相告密，秦始皇便亲自圈了犯禁者四百六十余人，把他们活埋了。活埋以后，又告知天下，以示警诫。

唐代张守节对此做了补充说明：

> 颜云今新丰县温汤之处号愍儒乡。温汤西南三里有马谷，谷之西岸有院，古相传以为秦院儒处也。卫宏《诏定古文尚书序》云"秦既焚书，恐天下不从所改更法，而诸生到者拜为郎，前后七百人，乃密种瓜于骊山陵谷中温处，瓜实成，诏博士诸生说之。人言不同，乃令就视。为伏机，诸生贤儒皆至焉，方相难不决，因发机，从上填之以土，皆压，终乃无声

也"。(《史记正义·儒林列传》)

大意是，秦始皇焚书以后，为镇服天下而对儒生进行了屠杀，其具体办法是先以官职引诱儒生，再以种瓜之计诓骗儒生，最后将儒生坑杀。从这段记载中的坑儒过程来看，这完全是经过精心策划的阴谋。

这两段记载因坑杀的人数不同，原因和动机不同，而引起后世广泛的争论。有的说，秦始皇坑儒怎么说人数也只有几百人，与当时活埋赵军几十万人相比，只是小巫见大巫；有的说，秦始皇很可能坑儒两次；还有的说，这两次实际上是一次。从《史记·秦始皇本纪》来看，所记载的坑杀过程很简单，只四个字——"坑之咸阳"，而《诏定古文尚书序》所记，则是坑杀的具体过程。因此，有可能两书所记的实际同为一事，后书是对前书所坑杀事件的具体记述（尽管某些细节未必准确）。

还有的说，秦始皇"焚书"有之，"坑儒"则无，所谓"坑儒"实是"坑方士"之讹。当时秦始皇主要针对方术之士大开杀戒，儒生被坑杀者虽有，但为数不多。从历史上看，儒家在秦朝的地位比以往大有提高，秦始皇的"坑方士"行动对秦代儒生的社会政治地位并未造成大的影响。如清代梁玉绳说："余常谓世以'焚书坑儒'为始皇罪，实不尽然。……其所坑者，大抵方伎之流，与诸生一时议论不合者耳。"(《史记志疑》)宋代郑樵说："陆贾，秦之巨儒也；郦食其，秦之儒生也；叔孙通，秦时以文学召，待诏博士数岁。陈胜起，二世召博士诸儒生三十余而问其故，皆引《春秋》之义对，是则秦时未尝不用儒生与经学也。"(《通志·秦不绝儒学论》)清代梁玉绳也说："《叔孙通传》载二世召博士诸儒生三十余人问陈胜，又通降汉从儒生弟子百余人，征鲁诸生三十余人，……则知秦时未尝废儒，亦未尝聚天下之儒而尽坑之。"(《史记志疑》)

西汉始元六年（前81年），始有桑弘羊提出秦始皇"坑儒"这一说法，这时距始皇去世已有一百多年了。刘向在《战国策序录》中也说过"坑杀儒士"的话。也就是说，基于可考的史实来看，"坑儒"是西汉儒家给秦始皇戴上的"帽子"。

既然这么多人对"坑儒事业"提出了质疑，我们就有必要来探究一下秦始皇到底杀的是些什么人？考古发现的秦云纹瓦当告诉我们，被秦始皇所坑埋的实际上是术士，是一群宣传炼丹吃药，上山下海求仙，用长生不死之说以欺骗、蛊惑人心的骗子。在当时以这种"方术"成名的人有羡门高、正伯侨、徐市，以及他们的徒子徒孙卢生、侯公、韩众等。他们欺骗秦始皇，说能给秦始皇弄来长生不死之药。秦始皇给了他们大笔钱，他们却弄不来长生不死之药，心里又害怕，便聚在一起私下里议论秦始皇；有的说秦始皇"刚戾自用""专任狱吏"；有的说秦始皇"乐以刑杀为威，天下畏罪持禄，莫敢尽忠"；有的说秦始皇"贪于权势""天下之事无小大皆决于上"；有的说秦始皇每晚批阅文件，批阅不完多少斤竹简、木牍就不睡觉，像他这样的人如何能够成仙呢？说完后自知无法交差，他们便只好卷铺盖跑路了。这让秦始皇大为震怒，便把留在咸阳的所谓同党捉起来，加以拷问。在严酷的刑罚面前，这些人又相互牵引，越扯越多。秦始皇从中圈定了四百六十人，把他们活埋在咸阳城外的山区。当时的坑儒谷在今西安市临潼区西南十公里之洪庆村。

显然，至少可以肯定一点，坑儒之事是由方术之士引起的。许多人据此认为，秦始皇是坑方士而不是坑儒，其实是有问题的。"儒者，术士之称也"，儒是术士的别称。术士本来就是儒，儒也就是术士，秦始皇坑杀的就是儒，只是与西汉时的儒又有着本质的差异。那么，方术之士为什么被称为儒生（诸生）呢？

儒在孔子之前的时代就已经存在，它是指从事某种与文化和习俗有关的特殊职业的一批术士。东汉许慎说："儒，柔也，术士之称。"郑玄也说："儒之言优也，柔也，能安人，能服人。又，儒者，濡也，以先王之道，能濡其身。"扬雄认为："通天地人曰儒。"胡适考证：儒是殷民族的教士。由此可见，儒的名称的内涵经历了很大的变化。孔子以前，儒是作为一个掌握知识、懂礼重乐的知识阶层而出现的；孔子以后，儒是作为一个有文化意识和道德节操的社会团体而出现的。后者是从前者即巫术方士中分离出来的。

战国时期，"儒"可以指称孔子、孟子的那个学派的人；同时也可以泛称学者、文化人，例如对于庄子，就有人称他是"小儒"。孔子也强调要区分"君子儒"与"小人儒"。荀子认为"有俗儒者，有雅儒者，有大儒者"，甚至认为有徒具形式而丧失儒家精神的"贱儒"。东汉末年，应邵仍然将儒者划分为"通儒"和"俗儒"。孔子死后，"儒分为八"，不一定表明儒家这个"学派"内部分化为八派，事实上也不大可能分化得这么严重，无非是人们根据他们的师承和境界而区分他们的差异而已，就如俗儒、雅儒这样的区分一样。因为根据孔门后学的具体情况来看，他们之间有的区别并不明显，有的则根本不能算作儒，比如那个替孔子驾车的樊迟。

因此，后人不必在"儒"和"方士"之间为秦始皇大作翻案文章。在秦始皇和时人看来，他们之间并没有什么区别。

刘邦溺儒冠

第二件事是汉高祖刘邦溺儒冠。史载汉高祖刘邦轻贱儒生、奚落儒生到了令人发指的程度。"沛公不喜儒，诸儒冠儒冠而来者，沛公辄解其冠，溲溺其中。"郦食其以"状貌类大儒"（我疑这个"大"字应为"犬"字之误）不见，于是再报以高阳酒徒，则得到了刘邦的接见。

刘邦为什么不喜儒？历史上没有明文记载。结合时人对儒的评价来看，当时的儒者大多尚文饰，却又无益于事功："儒者可与守成，难于进取""博而寡要，劳而少功"等。刘邦显然也不是方术之士，他和儒生的区别也体现在帽子上。史载刘邦喜欢一种以竹皮做成的帽子，应劭是这样解释的，他说："一名'长冠'。侧竹皮裹以纵前，高七寸，广三寸，如板。"蔡邕也说："长冠，楚制也。高祖以竹皮为之，谓之'刘氏冠'。"司马彪《舆服志》亦以"刘氏冠"为鹊尾冠。

刘氏冠是刘邦的发明，《史记正义》说："其后诏曰'爵非公乘以上不得冠刘氏冠',即此也。"就是说,刘邦曾下令哪种人要戴刘氏冠,哪种人不能戴刘氏冠,表明刘邦对冠是很在意的。说起来,刘邦也并非不喜欢读书人,张良、萧何、韩信、陈平都是读了书的人,尽管他们读的不是后来被儒家专有的"六经"。刘邦还懂乐,《史记·高祖本纪》载:"高祖所教歌儿百二十人,皆令为吹乐。"就是说,刘邦曾培养过一个由一百二十人组成的乐队。

刘邦是典型的性情中人,郦食其去见刘邦,刘邦正在洗脚。郦氏摆儒生架子,刘邦脱口骂他是"竖儒",但见郦生有识见,便立即拜其为广野君。汉三年,项羽急围刘邦于荥阳,刘邦恐忧,与郦食其共谋削弱项羽。郦生建议刘邦复立六国后世,刘邦同意。但在吃饭时又征求张良的意见,张良为刘邦分析了形势,提出"八不可"。刘邦听后辍食吐哺,骂郦生曰:"竖儒,几败而公事!"但是,刘邦骂归骂,之后仍重用郦生,在郦生提出"据敖仓之粟,塞成皋之险,杜太行之道,距蜚狐之口,守白马之津"的策略后,刘邦马上施行,结果很成功。

另一个例子是叔孙通。"叔孙通儒服,汉王憎之;乃变其服,服短衣,楚制,汉王喜。"可见,刘邦并非对儒者有成见,而是他不喜欢儒生繁饰重文,他喜欢"短衣便事"。

叔孙通建议刘邦正礼乐,说:"五帝异乐,三王不同礼。礼者,因时世人情为之节文者也。故夏、殷、周之礼所因损益可知者,谓不相复也。臣原颇采古礼与秦仪杂就之。"

从这段话里看得出叔孙通深得礼乐真谛。等到刘邦见识了叔孙通设计的朝仪，由衷地叹道："吾乃今日知为皇帝之贵也。"叔孙通也由此获得了儒生的佩服："叔孙生诚圣人也，知当世之要务。"

公元前 195 年十一月，刘邦路过曲阜，以太牢之礼祭祀孔子，这在后世儒家看来是对孔子表示了极高的礼遇。刘邦也成为历史上第一个祭孔的皇帝。然而，这其实并没有改变刘邦对儒的看法。祭孔，并没有成为制度，只不过是刘邦对一个名望很高的老者所表达出的一种尊重而已。"溺儒冠"这一刘邦对儒生的态度始终刻在儒者的记忆中。

"为天下安用腐儒哉！"应该代表了当时天下人的一种共识，在国家治理上，刘邦并没有采纳儒学。他对待郦食其、叔孙通、陆贾等人，只是他善听人言的一面，采纳的只是他认为有用的某个具体做法。在这个方面，他显得比秦始皇、项羽要开明得多。

窦太后厌儒

第三件事是窦太后使儒生刺野猪。这件事载于《史记·儒林列传》，事出有因。

> 窦太后好老子书，召辕固生问老子书。固曰："此是家人言耳。"太后怒曰："安得司空城旦书乎？"乃使固入圈刺豕。景帝知太后怒而固直言无罪，乃假固利兵，下圈刺豕，正中其心，一刺，豕应手而倒。

原来，喜好黄老之学的窦太后有一天召见大儒辕固，也就是那个传"齐诗"的辕固。好黄老的去"请教"一个好儒的，这显然是问道于盲。此时的儒地位很微妙，民间对这个儒好感倍增，而政府里也出现了不少学儒出身的博士，辕固就是景帝时的博士。但关键是景帝说了不算，得窦太后说了算，而这个太后牢牢地把握着意识形态的主导权。而颇不识时务的儒生辕固说了一句大不敬的话："这是妇道人家的见识罢了。"也就是说，老子的书只有像太后您这样的妇道人家才喜欢啊！女人都讨厌男人说她"头发长见识短"，窦太后听了哪有不生气的道理？于是就派给他一个差事，要他去跟野猪博斗。要不是景帝援手相救，辕固恐怕会栽在妇道人家手里。（事实上，辕固对老子的态度，就与孔子"和而不同"的精神大相违背。）

上述三件事，应该说既是偶然又有必然，但全都事出有因。从这三件事中，我们可以看出儒的地位的尴尬。在后世儒家的眼里，这三件事被放大，被视为儒学命运的一大关节，也是汉武帝"独尊"儒家的一个重大历史背景。

其实，上述三件事只不过是儒生与权力碰撞的际会，从学理上根本看不出儒学的奥妙。这在后世好大言的儒生看来，显然不足以巩固儒家好不容易取得的地位和权力。于是，他们便极力在独尊儒术上大做文章。

那么汉武帝又是出于一种什么心态来"独尊儒术"呢？"儒术独尊"的真实面貌又是怎样的呢？

汉武尊儒的真相

先来了解一下这位汉武帝。《史记·孝武本纪》载：

> 孝武皇帝者，孝景中子也。母曰王太后。孝景四年，以皇子为胶东王。孝景七年，栗太子废为临江王，以胶东王为太子。孝景十六年崩，太子即位，为孝武皇帝。

按汉初的制度，身为胶东王的刘彻是没有资格做皇帝的。他成为汉武帝，纯粹是无心插柳。汉武帝之母王夫人只是皇帝众多妃子中的一个，但这位王夫人颇有政治眼光。据《汉书》载，窦太后之长女、长公主刘嫖有一女，想要嫁给当时的太子，但太子之母栗姬不答应，这一下惹恼了这位长公主。而聪明的王夫人很开通地接纳了这桩亲事，少年刘彻还留下了"金屋藏娇"的故事。后来薄皇后遭废，而长公主仗着母亲窦太后的宠爱，多次数说栗姬的不是，夸奖王夫人及自己的女婿刘彻。这样，久而久之，栗太子刘荣立为太子四年后终于被废为临江王，后又因巫蛊事而下狱自杀。刘彻得立为太子。

当然事情并非这么简单。西汉初期，自吕后开始便有了母后干政的传统，宫廷政治多围绕母子、祖孙、帝后、后妃之间展开明争暗斗，政治旋涡接连不断。汉景帝之母、汉武帝之祖母窦太后便是又一个重要角色。

从《史记》和《汉书》的记载中可以看出，这位能耐颇大的窦太后年轻时只是一位宫人，靠的是逢迎而得文帝及其母薄太后的欢心，积累了丰富的宫廷政治经验。而西汉初年又倡导以孝治国，即便是皇帝也不能违逆母后的旨意。而这位喜好黄老之术的窦太后，却几次想要立景帝之弟、自己的少子梁孝王为太子。因而，废栗太子，这位窦太后不一定使了什么力，但至少不会阻拦；但立刘彻为太子，却没那么简单，一则文帝曾有言："千秋万岁后传于（梁）王"，二则梁孝王在平定七国叛乱之中立有大功，这更使得刘彻的皇位之路颇不平坦。若不是袁盎等大臣从中关说，加上后来梁孝王暗中派人刺杀大臣而事发，刘彻之前途不可知也。

故司马迁说："孝武皇帝初即位，尤敬鬼神之祀。"武帝即位后，他那位双目失明多年的祖母仍然监视并控制着朝政。建元初年，在皇帝名义下进行的制礼改制是武帝试图亲政的举动，最后也在他的祖母粗暴干预之下统统取消，使得这位胸有雄才抱负的皇帝无用武之地，并一度心灰意冷。六年后，已经二十一岁的新皇帝终于等到了出头的一天，掌控汉家天下二十二年之久的窦太后驾崩。汉武帝立即对目无天子权威的祖母实行"报复"，拔除祖母安排的丞相、御史大夫等大臣，换上一班自己的人马。但是一两次人事变动并不怎么重要，彻底扭转国家的统治思想，在汉武帝看来才是最根本的。

窦太后在世时，始终坚持以黄老之术治国，这从《史记》中反复强调的窦太后好黄老术可以看出，景武之际许多大事都是在"黄老之术"的观念下进行的。故而，原本敬鬼神的武帝在即位之后开始"乡儒术"，在心底里埋下了罢黜黄老术的种子。如果说建元初的制礼改制只是一次不知深浅的尝试，那么武帝亲政后的一系列举动则是对黄老术（或者干脆说是对祖母窦太后）的彻底反动或曰报复。朱维铮说罢黜百家其实是罢黜黄老。在我看来，罢黜黄老其实是罢黜祖母，黄老只不过是祖母的影子。这就是汉武帝独尊儒术的真实用意。

另外，由于先秦文献典籍在传播过程中受到诸多因素的影响，从而产生了多种版本，多种不同的理解。比如，同样作为"五经"，孔子及其弟子所引用的五经文本显然与墨子及其弟子所引用的文本有差异，这主要是由于当时传播手段单一，无论是口头传播还是文字传播都明显受到地域的限制。六国古文的差异导致了文本在理解上的差异，而不同地域的方言也同样影响到文本在口头传播中的变化。秦始皇之所以统一六国古文，也就是鉴于文字上的不统一带来的麻烦。到汉代这样一个大一统的王朝，文化统一进一步深化，这种深化主要表现在对先秦诸子思想主张的统一。原来先秦数百年间先后继起的诸子学说，在汉朝人看来，确实是一种百家争鸣的气象。百家不一，对于一个统一王朝的思想意识形态显然是不合适的，政府有必要对这些歧见纷呈的诸子思想主张进行一次大统一。

当然，除了上面所述的原因之外，"独尊儒术"也与汉武帝好大喜功的个性有关。年轻气盛的少年皇帝哪里甘心垂拱而治、"南面无为"？此外，罢黜百家还与朝廷中权力争斗的推波助澜分不开，换句话说，还是与有着深厚宫廷背景的权力斗争有关。

当时势力最大的两大集团，一为窦氏（婴），一为田氏（蚡）。窦婴是窦太后的侄儿，当年为支持皇帝而反对自己的姑母，本来喜好侠的栗太子傅窦婴，还转而好儒术；但没想到，皇帝长大了重用的却是王太后的弟弟田蚡，窦婴受到田蚡的排挤。故朱维铮指出，这一事实，再次表明那时的儒学和黄老的理论纷争，不过是实际政治过程在意识形态上的反射和回声。

那么，我们再来看汉武帝和田蚡之流到底是怎样好儒尊儒的。罢黜黄老之后，汉武帝延引招纳的固然本应多为儒者。但其实不然，《史记》所载建元元年及元光元年多次招纳的人才不是儒者，而称"贤良"。例如："而上乡儒术，招贤良，赵绾、王臧等以文学为公卿。"（《孝武本纪》）"建元中，上招贤良。"（《袁盎晁错列传》）"武帝立，求贤良，举冯唐。"（《张释之冯唐列传》）"及今上即位……招方正贤良文学之士。"（《儒林列传》）而在元光中所招的不过改称"文学"罢了。《儒林列传》云："延文学儒者数百人，而公孙弘以春秋白衣为天子三公。"其实"贤良"就包括"文学"。

何谓"贤良"？《史记》所述不清楚，但"贤良""文学"显然不单指儒者。武士出身的丞相卫绾就出面指责："所举贤良，或治申、商、韩非、苏秦、张仪之言，乱国政，请皆罢。"治法家的也在贤良之列。元光年间，汲黯也当面批评汉武帝，"天子方招文学儒者，上曰吾欲云云，黯对曰：'陛下内多欲而外施仁义，奈何欲效唐虞之治乎！'上默然，怒，变色而罢朝。公卿皆为黯惧。上退，谓左右曰：'甚矣，汲黯之戆也。'"一个"戆"

字，道出了憨厚而刚直鲁莽的汲黯形象，掩饰了汉武帝的尴尬。

《史记》中还有一段记载更能说明武帝好儒的实情：

> 弘为人恢奇多闻，常称以为人主病不广大，人臣病不俭
> 节。弘为布被，食不重肉。后母死，服丧三年。每朝会议，开
> 陈其端，令人主自择，不肯面折庭争。于是天子察其行敦厚，
> 辩论有余，习文法吏事，而又缘饰以儒术，上大说之。二岁
> 中，至左内史。弘奏事，有不可，不庭辩之。尝与主爵都尉汲
> 黯请间，汲黯先发之，弘推其后，天子常说，所言皆听，以此
> 日益亲贵。尝与公卿约议，至上前，皆倍其约以顺上旨。汲黯
> 庭诘弘曰："齐人多诈而无情实，始与臣等建此议，今皆倍之，
> 不忠。"上问弘。弘谢曰："夫知臣者以臣为忠，不知臣者以臣
> 为不忠。"上然弘言。左右幸臣每毁弘，上益厚遇之。

正如朱维铮所指出的："在汉武帝时代，统治集团中间仍然
有各家各派人物在活动。充当田蚡副手的韩安国，便兼学韩非
和杂家说。受到汉武帝敬礼的汲黯，'学黄老之言'。给汉武帝
出主意打击诸侯王的主父偃，'学长短纵横之术，晚及学《易》
《春秋》、百家言'。主父偃和赵人徐乐、齐人庄安，同为典型
的杂家，同样上书言事，同时受到汉武帝召见并叹为相见恨晚，
而他还赢得同时任何儒者都梦想不及的恩宠，一年内四次升官。
还有张汤、赵禹、杜周那些著名的'酷吏'，'以深刻为九卿'，
就是说靠刑名术得到汉武帝重用。这些例证都出现于元光元年

之后。"这就是汉武帝"罢黜百家，独尊儒术"的真实情况。然而，这样一种真实情况两千年来都被这八个字遮蔽，弄假成真了。至于汉宣帝所坦言的"儒术独尊"的真相"汉家自有制度，本以霸王道杂之，奈何纯任德教，用周政乎？且俗儒不达时宜，好是古非今，使人眩于名实，不知所守，何足委任！"更不大引人注意了。事实上，尊经并不等于尊儒。总之，"独尊儒术"并不是董仲舒或汉武帝提出，并没有真正成为汉武帝的治国理念，后世张扬儒家道统者却借此以假乱真。后人观史，绝不能以某人的一个主张或者思想、建议，就断定是已经的事实，应该考察具体的实施情况，才能得出正确的结论。不过，西汉的儒生确实是以尊儒为"使命"的。

儒是诸子的通称

西汉多"杂家"，这便是班固在《汉书》中多加了一个"杂家"的原因所在。比如司马谈，我们不大清楚他到底是儒还是道。从司马迁对其父"学历"的记述中可以看出，司马谈可能也是一个"杂家"："太史公学天官于唐都，受易于杨何，习道论于黄子。"类似司马谈综采多家学说的做法，其实从战国末期就已存在。人们都以为秦始皇专采法家学说，其实也不够准确。秦始皇灭六国统一中国之时对群臣说："今名号不更，无以称成功，传后世。"此即吸收孔子的正名思想的明证。西汉"杂家"的大量出现，表明当时的学者对先秦诸子的综合吸收非常明显。这从司马谈《论六家要旨》的论述中可以清楚地发现：

夫阴阳、儒、墨、名、法、道德，此务为治者也，直所从言之异路，有省不省耳。尝窃观阴阳之术，大祥而众忌讳，使人拘而多所畏；然其序四时之大顺，不可失也。儒者博而寡要，劳而少功，是以其事难尽从；然其序君臣父子之礼，列夫妇长幼之别，不可易也。墨者俭而难遵，是以其事不可遍循；然其强本节用，不可废也。法家严而少恩；然其正君臣上下之分，不可改矣。名家使人俭而善失真；然其正名实，不可不察也。道家使人精神专一，动合无形，赡足万物。其为术也，因阴阳之大顺，采儒、墨之善，撮名、法之要，与时迁移，应物变化，立俗施事，无所不宜，指约而易操，事少而功多。儒者则不然。以为人主天下之仪表也，主倡而臣和，主先而臣随。如此则主劳而臣逸。至于大道之要，去健羡，绌聪明，释此而任术。

这表明，司马谈已经清楚地认识到诸子各有所长。儒者的"序君臣父子之礼，列夫妇长幼之别"，墨者的"强本节用"，法家的"正君臣上下之分"，名家的"正名实"，都是要以资为治的。而在他看来，道家"因阴阳之大顺，采儒、墨之善，撮名、法之要，与时迁移，应物变化，立俗施事，无所不宜，指约而易操，事少而功多"，正是兼收诸子所长的结果，故而他对道家推崇备至。这显然是试图对先秦诸子进行理论归纳，然而，这种归纳又是当时崇尚黄老术的意识形态的理论产物。如果从先秦老庄的思想来看，我们还看不出道家对各家的这种采撮趋势。因此，我们不得不说，司马谈所说的道家是西汉初年的道家，或者说是经西汉统治者提倡和改造过后的一种初具规模的道家学派，与先秦诸子中的"道家"是两回事。

什么是儒学？一般说来，儒学是指儒家的学说。张立文先生认为："当'儒家'用于指称一种理论体系时，儒学和儒家便是等价的同义词。而在一般意义上，儒家概念比儒学概念的外延要宽得多，儒学只是以孔子为首的儒家学者们创立、提倡的思想理论。因此，儒家可以指代儒学，儒学不等于儒家。"①《汉志·诸子略》首次对儒家进行界定："儒家者流，盖出于司徒之官，助人君、顺阴阳、明教化者也。游文于六经之中，留意于仁义之际，祖述尧舜，宪章文武，宗师仲尼，以重其言，于道为最高。"从这里可知，"儒家"之名并非先秦固有，"宗师仲尼"表明孔子之时并未出现儒家，"于道为最高"，非儒家所独标，老子、庄子及其他诸子无不以道为最高。"助人君、顺阴阳"亦非儒家独有之旨。司马迁认为，阴阳家、道家皆"因阴阳之大顺""序四时之大顺"，儒家固然"祖述尧舜，宪章文武"，然"墨者亦尚尧舜道"，老子亦多称述古之为道者。

至于"六经"非儒家专有，是诸子百家共同的文化资源，也是中华民族的原典文献，《墨子》引《书》之多，历历可数。"仁义"固然为孔子之发明，然诸子莫不言"仁义"，或标举行仁

---

① 张立文等主编：《中外儒学比较研究》，东方出版社，1998。

义，或力倡废仁义，仅此之别而已。《汉志》又云："道家者流，盖出于史官，历记成败存亡祸福古今之道，然后知秉要执本，清虚以自守，卑弱以自持，此君人南面之术也。"案此道家已非先秦老子、庄子之道，而仅为"君人南面之术"。

故用"儒家"指称学派时，儒家即儒学；然先秦学派未立之时，诸子皆儒也。《论语·雍也》中孔子"谓子夏曰：'女为君子儒，无为小人儒'"。表明当时之儒至少有两种，一为君子之儒，一为小人之儒。孔子所倡的就是"君子之儒"。故君子之儒才是儒家。究竟什么是儒，历史上说法不一。许慎说："儒，柔也，术士之称。从人，需声。"他认为儒是一种术士。颜师古注《汉书·司马相如传》也说："凡有道术者皆为儒。"清人俞樾在《群经平议》中说："儒者，其人有伎术者也。"考诸先秦及上古历史，在孔子之前有伎术之儒，多为"相礼"之术士。孔子说："吾少也贱，故能多鄙事。"都是些什么样的"鄙事"呢？极有可能是"小人之儒"所做的相礼之事。君子儒能弘道，小人儒即相礼混饭吃。杨向奎认为：原始的儒是术士，一味以相礼为业，可能起源于殷商；相礼本是巫祝的专职，早期巫祝是当时社会中最有学问而知礼的人。

对"儒"的另一种说法是，刘向依据《周礼》而认定儒原本是一种官职，属于"司徒"之类，即辅佐君王、教化民众的官吏。《周礼·天官冢宰》："四曰儒以道得民。"但《周礼》多有后世儒家的印迹，前人对《周礼》亦有怀疑，说"儒以道得民"不一定符合史实。《周语·郑语》载，郑桓公于周幽王八年

（前 774 年）当了王室的司徒，问史伯何处可以逃避周室衰微之祸。作为一个教化民众的官吏，尚且要问作为史官的史伯，可见司徒并没有什么学问，与儒并无多大联系。

经胡适、钱穆、傅斯年、冯友兰等人反复考证，最后认为儒源于殷周时期的术士，其主要职责是相礼。可见，相礼之儒与孔子之后的儒原是两种不同性质的人。相礼之儒即为先秦普通意义上的儒，经孔子及其后学的努力改造，提升为一种具有较高道德品位的君子儒，有人称为"师儒"。《礼记·儒行》对此有许多描述："儒有不宝金玉，而忠信以为宝；不祈土地，立义以为土地；不祈多积，多文以为富。""儒有委之以货财，淹之以乐好，见利不亏其义，劫之以众，沮之以兵，见死不更其守。""儒有忠信以为甲胄，礼义以为干橹，戴仁而行，抱义而处。""儒有今人与居，古人与稽，今世行之，后世以为楷。""儒有上不臣天子，下不事诸侯，慎静而尚宽，强毅以与人，博学以知服。近文章，砥厉廉隅。虽分国如锱铢，不臣不仕，其规为有如此者。"

孔子的仁的思想出于礼，老子的道的思想亦是对周礼的反思。《礼记·曾子问》中说，老子精于军礼、丧礼。此诸子皆儒之一证。老子虽为周王室之征藏史，属于史官，但就其之前来看，老子一定也是个术士。然而，墨子之墨，也是儒吗？况墨子非儒人所尽知。其实墨子非儒并不能证明墨子就是完全不同于儒的另外一种人。早在墨子之先，晏子就是极力非儒的。《史记·孔子世家》载：

晏嬰进曰："夫儒者滑稽而不可轨法；倨傲自顺，不可以为下；崇丧遂哀，破产厚葬，不可以为俗；游说乞贷，不可以为国。自大贤之息，周室既衰，礼乐缺有间。今孔子盛容饰，繁登降之礼，趋详之节，累世不能殚其学，当年不能究其礼。君欲用之以移齐俗，非所以先细民也。"

　　晏子批评儒者崇丧厚葬、隆礼繁饰，正与墨子所批评的一致。且要说明的是，晏、墨非儒，并非针对孔子，而是针对社会上普遍存在的儒者。

　　墨子的思想有两面，一是尊天事鬼，一是其科学思想。人皆以为此二者相互矛盾，其实是不了解墨子亦是术士（儒）。《汉书·艺文志》说："墨家者流，盖出于清庙之守。茅屋采椽，是以贵俭；养三老五更，是以兼爱；选士大射，是以上贤；宗祀严父，是以右鬼；顺四时而行，是以非命；以孝视天下，是以上同；此其所长也。及蔽者为之，见俭之利，因以非礼，推兼爱之意，而不知别亲疏。"

　　说墨家出于"清庙之守"，未必道出实情，但也揭示了墨家的某些特性。清庙之守大约就是祭祀之官，祭祀为史官最根本的职责之一。《左传·闵公二年》载："我，大史也，实掌其祭。"春秋有祭史，掌祝者为祝史，掌卜者为筮史。《昭公二十年》中，史、祭、祝并称。春秋时期，史官仍然活跃在宗教活动中。

　　《吕氏春秋·当染》也说墨子学于史角之后。《淮南子·要略》："墨子学儒者之业，受孔子之术，以为其礼烦扰而不说，厚葬靡财而贫民，久服伤生而害事，故背周道而用夏政。"汪中在《述学》中也说："墨学本于巫史。"

史职由神和巫演变而来。春秋时期，史官的神巫传统仍然可以看到。《国语·楚语下》载楚大夫王孙圉论楚之国宝："楚之所宝者，曰观射父，能作训辞，以行事于诸侯，使无以寡君为口实。又有左史倚相，能道训典，以叙百物，以朝夕献善败于寡君，使寡君无忘先王之业；又能上下说于鬼神，顺道其欲恶，使神无有怨痛于楚国。又有薮曰云，连徒洲，金木竹箭之所生也。龟、珠、角、齿、皮、革、羽、毛所以备赋，以戒不虞者也。所以共币帛，以宾享于诸侯者也。若诸侯之好币具，而导之以训辞，有不虞之备，而皇神相之，寡君其可以免罪于诸侯，而国民保焉。此楚国之宝也。若夫白珩，先王之玩也，何宝之焉？"可见，最早的术士就是从事巫术的巫师，史作为一种职业是伴随着巫师分途而出现的。因而，史本身也是一种术士。

史来自神巫，研究天人关系、讨论天象是其分内事。[1]《左传·文公十四年》载："有星孛入于北斗。周内史叔服曰：不出七年，宋、齐、晋之君皆将死乱。"果然，三年后宋昭公被杀，五年后齐懿公被杀，七年后晋灵公被杀。史官与天象关系浓厚："吾非瞽史，焉知天道？"韦昭注："瞽，乐太师，掌知音乐风气，执同律以听军声，而诏吉凶；史，太史，掌抱天时，

---

① 吴锐：《中国思想的起源》（第三卷），山东教育出版社，2003。

与太师同车，皆知天道者。"史官还可以看相，给人治病。祝史治病，依靠的是祈祷，祈祷消灾，是早期神巫的做法。甲骨文中有卜四方风的记载。春秋时由史代替巫师，这是由巫而史的演变轨迹；史官还在农业中发挥着重要作用。《周语上》还载："厉王虐，国人谤王，王得卫巫，使监谤者。"韦昭注："巫人有神灵，有谤必知之。"另外，《左传》有针巫、雍巫等。《庄子·应帝王》也载："郑有神巫曰季咸，知人之死生存亡祸福寿夭，期以岁月旬日若神。"有些史官则完成了由巫而史的转化。比如，《左传·僖公十六年》载周内史叔兴语"吉凶由人"，《昭公十八年》中子产云"天道远，人道迩"，《昭公十九年》载子产云"吾无求龙，龙亦无求于我"。也有人将天道神秘化，如《襄公九年》《襄公十八年》《昭公九年》《昭公十一年》均有记载。

儒与史的区别就在于由巫而史的过程中，一些得到职位的人便成为史，没有得到职位的人便成为相礼之儒。总之，说诸子皆儒更贴近先秦士的真相。

《汉书·艺文志》云："若能修六艺之术，而观此九家之言，舍短取长，则可以通万方之略矣。"这就是"天下一致而百虑，殊途而同归"的本义。诸子百家，从自己不同的生存处境以及对天下的思考中，各"得察一焉"，合起来就构成中国文化的早期传统，共同构建起中国传统文化这道璀璨的"银河星系"。

孔子身后史

西汉史给人的感觉就是一部尊儒史，时人关心的往往是儒家如何如何，但很少有人关心孔子，就连西汉前期和中期时的儒生，也不关心他们的圣人先师。甚至诸侯建宫殿，竟然随便就将孔子的老家给霸占拆迁了，也无人抗议。尽管在此之前，刘邦亲征，经过鲁国时顺道还到孔府祭了一次孔子，以表达对前贤的尊重。

这似乎与人们观念里儒家独尊的赫赫地位并不协调。

其实说白了，儒生关心的不是别的，而是自己；尊儒与尊孔是两码事，正如祭孔与爵孔也是两回事一样。所以，尽管儒生们的表演非常热闹，但孔子的身后却依然冷冷清清。

台湾佛光大学教授李纪祥说，西汉一朝，实无皇家刘氏于朝廷中向异姓"孔家"行"祭孔"典礼之事，文献中亦未见有此记载。作为帝王之家的"刘姓"，相对于曲阜孔氏而言，实为"异姓"。尊贵的皇家绝无在中央朝廷为异姓筑庙并行庙祭之可能，既无其礼，也无其理。在汉武帝定下崇儒之国策后，皇室如欲对孔子表达尊崇之意，则需至曲阜孔氏家庙。在历史的认知下，"崇儒"的尊孔与皇家代表中央的"祭孔"，实为两种不同的范畴。

西汉时期，汉家制度中并无博士与其弟子在太学中向孔子致敬的仪式，也没有过皇家刘氏代表国家向孔子致敬的祭典。

孔子的血统

在孔子身后，第一位孔子的尊崇者是鲁哀公，他以诸侯之尊给孔子致祭文，但是鲁哀公并没有亲临孔府，他的纪念文章甚至被孔子的弟子子贡批驳为不合周礼之文。鲁国官方对孔子的致敬，孔门弟子并不领情。

西汉建立后，刘邦平定英布之乱，自淮南还，过鲁，以太牢之礼，以帝王之尊亲至孔府祭孔。虽然是顺路，但也表达了对一个名满天下的学者的尊敬。然而这并未成为常态或制度，不知道孔府对这一次的最高礼遇是不是格外在意。

虽然刘邦首开帝王祭孔之例，但还算不上儒家价值在新社会中的体现，否则汉初奉行黄老之学的文景诸帝，理应去祭祀一下黄帝或老子才对。

第一个在史书中以"高山仰止"的姿态将孔子与诸侯并列，授予其"世世传家"（孔子世家）之荣誉者是司马迁。但这也并非官方的行为，而是司马迁个人的决定，只能算是一种民间形式。

在先秦时，只有诸侯有世家，如"鲁世家""齐世家""赵世家""燕世家"等，孔子显然不能算是"世家"。因此，孔子这一"世家"最多表明司马迁对孔子的一种文化意义上的推崇，表彰其贡献，使其名义上得与诸侯并列。

武帝时，董仲舒首倡"推明孔氏，抑黜百家"，又似乎将孔子与百家对立，或者是将孔子拔于百家之上，但政府并无实质性的举动。

武帝所立学校之官，以及置"博士弟子员"之"弟子"，并没有孔子的地位。

被冠以大儒名号的陆贾在《新语》中甚至连孔子都未提及，相反，《道基》篇提及"曾、闵以仁成大孝，伯姬以义建至贞"。

元帝时，孔子的山东老乡，先后担任谏大夫、光禄大夫、御史大夫的贡禹上书，仍然称孔子为"匹夫"。《汉书·王贡两龚鲍传》记载："孔子，匹夫之人耳，以乐道正身不解之故，四海之内，天下之君，微孔子之言亡所折中。"可见，此时"孔子身后史"中的"孔子"，只是一个分量很重的治国理论家而已。

真正开始为孔子争地位的是西汉末年的匡衡和梅福。

匡衡本身拥有美好的名声。很多人的童年记忆里有这么一个山东农民的孩子：他很想读书，可是家里穷，没钱上学，就跟着一个亲戚学认字，又向别人家借书来读。那时书很贵重，一般人哪里肯轻易外借？他便给那些人打短工，以工钱抵借书。

但是，愈是穷孩子愈要干活挣钱，白天哪有闲工夫读书？只能晚上抽空读。但买不起蜡烛，怎么办？匡衡无意中看到邻居家的烛光从墙壁缝隙里透过来，便灵光一闪，干脆将墙缝凿大一些，这样光线也足一些，便就着邻居家的烛光偷偷地读书。后来就有了"凿壁偷光"这一典故。

匡衡就这样成为一代经学家。他主要读的是《诗经》，后来接连考了九次，好不容易才考了个"三本"：西汉规定掌握一经者通过考试即可做官，获甲科者为郎中，乙科为太子舍人，丙科补文学掌故。匡衡得了丙科。

但是，因为匡衡对《诗经》理解得很透，听他讲《诗经》，能"解人颐"。他也因此获得了太子的好感。

这个太子便是元帝，他即位后，匡衡一路官运亨通，郎中、博士、给事中、光禄大夫、太子少傅、御史大夫，最后成为丞相，封乐安侯，总理政务。匡衡直言敢谏，将把持朝政无人敢惹的宦官石显给弹劾掉，并铲除其党羽。

然而，这样一位满身光环的丞相，却因为利用地图的漏洞，非法扩大了自己乐安侯的封地面积，被人告发"专地盗土"，侵犯土地四万多亩，变成一个贪污犯，被贬为庶人。这一事实不知要毁掉多少人的童年记忆。

匡衡主张应封孔子之后为汤后，但是这一意见没有被采纳。"上以其语不经"，意味着匡衡的话荒诞无据，不合常理。

成帝时，梅福又上书求封孔子之后为殷祀。绥和元年（前8年）二月癸丑，汉成帝下诏："听闻王者必须保存前两朝王室后代，连同本朝而通三统。昔日成汤受天命为王，成为夏商周三代的一部分，如今他的祭祀却废绝了。现在考求他的后代，适合的致祭人是孔吉，特封孔吉为殷绍嘉侯。"三月，孔吉进爵为公，食邑百里。

孔吉为孔子第十三代孙。其人没有更多详细史实，他被封为公，并非为了尊孔，而是作为汤之后裔身份，奉殷祀。可以说，这与孔子的贡献和地位并没有多大关系。唯一有关系的只是因为血统，"孔子亦宋人"，孔子是殷商的后代，是出于"通三统"的需要。

"三统"是汉人（主要是董仲舒）想出来的，指天统、地统和人统。相应地，夏、商、周为三代，通三统实际上就是通三代。

匡衡、梅福二人提出的观念，是不被时人接受的新观念，旧习无之，旧典亦无之。两人虽没有直接关心孔子的地位，但为给孔子争地位开了一个头。

匡衡的主张为何没有成功，原因在其"求殷后以奉汤统"，依据的是《礼记》，认为孔子为殷人。而梅福后来为何能成功，原因在其是"求宋后"，认为孔子为宋人，依据的是《谷梁传》。

尽管孔吉被封为公，但并不是后世历史"尊孔""明师""立学""以孔为庙"的基调与主轴。

孔子的爵位

追谥孔子爵号为"公"，是在西汉末年平帝时。在此之前，西汉帝王没有直接针对孔子个人封爵之诏令。

只有使孔子脱离了"汤后""宋后"这种血缘关系，着眼于其道德文章足为后世之法的考量，使其如同周公一般，进入历史的圣人殿堂，才算是真正的尊孔。

一如梅福引导成帝"追圣人素功，封其子孙，未有法也，后圣必以为则"时所说，尽管儒生处处追称孔子为圣人，然而名不副实，"是故仲尼之庙不出阙里，孔子子孙不免编户"。

真正改变这一局面的是王莽。

孔子的爵位（封谥）问题之解决，是偶然也是必然。

汉平帝元始元年（公元 1 年），王莽受诏由大司马而封爵为"安汉公"。群臣所议大司马大将军王莽封爵时的颂词是"功德比周公，故号安汉公"，将王莽与周公并列。

很显然，王莽自己虽然获封公爵，但其心自不能安，他何德何能与周公相比？这个时候，有必要拉个人来陪衬一下。

平帝即位时才九岁，由太后王政君垂帘专政。平帝甫一即位，王莽即进封公爵。

六月，下诏"封周公后公孙相如为褒鲁侯，孔子后孔均为褒成侯，奉其祀。追谥孔子曰褒成宣尼公"（《汉书·平帝纪》）。

汉平帝的这道诏令，自然出于安汉公王莽之谋，他拉了三个古人进行封谥：二侯一公，孔子本人，追谥为公。

孔均本名孔莽，圣人之后竟然要因避王莽之讳而更名，这也颇为荒诞。

这是西汉官方首次对孔子封谥爵位爵号，孔子在历史地位上首次超过了周时的大多数诸侯。

前面提到，孔子第十三代孙孔吉已被成帝赐封为殷绍嘉公。那是"三统说"体系，与孔子的贡献和地位并无多大关系。到平帝元始四年春正月，改殷绍嘉公曰宋公，周承休公曰郑公。

但其实早在汉元帝时，孔子后代中就有人被封侯。

这就是孔子第十三代孙孔霸，其治《尚书》有成，曾为太子师，后出任高密相；元帝登基后，于初元元年（前48年）封孔霸为"关内侯"，食邑八百户。

元帝因孔霸之请，同意孔霸以关内侯所食邑八百户祀孔子。这就是说，孔霸个人的封爵，与其祖先没有关系，孔霸是想争取官方承认祭祀孔子的合法性。这样，孔霸祭先祖孔子就不再是个人行为，而是代表政府。"褒成君"之名，前人的解释是"为帝师，教令成就"，故称。此称是孔子褒成宣尼公的由来。

这样，孔霸因为户籍迁到了长安，便打发长子孔福"名数于鲁，奉夫子祀"。孔霸有四子，他死后，由长子孔福继承关内侯爵位。孔霸的另一个儿子孔光，于汉成帝时做到御史大夫、左将军，并于成帝驾崩前进位丞相。哀帝时仍然担任丞相，平帝时改为大司徒、太师。前后十七年，辅佐三帝。

在太后王政君眼里，孔光是"圣人之后，先师之子，德行纯淑，道不通明，居四辅职"。他位极人臣，却不敢违逆王莽旨意，成为王莽打击政敌的工具，因而，班固称其"持禄保位，被阿谀之讥"。王莽幕后一手推动的孔子进爵一事，不能不说有拉拢孔光之意，"老其贼计"。当然，此举也赢得了汉儒的心，为王莽称制、建立新朝，奠定了基石。

同时应该看到，尊孔与尊儒是两回事，爵孔和祭孔也是两回事，以帝王皇权之尊于朝廷中行"祭孔"之礼并成为"国典"，"更是甚晚之事"。

从此以后，历史上周孔并称，联袂而为圣人。孔子圣人的地位就此确立。

至于后世儒家的"周公称王"与"孔子封王"，只不过是类似的做法重演了一遍。

盛世的灾异

元平元年（前74年）四月癸未日，汉昭帝驾崩。昭帝没有子嗣，大将军霍光迎立昌邑王刘贺为帝，可是刘贺真的只是来打酱油的，只二十七天后，刘贺便被霍光废黜。

七月，年仅十八岁的刘病已被迎立为帝，他就是汉宣帝。

汉宣帝即位不久，就征召眭弘的儿子为郎。

这一举措，意味着汉宣帝正式给眭弘平反。本节所有的故事，都开始于这次平反。

眭弘是什么人？汉宣帝为什么要给他平反？这次平反对汉代政治有什么样的影响或意义？

眭弘的预言

时间要追溯到五年前，汉昭帝元凤三年（前78年）正月，泰山莱芜山之南发生了一件灵异事件。那里传出了巨大的喧闹之声，这种声音像是有几千人聚在一起呐喊，引起当地老百姓去察看，却看见有块大石头自己竖了起来，高一丈五尺，有四十八人合围那么粗，入地有八尺深，另有三块石头作为大石的脚。大石自立后，有几千只白色的乌鸦飞下来聚集在它旁边。

此后，又接连发生了好几起灵异事件：一是昌邑社庙中已经枯死倒地的树居然又活了过来；二是首都长安上林苑中原已折断、枯萎倒卧在地的大柳树竟然自己站了起来，重新获得了生机，而且吸引了许多虫子来吃这棵树的叶子，吃剩的树叶的形状又像这样几个字——"公孙病已立"。

这几件事，目睹的肯定不是少数几个人，因为它们都被堂而皇之地记载在《汉书》里。

这时，一个叫眭弘的人站了出来。

眭弘，《汉书》有传，说他字孟，年轻时尚义任侠，喜欢斗鸡走马，后来忽然作风大变，开始跟嬴公学习《春秋》，成为一个通晓经术的大儒，并且做到官秩六百石的符节令，职掌传达皇帝命令和调兵的凭证。

眭弘还自称是董仲舒的学生。

得知上述灵异事件之后，眭弘便推衍《春秋》大意，认为："石头和柳树都是阴物，象征着处在下层的老百姓，而泰山是群山之首，是改朝换代以后皇帝祭天以报功的地方。如今大石自立，枯柳复生，它们并非人力所为，这就说明要有普通老百姓成为天子了。社庙中已死的树木复生，这就表示以前被废的公孙氏一族要复兴了。"

查历史，西汉有名的公孙氏首先就是公孙贺。公孙贺是汉武帝时有名的大臣，曾七次出征匈奴，得封侯爵；太初二年（前103年）取代石庆担任丞相。征和二年（前91年）正月，丞相公孙贺之子公孙敬声被诬告以巫蛊咒汉武帝、与阳石公主通奸，公孙贺父子下狱死。

这段历史，眭弘不可能不知，但眭弘也不知道这公孙病已是何人、在何处，他说："我的先师董仲舒曾经说过，即使有继皇帝位并且遵守文德的君主，也不会妨碍圣人受命于天。汉家是尧的后代，有传国给他姓的运势。汉帝应该普告天下，征求贤能的人，把帝位禅让给他，而自己退位封得百里之地，就像殷周二王的后代那样，以顺从天命。"

竟然要求汉家天子将帝位禅让于外姓，这胆子真是太大了。难道眭弘真是一个读书读傻了的愣头青？话说当年，项羽见到巡幸会稽的秦始皇的威风时说了一句话：彼可取而代也。吓得他的叔父项梁急忙捂住他的嘴巴：不要胡说，要满门抄斩的！

项羽只是私下里说说，可是眭弘竟然公开地说。不仅如此，眭弘还请他一个担任内官长的名叫赐的朋友替他上奏此书。

关键是，这个叫赐的人竟然真将眭弘的奏折呈给了皇帝。

当时，汉昭帝还很年幼，由大将军霍光管理朝政。霍光好不容易大权在握，怎么可能会认同眭弘的意见，拱手将权力交给他人？于是，霍光就把眭弘的奏书交给廷尉，并且上奏称赐和眭弘妖言惑众，大逆不道，结果两人都被判处死刑。

眭弘平反

说来真蹊跷。五年后，昌邑王刘贺临时做了二十七天皇帝，应了昌邑社庙那件灵异事。不久，一个名叫刘病已的人进入未央宫，成为汉宣帝，又应了"公孙病已立"的灵异事。

汉宣帝是汉武帝的曾孙，戾太子刘据的孙子。巫蛊之祸发生后，太子刘据为自保反抗，失败后带了两个儿子出逃。刘病已刚出生才一个多月，其父刘进身为太子刘据的长子，因为要照看这个儿子，就没有出逃。最终刘病已的至亲和身边人基本上都受牵连被处死，只有他因为刚出生而逃过一劫，但也进了官狱，长到快五岁时，又遇一劫。后元二年（前87年），有人说，长安监狱中有天子气，汉武帝得知，派人将长安二十六座官狱中的犯人抄录清楚，不分轻重一律杀掉。幸得丙吉相助，把住刘病已狱中大门，汉武帝才知有个皇曾孙在世，这才大赦天下，让刘病已又逃过一劫。

汉武帝病逝前，留下两道遗诏，其中之一便是将刘病已收养于掖庭，并让宗正将其录入皇室宗谱。刘病已这才恢复宗室地位。

多灾多难的刘病已长年出行宫外，游历民间，算是了解民间疾苦，也颇喜符瑞。即位后，鉴于自己是从民间兴起的，又应了"公孙病已立"的符瑞，就征召眭弘的儿子为郎，算是对眭弘的最终平反。

这一平反，释放出了许多信号。当然，最大的作用在于，宣帝借以成功地宣示了继承皇统的合法性。

说灾异的成功与失败

眭弘平反，释放了一个政治信号，表明新皇帝喜欢祥瑞。于是，与祥瑞相对应的灾异自然也进入了人们的视野。

从此，天人之征开始在政治生活中频繁登场。儒生说灾异的环境宽松起来，萧望之便是第一个通过说灾异影响政治的成功案例。

萧望之是汉初名相萧何的七世孙，但其家族到了萧望之的祖父、父亲时，已成了世代务农之家。大将军霍光权倾一时，丙吉将萧望之推荐给了霍光，但因为萧望之拒绝见霍光要搜身的做法，没有被授予职位。后来，萧望之通过射策考试，做了一个东苑看门人。

几年后，受弟弟牵连，萧望之连看门人都做不成了，幸被魏相收留，做了个司礼官。

《汉书·萧望之传》记载：地节三年（前 67 年）夏，京师长安连下大雨冰雹，萧望之因而上疏，"愿赐清闲之宴，口陈灾异之意"。汉宣帝早在流落民间时就曾听说过萧望之的大名，便问："此人就是东海的萧望之吗？令少府宋畸问明情状，无须隐讳。"萧望之因此提出：《春秋》记载，昭公三年大雨雹，当时季氏专权，驱逐了鲁昭公。假如鲁国国君能够察于天变，就不会有此灾难。今陛下以圣德居位，思政求贤，这是像尧、舜一样用心啊。然而祥瑞未到，阴阳不和，是大臣专政，一姓擅势所导致的结果。"附枝大者贼本心，私家盛者公室危。"希望明主亲理政务，选拔本宗，任用贤才，作为心腹，同他们参政谋事，命令公卿大臣朝见奏事，明陈其职，以考功能。这样，就会"庶事理，公道立，奸邪塞，私权废"。

此时霍光已于前一年病死，其子霍禹担任大司马，其兄之子霍山担任尚书，亲属皆为宿卫内侍。萧望之所谓"大臣任政，一姓擅势"，无疑是直指父子相继秉政的霍氏一族。

霍光死后，有如芒刺在背的汉宣帝去掉了一块心病，地位逐渐稳固，正想摆脱霍氏掣肘，起用新人，革新朝政。萧望之所言正合其心意，因而从此深得宣帝信任，凡萧望之所奏请之事，宣帝无不允准，一岁三迁，官至二千石。

但是，在此之前，说灾异而失败的例子很多。

董仲舒就是其中之一。

董仲舒是西汉祥瑞灾异学说的系统化者，他认为："帝王之将兴也，其美祥也先见；其将亡也，妖孽也先见。"祥瑞灾异之所以出现，是天人相感的结果，"国家将兴，必有祯祥；国家将亡，必有妖孽"。

早在《吕氏春秋》一书中，古人就认为人世间政治的昏乱败坏，是自然界各种灾异出现的原因。例如：天空中的云有各种怪异的形状，太阳发生日食，或者出现好几个太阳，或夜晚出现太阳；月亮发生月食，或几个月亮一齐出现，还会有妖星出现；还会产生一些妖孽现象，即异物长得像带子，兔子生出野鸡，牛马会说人话，妖人自天而降，鸡长出五只脚，猪生狗；等等。这些灾异现象的出现是因为君主治理国家不当，君主应对其负有责任，所以国君见到这些灾异现象出现，应该警惧改过，否则"上帝降祸，凶灾必亟"。

西汉刘安及其宾客集体撰成的《淮南子》，囊括了秦汉道家、墨家、阴阳家等各派的言论。书中提出："人主之情，上通于天。故诛暴则多飘风，枉法令则多虫螟，杀不辜则国赤地，令不收则多淫雨。"这与《吕氏春秋·应同篇》中"类固相召，气同则和，声比则应。……夫覆巢毁卵，则凤凰不至；刳兽食胎，则麒麟不来；干泽涸渔，则龟龙不往"的论述一致。

董仲舒的思想则更明显地体现了汉初的祥瑞灾异观：

> 古以大治，上下和睦，习俗美盛，不令而行，不禁而止，吏亡奸邪，民亡盗贼，囹圄空虚，德润草木，泽被四海，凤皇（凰）来集，麒麟来游……

> 故为人君者，正心以正朝廷，正朝廷以正百官，正百官以正万民，正万民以正四方。四方正，远近莫敢不壹于正，而亡有邪气奸其间者。是以阴阳调而风雨时，群生和而万民殖，五谷孰（熟）而草木茂，天地之间被润泽而大丰美，四海之内闻盛德而皆徕臣，诸福之物，可致之祥，莫不毕至，而王道终矣。（《汉书·董仲舒传》）

董仲舒的儒学，实际上是以天人感应论为思想体系的儒学。他认为，"天亦人之曾祖父也"。《春秋繁露》和《汉书》记载的灾异说、祥瑞说总量中，灾异说占十之八九。

灾异说，是与国家的衰乱、国君的淫乱、违背天道紧密相连的。董仲舒解释了"灾异"的概念："天地之物有不常之变者，谓之异，小者谓之灾。灾常先至而异乃随之。灾者，天之谴也；异者，天之威也。谴之而不知，乃畏之以威。……国家之失乃始萌芽，而天出灾害以谴告之；谴告之而不知变，乃见怪异以警骇之；警骇之尚不知畏恐，其殃咎乃至。"

董仲舒特别强调道："天人之征，古今之道也。孔子作《春秋》，上揆之天道，下质诸人情，参之于古，考之于今。故《春秋》之所讥，灾害之所加也；《春秋》之所恶，怪异之所施也。书邦家之过，兼灾异之变，以此见人之所为。其美恶之极，乃与天地流通而往来相应，此亦言天之一端也。"

后世学者多认为，董仲舒倡导灾异说，其目的之一就是限制君权。这恐怕是一厢情愿，难道西汉帝王傻到连这么明显的目的都看不出来吗？

两汉帝王中常有发布祥瑞灾异诏书，据统计，文帝灾异诏书有两条；武帝符瑞诏书有六条；宣帝灾异诏书有四条，祥瑞诏书有九条；元帝灾异诏书有十条；成帝灾异诏书有九条，符瑞诏书有一条；哀帝灾异诏书有两条。

事实上，汉朝第一条灾异诏书就是文帝发布的。文帝二年（前178 年）冬发生日食，这在古代是极为常见的"灾异"，文帝为此发布诏书称："朕闻之，天生民，为之置君以养治之。人主不德，布政不均，则天示之灾以戒不治。乃十一月晦，日有食之，适见于天，灾孰大焉！朕获保宗庙，以微眇之身托于士民君王之上，天下治乱，在予一人，唯二三执政犹吾股肱也。朕下不能治育群生，上以累三光之明，其不德大矣。令至，其悉思朕之过失，及知见之所不及，丐以启告朕。"文帝公开承认，灾异是自己失德所致。以后人的观念来看，这会不会有损文帝的权威和圣明呢？

任何帝王都不可能不考虑这个问题。文帝在发布诏书前，一定有过权衡。他和其他帝王一样，都不会接受别人强加给他的限制，但如果是他自己的意识，那就不一样了。

换言之，能不能接受灾异观念，是帝王发布灾异诏书的前提。

如汉武帝在位五十四年，没有发布一条灾异诏书，但发布了六条祥瑞诏书。究其原因，就是武帝不接受灾异思想。

建元六年（前135年），辽东高庙和长陵高园殿相继发生火灾。时任太中大夫的董仲舒草拟奏书认为，这是上天借此提示人君要惩治不法的诸侯、大臣。主父偃将草稿偷来，上奏朝廷，武帝将稿子交给朝中大臣们审议。董仲舒的弟子吕步舒不知道是老师所写，"以为大愚"。武帝一怒之下，把董仲舒下了大狱，后来才赦免他。董仲舒从此再不敢谈论灾异了。

解决不了问题，就解决提出问题的人

灾异说真的对国家治理有帮助吗？或者说，西汉流行的"灾异说"对政治有多大影响？

历史上有两种截然不同的观点。一种是清人赵翼的观点，他认为，灾异说导致"两汉之衰，但有庸主而无暴君"。一种是现代学者顾颉刚的观点，他在分析汉末的社会思潮时指出："灾异说已经把汉家的地位在精神上打倒了。"

这两种观点都认为"灾异说"对西汉政治影响重大。果真如此吗？

以汉文帝为例，在前文提到过的那份灾异诏书里，他将过失揽在自己身上，并提出要举贤良方正和极言纳谏之士来匡正自身。十一年后（前 167 年），文帝废掉秘祝之官："今秘祝之官，移过于下，以彰吾之不德，朕甚不取，其除之。"因为秘祝官在禳解时常把灾害移给臣下。

尽管灾异说认为，导致灾异的原因在于帝王，但历史上却自有一种解决办法，即"移灾"："次序其凶祸所下，谓禳移之。"例如，抱朴子就有《移灾经》。《史记·封禅书》也有记载："祝官有秘祝，即有菑祥，辄祝祠移过于下。"移灾就是将原本应该由帝王负担的责任转移到大臣身上。

商汤时，接连大旱七年，汤便到桑林设坛求雨，因为这里离天最近。史官为之卜了一卦，说要拿一个人焚献神灵，老天才肯下雨。汤不肯，他认为久旱不雨，一定是自己做错了什么。他命人搭好台子，准备好干柴，如果求雨不灵，便打算牺牲自己，投身于柴上，自焚以感上天。

这当然是遇到了难得的好领导，倘若是别的帝王，自然会同意史官的话，设法让臣下或百姓来挡灾。

春秋时期，那个拒绝祭河神的楚昭王，他死的那年（前 489 年），天空中的云霞像许多赤鸟，围住太阳飞舞，一连显现了三天。很多人都害怕这种灾异，太史对昭王说："这个灾祸理应由国君来担当，但您不要害怕，只要禳祭一下，还容易移于几个大官，像令尹、司马啊，都是可以代替您的。"没想到，这位硬气的昭王竟毅然地反对："我倘使没有大过，天为什么要使我死？我如真的有罪，应当自己受罚，又为什么要害我的将相手足？即使将灾祸移给他们，又能治好我的病吗？"结果他毅然承受了这个祸患。

汉文帝颇有商汤、楚昭王之风，他似乎懂得"国家将有失道之败，而天乃先出突害以谴告之，不知自省，又出怪异以警惧之，尚不知变，而伤败乃至。以此见天心之仁爱人君而欲止其乱也"。后来，他发现秘祝官专为皇帝一人服务，而不顾百姓，于是下令废掉该职务。可见，对待灾异的问题，就看帝王能不能承认问题、有没有担当的勇气。

不肯牺牲、不敢担当的帝王，便懂得嫁祸于人，设法使臣下代负其责。

元帝永光元年（前43年），春霜夏寒，日青无光，丞相于定国就主动缴上侯印，自劾而去。薛宣接替为相，永始二年（前15年），天降陨星、日食，成帝就给他下诏："灾异数见，秋收又不好，这都是你做了丞相的缘故。快解印辞职吧！"薛宣走后，翟方进继任为相九年，没有出现什么灾异。不料绥和二年（前7年），荧惑星守住了心星，其凶应在皇帝。这时有人上书，撺掇成帝让大臣去担当。成帝竟然下诏将翟方进狠狠地批了一顿，并赐给酒十石，牛一匹，作他最后的餐食。翟方进无奈，只得自杀。可是，巧得很，翟方进自杀仅一月，成帝就死了。翟方进就这样白死了。

等到王莽上台后，他就把灾异的责任都推给了臣下（主要是大司马）。可见，禳灾法是灾异论的产物，它是有多么缺德，解决不了问题，就解决提出问题的人。

除了将灾异之祸转嫁臣下之外，西汉还有一种处理办法，就是把灾异说成是祥瑞。如王莽时，祥瑞灾异频现，刚开始王莽害怕民众不满，自己将灾异解说成是祥瑞，后来大臣们主动帮他解释：

地皇四年（23年），王莽迎娶皇后的当天，"大风发屋折木"。大臣们却说："乃庚子雨水洒道，辛丑清靓无尘，其夕谷风迅疾，从东北来……诸欲依废汉火刘，皆沃灌雪除，殄灭无余杂矣。"七个月后，新朝灭亡，王莽被杀。

如果说，最初说灾异者多为通经之士，那么到西汉末年，大臣们争说灾异，已经蔚成时尚。究其原因，不外有二。一是对于大多数人而言，说灾异是一条通向权力核心的捷径。这能使他们有面见天子、直接获得赏识的机会，不乏揣摩上意，希指进言之辈，或者投靠权贵，曲说求荣之徒，正所谓"机智竞兴，权术是尚"。二是对灾异的解说相当灵活。董仲舒也好，夏侯始昌也罢，他们论灾异，充满权变，根据具体场合选择不同的解说。后来者心领神会，以为心法。

说灾异论搅乱人心，也有道理，但最根本的不是灾异论本身，即使没有灾异论，人们也总能找到别的工具。只要不是本着诚心解决问题的想法和态度，再好的国家也会被治理瘫痪，王朝再好的气运都会被耗散一空。

昙花一现的儒臣改制

西汉帝王中，宣帝应该是最有治国天资的。除掉霍氏一族之后，他启用了三股势力：一则以宦官弘恭、石显主掌尚书系统；一则重用妻党许氏、史氏和母党王氏等外戚；一则又着力培植萧望之、周堪等重臣。三者之间互相制约，扬长避短，宣帝驾驭有度，从而使他们都能为己所用。

宣帝于公元前 49 年驾崩。尽管此前他将萧望之贬为太子太傅，但临终前，仍然召他与侍中史高、少傅周堪三人受诏辅政。史高为大司马车骑将军，萧望之为前将军光禄勋，周堪为光禄大夫，他们三人堪称辅佐新帝的三驾马车。

太子刘奭继位，他就是汉元帝。

史高是宣帝的表叔，本来，萧望之、周堪具有明显的优势，如果能结交史高，就更好了。谁知，史高反被宦官弘恭、石显勾结，形成一个与之对立的权势集团。一向反感宦官干政的萧望之则将散骑谏大夫刘更生、侍中金敞引入内阁，将刘更生擢为散骑、宗正给事中，加强了自己的力量。

这样，"四人同心谋议，劝道上以古制，多所欲匡正"。"古制"二字，历来就是儒家的理想制度的代名词。战国以来，儒生锲而不舍地游说帝王采用"三代"古制，只是一直没有机会。如今，元帝支持萧望之等人改革汉制。

第一次获得得君行道的机会，萧望之等人心气很高，目标远大。首先要排除改革的障碍。宦官中书令弘恭、仆射石显"久典枢机，明习文法"，加上领尚书事的外戚大司马车骑将军史高，三人相为表里，"论议常独持故事，不从望之等"，明显成了萧望之等儒臣改革汉制的最大障碍。

于是，萧望之提出，中书是政治的根本，任用宦官既非旧制又违古义，建议改用士人，由此与弘恭、石显、史高的矛盾进一步激化。结果被他们设计陷害，即位不久的元帝不明就里，将萧望之、刘更生等人下狱、免官。

儒家的古制还未来得及实施，就在第一回合交锋中败北。

初元二年（前47年）春天地震，夏天出现客星，深信灾异的元帝想重新起用萧望之等人，受到宦官阻挠。正在这时，地震再度发生，宦官们高度紧张，生怕儒臣们将灾异归咎于己，就先行一步，将灾异归咎于儒臣。

如何解释灾异所代表的天意，事关斗争双方的成败，谁占了优势，谁就掌握了话语权。说灾异原本是儒学士大夫最擅长不过的，但久在其中的外戚和宦官也不是白痴，他们也学会了利用灾异为自己服务。

果然，刘更生在地震后深为恐惧，他担心对手会利用灾异再度打击倡导古制的儒臣。但因为自己获罪在身，不便上书，就指使他人上书，将灾异归咎于宦官弘恭。弘恭早有准备，识破了刘更生的计谋，结果二事合并问罪，刘更生"坐免为庶人"。

双方一个以阳谋，一个以阴谋，最后儒臣们竟然未能斗过史高、石显等人。萧望之因不甘受辱，自杀身亡。这一回合，儒臣们一败涂地。刘更生在元帝一朝的从政经历仅两年即告结束，有如昙花一现。

第二年，元帝再度起用周堪及其弟子张猛。可仅仅过了三年，永光元年（前41年），事情又起了变化。刘更生为了帮助周堪等人稳固地位，进而重新起用自己，再次上封事言灾异。他指出，灾异并起的原因在于"谗邪并进"，陈请"放远佞邪之党，坏散险坡之聚，杜闭群枉之门，广开众正之路"。他将矛头直指反对古制的宦官外戚。结果，好事没做成，反而激起外戚宦官并力反击。"是岁夏寒，日青无光"，他们反以灾异为由，直陈都是周堪、张猛用事之咎。这一次元帝相信了他们，左迁周堪、张猛为地方官。刘更生"遂废十余年"，直到元帝驾崩，再也没有被起用。

在利用灾异这种新的政治文化话语权的斗争中，儒臣们屡战屡败。

直到汉成帝即位后，刘更生才得以重新进用。但这个时候，外戚的势力已经形成，比此前更难对付了。

刘向难封

刘更生，这个名字不大为人所熟悉，大家熟悉的是他后来改的名字——刘向（前79年—前8年），这位西汉后期著名的学者是楚元王刘交的玄孙（五世孙）。刘交是汉高祖刘邦的同父异母弟，好读书、多才艺，是刘氏家族中当时最有文化的人，且在刘邦征讨天下的过程中亲随左右，身处机要，是刘邦最信任的胞弟之一。

汉高祖六年（前201年），楚王韩信被废之后，其地一分为二，其一则立刘交为楚元王。这个诸侯国最终在宣帝地节元年（前69年）因犯罪而被废除。与众不同的是，楚元王刘交一族，先后出了六位宗正——皇族族长，包括刘向的两位伯曾祖父楚夷王刘郢客、楚文王刘礼、刘向的祖父刘辟强、父亲刘德、刘向本人，以及刘向的侄子刘庆忌。

刘向在十二岁那年便担任宫廷中引御辇的郎官，后拜为郎中，给事黄门，迁散骑谏大夫给事中，成为近侍，职级虽低，但能常随皇帝左右。

然而，刘向虽然历经宣、元、成三朝帝王，并于成帝时成为光禄大夫，他也极力维护汉室，成帝知道他的忠心，也多次提出过要封刘向，但最终未能如愿，给后人留下"刘向难封"的遗憾。

汉代历史上还有一个著名的"李广难封"的故事。

李广是秦朝名将李信之后，他第一次见于史载是在汉文帝十四年（前166年）。李广以良家子的身份从军抗击匈奴，斩杀匈奴首级很多，被提拔为汉中郎。景帝时，李广任陇西都尉、骑郎将。吴楚七国之乱时，从周亚夫平叛，立有大功，却因为毫无政治头脑，接受了梁王的将军印，故未受封赏。先后调为上谷太守、上郡太守，并辗转雁门、代郡、云中等地为太守。武帝时，调任未央宫禁卫军长官。此后又多次单独或跟从卫青、霍去病征讨匈奴。这样一个历史上有名的将领，却始终未得封侯，因而时人和后人都为之惋惜。唐人王勃更有名句"冯唐易老，李广难封"而为之鸣不平。

那么，刘向难封与李广难封有什么可比性呢？

还有谁的心理阴影面积可以和李广相比呢？恐怕只有后来的刘向有得一拼。刘向的遭遇还影响到几百年后的南朝。

548 年，光禄大夫萧介深知自己不久于人世，奋笔向梁武帝上表谏言："臣朽老疾侵，不应干预朝政；但楚囊将死，有城郢之忠，卫鱼临亡，亦有尸谏之节。臣忝为宗室遗老，敢忘刘向之心？"

"刘向之心"在几百年后获得了回响，并有同样的遭遇："上叹息其忠，然不能用。"

刘向的过敏与无能

成帝即位后，刘向对汉家天下的忧虑没有一天稍减。

阳朔二年（前 23 年）夏，刘向再次上书成帝，明确指出："王氏一姓，乘朱轮华毂者二十三人，青紫貂蝉充盈幄内，鱼鳞左右。大将军秉事用权，五侯骄奢僭盛，并作福威，击断自恣，行污而寄治，身私而托公，依东宫之尊，假甥舅之亲，以为威重。尚书、九卿、州牧、郡守皆出其门，管执枢机，朋党比周。称誉者登进，忤恨者诛伤，游谈者助之说，执政者为之言。排摈宗室，孤弱公族……内有管、蔡之萌，外假周公之论，兄弟据重，宗族磐互，历上古至秦汉，外戚僭贵未有如王氏者也。"

成帝看到奏折，召见了刘向："叹息悲伤其意，谓曰：君且休矣，吾将思之！"

当时的外戚有两大姓，一是皇后许氏，一是母后王氏。

为了独揽大权，王凤在河平四年（前25年）强请罢免成帝素来敬重的丞相王商，次年又以日食灾异为借口，迫使成帝遣宠弟定陶王之国。成帝心不能平，对王凤产生不满。这时，京兆尹王章上封事，言日食之咎不在定陶王而在"大臣颛政者"，认为"凤不可令久典事"，之后又推荐冯野王代王凤辅政。成帝颇以为然，"欲以代凤"。然而，王凤暗中探知此事后，抢先上书引咎辞职，然后利用太后向成帝施压。太后听闻此事后，流涕绝食。成帝不忍心，不得不慰留王凤，竟将王章处死。此后，王凤专权日盛，公卿侧目，"郡国守相刺史皆出其门"。

刘向颇有天下易主的隐忧，他私下对陈汤说："灾异如此，而外家日盛，其渐必危刘氏。"

萧望之说灾异的成功，也激励着刘向。成帝相信灾异之说，也刺激着刘向。刘向大概懂得"语言是管理天下的有效工具"，因此，他花了更大的精力，研究如何系统地解释灾异：

（刘）向见《尚书·洪范》，箕子为武王陈五行阴阳休咎之应。向乃集合上古以来历春秋六国至秦、汉符瑞灾异之记，推迹行事，连传祸福，著其占验，比类相从，各有条目，凡十一篇，号曰《洪范五行传论》，奏之。(《册府元龟》)

学术界认为，《洪范五行传论》是历史上第一部灾异纪事和灾异理论的集成，也标志着灾异论儒学传统构建的完成。

但问题是，王氏中也有说灾异的高手。例如杜钦，借口目疾不仕，却甘于做王凤的谋士幕僚；谷永，"党于王氏"，"专攻上身与后宫"。

刘向想要成功地说服成帝，击败王氏一党，势必要重新夺得说灾异的话语权，借此重建灾异论说中的儒家之"道"。

元延三年（前10年）正月，"星孛东井"，四川岷山发生塌方，堵塞江水。刘向以为："周时岐山崩，三川竭，而幽王亡。岐山者，周所兴也。汉家本起于蜀、汉，今所起之地山崩川竭，星孛又及摄提、大角，从参至辰，殆必亡矣。"刘向发出了亡国的警告，他所担忧的，已经从外戚用事导致灾异，转变为刘氏将亡、王氏代汉了。

刘向希望通过解说灾异，使成帝悔悟，并非完全没有道理。终成帝一朝，刘向并非没有机会表达见解，成帝并非没有深思。但成帝最终未用其言，原因何在？应该说，刘向针对王凤的言论，颇有危言耸听之感，有过敏之嫌。事实上，王凤并非东汉时的董卓、曹操，也不是宋明时的蔡京、刘瑾等人，没有威胁刘氏政权。

当时的王凤还是做了一些实事的。如平西夷夜郎，通西域。司马光甚至说"当世善政多出于（杜）钦者"，杜钦的善政则多通过王凤来实施。

成帝时的内外政局如何？谷永曾经说："方今四夷宾服，皆为臣妾，北无薰粥、冒顿之患，南无赵佗、吕嘉之难，三垂晏然，靡有兵革之警。……百官盘互、亲疏相错，骨肉大臣有申伯之忠，洞洞属属，小心畏忌，无重合、安阳、博陆之乱。"这应该是事实。

王凤确实引荐了一批能人，如校尉陈汤和王延世、王章等。

《汉书·王尊传》记载："南山群盗傰宗等数百人为吏民害，诏发千人逐捕，岁余不能禽。"有人建议大将军王凤，区区数百人，讨不能得，难以示四夷，独选贤京兆尹即可。王凤便推荐了高陵令王尊，征其为谏大夫，守京辅都尉，行京兆尹事。"旬月间，盗贼清。"用一人，即平息了持续了一年多的少股盗贼，王凤的执政能力可见一斑。

后来，御史大夫张忠告京兆尹王尊暴虐倨慢，王尊因而被免官。但有人上书，称因御史丞杨辅与王尊素有私怨。王尊"修身洁己，砥节首公，刺讥不惮将相，诛恶不避豪强，诛不制之贼，解国家之忧，功著职修，威信不废，诚国家爪牙之吏，折冲之臣"。成帝于是升王尊为徐州刺史。

王凤死前，荐王音取代自己。王音虽然骄奢，但并非乱政之人。

《汉书·五行志》有记载："鸿嘉二年（前19年）春，有飞雉集于庭，历阶登室而雊，后又集太常、宗正、丞相、御史大夫、车骑将军之府，未央宫承明殿。"王音等上书，以灾异谏成帝，成帝推卸责任，认为是有人故意为之。王音又谏，这时成帝惧大祸至身，深责臣下："今即位十五年，继嗣不立，日日驾车而出，失行流闻，海内传之，甚于京师。外有微行之害，内有疾病之忧，皇天数见灾异，欲人变更，终己不改。天尚不能感动陛下，臣子何望？……宜谋于贤智，克己复礼，以求天意，继嗣可立，灾变尚可销也。"

王音之谏，应该算是出于正心，直指成帝之弊，并对他提出劝导。能够直谏皇帝，说明王音不是刘向所批评的那种乱臣贼子。

刘向这样一再解说灾异，劝谏成帝，防范王氏，成帝并非没有疑心过王氏。

《汉书·张禹传》载：

> 永始、元延之间，日蚀地震尤数，吏民多上书言灾异之应，讥切王氏专政所致。上惧变异数见，意颇然之，未有以明见，乃车驾至禹弟（第），辟左右，亲问禹以天变，因用吏民所言王氏事示禹。禹自见年老，子孙弱，又与曲阳侯不平，恐为所怨。禹则谓上曰："……灾变之异深远难见，故圣人罕言命，不语怪神。性与天道，自子赣之属不得闻，何况浅见鄙儒之所言！陛下宜修政事以善应之，与下同其福喜，此经义意也。新学小生，乱道误人，宜无信用，以经术断之。"上雅信爱禹，由此不疑王氏。

张禹是成帝为太子时的《论语》老师。成帝即位后，拜其为光禄大夫，中二千石，给事中，与王凤并领尚书。张禹心不自安，乞退，但成帝以其为丞相，封安昌侯。

《资治通鉴》记载，张禹上面这番劝导成帝不要相信灾异的言论是畏惧曲阳侯（当时的辅政大臣）王根的权势，说服成帝不怀疑王氏，其实倒也未必。因为在正统的儒家看来，灾异说确与孔子"不语怪力乱神"相背。

张禹明确地将儒学与经术画等号，指斥灾异为"新学"，乱道误人，并建议成帝"修政事"，与臣民"同其福喜"，这才是正道。

尽管刘向的灾异论没有奏效，但是此后刘向利用灾异直谏一直没有断过，如：

永始元年（前16年），刘向因昌陵制度奢侈，年久未成，上书直谏成帝："明天命所授者博，非独一姓也。自古及今，未有不亡之国……上览明圣之制以为则，下观亡秦之祸以为戒。"

永始四年（前13年）秋，有星孛于东井，谷永、刘向分别上书，然"终不能用"。

刘向的灾异解说，未能获得成帝采纳，作用十分有限。史称"天子心知向忠精，故为凤兄弟起此论也，然终不能夺王氏权"。其原因有五点：

一是刘向因宗室的特殊身份而产生的敏感和焦虑，没有在朝臣中引起共鸣。"上数欲用向为九卿，辄不为王氏居位者及丞相御史所持，故终不迁。"可见，不仅外戚王氏，就连公卿大臣也都站在刘向的对立面。

这也与刘向儒家的孤傲性格和作为有很大关系，刘向"自见得信于上，故常显讼宗室，讥刺王氏及在位大臣，其言多痛切，发于至诚"。他不仅不懂得团结身边的力量，引入外援，争取同道，而且处处种刺，包括丞相翟方进在内，身边的人基本上被他得罪光了。

二是刘向的灾异解说与"始推阴阳的儒者宗"董仲舒又有出入，不依托于《春秋》经传的权威，也是其说不被支持的重要原因。《洪范五行传论》刘向才第一次见，其他人更可能没有见过，甚至刘向与其子刘歆之间尚且存在分歧。

在其他人看来，刘向出于宗室的特殊敏感来观察灾异综合所得的预见，自然很难获得同情和理解。在说灾异者蜂起的环境中，似乎人人都有解说灾异的能力，反而消解了灾异背后的神圣与神秘性。刘向手中的唯一利器，也就不再有显著的作用。

三是刘向难封，传达出一个明显的信号，朝廷上那些政治投机者自然看得分明，不会成为刘向的同道中人。不仅党于王氏的说灾异者，其他人也多畏惧王氏之势，不敢正道直言。

阳朔元年（前24年）冬，成帝召见刘向之子刘歆，欲拜其为中常侍。没料到，左右竟然都说："未晓大将军。"成帝认为，这是小事，为何要知会大将军？但是"左右叩头争之"。王凤知道后也坚决反对。成帝竟然也只好作罢。可见，在成帝眼里，刘歆也算不得什么关键人物。

四是刘向在前后三十年间，始终用灾异作为武器，一以贯之地执着于解说灾异以耸视听，却又拿不出具体可行的措施，或者化解灾异，或者做出行动。成帝既然理解刘向的心，但为何一遇反对就放弃了？原因在于，成帝需要像王氏那样有着切实的执政能力的臣下，此时的王氏没有夺权的心迹和行动，他不信任、倚赖王氏这些外戚又能信任谁？

假如成帝真的夺了王氏的权，重用刘向执政，那么刘向真的能胜过王氏，重振汉室江山吗？

五是刘向的灾异说动机太明显，指向过于单一，成帝"心知向忠精，故为凤兄弟起此论也"。在成帝看来，他们之间是一种权力斗争，刘向不过是想取代王氏，以获重用而已，"援近宗室，亲而纳信，黜远外戚，毋授以政，皆罢令就第"。因此，成帝"终不能夺王氏权"，反倒是正常的。史载，"刘向死后十三年，王莽居摄代汉"。这都是后人站在王氏夺权之后的历史视角上的观感。

毫无疑问，成帝算不上明主，在位时有许多荒唐举措，对汉室的衰微要负很大责任。

但成帝在位二十五年间，王氏并没有任何谋反、叛逆之举，应该是事实。刘向的过敏和无能不仅对朝政没有助益，反而还产生了一些负面效果。

成帝死后，十八岁的哀帝即位，"躬行俭约，省减诸用，政事由己出，朝廷翕然望至治焉"。此时的王莽虽然位居侯位，但他低调谦恭，还在致力包装自己，美化自己，获取声名。假如哀帝能效法西汉前期文景之治或武宣之振，汉家天下也不至于那么快就政归王莽。奈何，哀帝在位仅七年，二十五岁即早逝。七年后，王莽羽翼已成，今非昔比了。那种"灾异说"从精神上打败了西汉的说法，可以休矣。

刘向在政治仕途上的起落浮沉只不过是西汉一朝皇家宗室势力全面式微的一个样板。

太子与皇帝的紧张关系

顾颉刚在分析汉末的社会思潮时指出："灾异说已经把汉家的地位在精神上打倒了。"这一观点影响很大，但是细梳汉朝政局，有一个重要的因素可能超过了"灾异说"，那就是西汉历史上一个二百年的传统——太子与皇帝的紧张关系，这一点常常为人所忽视。

太子和皇帝的关系之紧张，在西汉最著名的事件莫过于发生在汉武帝时的巫蛊之争。这一事件直接导致太子刘据起兵反抗，最后自杀，太子一家几乎被灭门。

其实终西汉一朝，太子和皇帝的紧张关系一直伴随始终。

第一个嫌弃太子的是汉高祖刘邦。

《吕太后本纪》记载："孝惠为人仁弱，高祖以为不类我，常欲废太子，立戚姬子如意，如意类我。"刘邦对太子刘盈即后来的汉惠帝不满意，认为他不像自己，多次想废太子另立。如意被立为赵王之后，"几代太子者数矣，赖大臣争之，及留侯策，太子得不废"。

《留侯世家》记载，是张良用计请出商山四皓护持太子，迫使刘邦放弃易储计划。

第二个嫌弃太子的便是汉宣帝。

汉元帝八岁那年被立为太子，成年后，像汉惠帝一样"柔仁好儒"。他见宣帝所用多文法吏，以刑名绳下，大臣杨恽、盖宽饶等因"刺讥辞语"的罪名而被诛杀，颇不以为然。有一次，他陪父亲用餐时，从容地说：陛下用刑太过，应该以儒生治国。

汉宣帝一听，脸色大变，厉声回答："汉家自有制度，本以霸王道杂之，奈何纯任德教，用周政乎？且俗儒不达时宜，好是古非今，使人眩于名实，不知所守，何足委任？"说完，长叹一声道："乱我家者，太子也。"虽然汉宣帝没有更立太子，但从此便疏远了太子而爱淮阳王刘玄。

汉高祖和汉宣帝都是一代英主，对子不类父的情况深为不满，自在情理之中，但是在权力过渡中，这种不满却是致命的。

事实上，刘邦还是有眼光的，刘盈在位仅七年，权力几乎操乎吕后之手，以至司马迁于《史记》中不书《惠帝本纪》，而书《吕后本纪》。

汉宣帝同样没有看错汉元帝刘奭。史学界认为，正是元帝开始从根本上改变了汉室国策，纯用儒家理念治国，从而真正转向所谓守文之路。

早在东汉，崔寔在《政论》中即指出汉元帝为"汉室基祸之主"："元帝即位，果行宽政，卒以堕损，威权始夺，遂为汉室基祸之主。治国之道，得失之理，于斯可以鉴矣。"

崔寔此论深得顾颉刚的赞成，称其"论汉事甚是"，并说："武、宣之好儒，好其名耳，元、成之好儒，乃好其实。"

钱穆也认为："汉武、宣用儒生，颇重文学，事粉饰。元、成以下，乃言礼制，追古昔，此为汉儒学风一大变。汉帝重儒者，则古昔，则自孝元始，莽政亦承自孝元遗风。"

儒学只宜好其名，而不能好其实，可见治国不能用儒学，这一见解早在秦始皇时即有研判。汉宣帝王道霸道兼用，成就中兴之业，汉元帝纯用儒学，遂成中衰之变。后世主张所谓儒学复兴者，当以此为鉴。

第三个嫌弃太子的便是汉元帝。

初元二年（前47年）四月，汉元帝立四岁的刘骜为太子。刘骜出生时，宣帝特别喜欢这个皇孙，为他取名为骜，意思是骏马，字太孙，常年把他放在身边。少年刘骜爱书好文，为人谨慎，然而成年后却一变其志，终日沉湎酒色玩乐。

汉元帝对太子嫌弃的起因是一件小事。

建昭四年（前35年），中山哀王刘竟去世，太子刘骜前往吊丧。刘竟是汉元帝的幼弟，是和刘骜一块长大的。汉元帝望见太子刘骜，就想到弟弟刘竟，悲伤得不能自己。但刘骜到了元帝跟前却没有一点哀伤的情态，这让汉元帝格外恼火，他对自己宠信的旧臣史丹说："哪有一个不慈、不仁的人，可以奉祀宗庙，做百姓父母的呢？"这话说得很重，意思就是说太子刘骛不配做天下之主。

史丹奉命护佑太子，听后赶紧为太子说情，将责任归咎于自身，以宽解元帝。

但是，元帝仍然有意改立宠妃傅昭仪之子、山阳王刘康。事情发展到竟宁元年（前33年），也就是元帝临终前的一段时间，常在塌前侍奉的竟然是傅昭仪及刘康，太子及其母皇后王政君见元帝一面都很难。情势十分危急。幸得史丹、王凤等拥护太子的大臣鼎力相助，才使得元帝没有更立太子。

由上可知，太子与皇帝的紧张关系并没有什么根本矛盾，仅仅是因为"子不类父"，但由此给国家治理带来的隐患却是不容忽视的。

与太子跟皇帝的紧张关系相一致的，便是西汉特有的外戚政治。西汉二百多年间，至少有五个外戚家族先后控制过朝政，他们分别是惠帝时的吕氏、武帝时的窦氏和卫氏、宣帝时的霍氏、成帝时的王氏等。

当然，西汉影响最大且最有权势的外戚家族当属成帝一朝母党王氏家族。汉成帝刘骛依靠舅舅侍中王凤和侍中史丹拥护，渡过了难关。因此，成帝对于王氏母党的亲信几乎是天然的。

元帝于竟宁元年（前33年）五月崩，太子刘骛即位，即汉成帝，随即以元舅阳平侯王凤为大司马大将军，领尚书事。

成帝即位的第二年（前32年）二月，成帝大封诸舅：封舅诸吏、光禄大夫关内侯王崇为安成侯，赐舅王谭、王商、王立、王根、王逢时爵为关内侯，王莽之父王曼早卒，不得封。河平二年（前27年），又封舅王谭为平阿侯，王商成都侯，王立红阳侯，王根曲阳侯，王逢时高平侯。五人同日封，世称"五侯"。

短短几十年间，王氏一族先后出过十个侯、五位大司马，史称"举宗居位，充塞朝廷"。史载："公卿见凤，侧目而视，郡国守相刺史皆出其门。又以侍中太仆音为御史大夫，列于三公。而五侯群弟，争为奢侈……大治第室，起土山渐台，洞门高廊阁道，连属弥望。"

自成帝即位到驾崩，大司马一职一直由成帝的母舅们先后担任。虽然在哀帝即位后，王家曾经历短暂的失势，而当平帝即位后便又重掌国是，由王皇后的侄子王莽接手。这个家族对汉朝的掌控可谓空前绝后，直到七年后王莽篡权代汉。

一衰一盛，令人唏嘘。

儒臣们的骗术

一般认为，汉室盛衰以元帝即位为界，有一个直接的标志，人们多有提及。史载：

元帝建昭年间，元帝召见儒生京房，京房乘机进言道："《春秋》一书，记二百四十二年中的灾异，给万世之君看个榜样。现在自从您即位以来，日月失明了，星辰逆行了，山崩了，泉涌了，地震了，石陨了，夏天有霜，冬天有雷，春凋叶，秋开花，《春秋》所记的灾异一齐出现了。请您自己想想，到底是治是乱？"听到这话，元帝也只得叹一口气道："实在是乱极了，还有什么好说的！"不得不承认，汉朝已经进入比春秋还乱的"乱世"。

《汉书·刘向传》载，刘向永光元年上封事，称当时"日月无光，雪霜夏陨，海水沸出，陵谷易处，列星失行"，并说"初元以来六年矣，案《春秋》六年之中，灾异未有稠如今者也"，也认为当时灾异的频繁已超过春秋乱世。

汉朝君臣间弥漫着某种衰世危乱之感，但这种感觉并非始自元帝时期，在汉武帝时即开始流露。这中间的深层原因是，儒生为了争夺话语权，以获得政治地位，提高儒家参与政治的机会，而营造出来的一种氛围。

据现在一般的常识，治乱的标准与日月星辰何干？与自然界常有的地震、霜雪何干？

儒生借助灾异论与各种势力斗争。如果说春秋战国时期，人们是出于一种对天的崇拜而萌发的朴素信仰，认为灾异包含天意，是天对人事不善的谴告，或预兆着人间的凶祸，那么秦汉以后，灾异论则成为一种政治斗争的工具，不仅改造了历史观，也极大地改造了儒学，将原始儒学不语怪力乱神的传统抛弃，将灾异论引入了儒学。

刘向提出"奉天承运，则天顺时""君以臣为本，臣以君为本，父以子为本，子以父为术"。强调君主"无得罪于群臣百姓"，认为君主得罪于群臣百姓主要表现为聚敛，告诫君主不能穷奢极欲。他认为君臣之间不是依附关系，而是一种买卖关系。

这本来与灾异没有关联，但一旦引入灾异论，这种儒学就被赋予了神秘性，也就给了如王莽那样别有用心的人加以利用的机会。

《元帝纪》载，初元二年（前47年），以地震诏"丞相、御史、中二千石举茂材异等直言极谏之士"。次年六月，又以连年灾异，诏"丞相、御史举天下明阴阳灾异者各三人"。元帝明确诏举"明阴阳灾异者"之后，说灾异几乎成为"直言极谏"不可缺少的内容。诏书下达后，"言事者众，或进擢召见，人人自以得上意"，说灾异逐渐蔚然成风。成帝"永始、元延之间，日食地震尤数，吏民多上书言灾异之应"。于是，批评社会政治现状，甚至通过昌言易姓革命，抨击汉家制度、鼓吹改革的呼声日益高涨。这些声音有多少是出于真诚，就不得而知了。

儒生谷永在元延元年（前12年）因灾异上书："天下乃天下之天下，非一人之天下也……夫去恶夺弱，迁命贤圣，天地之常经，百王之所同也。加以功德有厚薄，期质有修短，时世有中季，天道有盛衰。陛下承八世之功业，当阳数之标季，涉三七之节纪，遭《无妄》之卦运，直百六之灾厄。三难异科，杂焉同会。"（《汉书·谷永杜邺传》）

本来，"天下乃天下之天下，非一人之天下也"是一条颠扑不破的真理，既合乎历史，也是事实，传达出"公天下"的正确理念，但添入了灾异论之后，就演变成一种神秘的天命观。

所谓"当阳数之标季"，是指从汉高祖至成帝为九世，九是阳数之极，极则将穷，穷则生变，当有灾厄，此一难。

"涉三七之节纪"，是指汉兴以后三七二百一十年将有厄运，至成帝时已近两百年，即将到达其节纪，此二难。

"遭《无妄》之卦运，直百六之灾厄"，为三难。据《易·无妄》之卦义，一个纪元凡四千六百一十七岁中，必有九轮灾岁，共五十七年。第一轮灾岁称"阳九"，始于初人元之一百零六年后，即所谓"阳九之厄，百六之会"。那么，自武帝太初改历至成帝元延中已九十余年，接近百六之数。就是说，汉家气运差不多到头了。

这样一种理论和解说，极具迷惑性、蛊惑性，让当局者沮丧，让旁观者兴奋，不仅无益于政治，而且误导更甚。

哀帝即位，司隶校尉解光、夏贺良、李寻等人都因明经得到哀帝信任，待诏黄门。哀帝多次召见他们，然而他们不是劝哀帝如何解民困，纾民意，反而鼓吹"汉历中衰，当更受命"。是成帝不应天命，故而绝嗣。如今哀帝久病，灾异频出，这是"天所以谴告人也"。办法是"急改元易号，乃得延年益寿，皇子生，灾异息矣"。

这样荒唐的建议，竟然获得哀帝的认可，建平二年（前5年）就从其议，下诏称"汉家历运中衰，当更受命"，改元太初，易号称"陈圣刘太平皇帝"。

这里要搞清楚什么是"更受命"。儒家学说中"受命"论直接影响中国政治两千年，意思是"受命于天"，有德者方能受命，要么通过"革命"，要么通过继承禅让。哀帝本是元帝之孙，本来就是受命，不存在"更受命"。但儒臣们却先否定了成帝"不应天命"，否则他怎么会绝嗣呢？这是为了证明汉家气数差不多尽了的论断，也是"更受命"的前提。"更受命"意即要重新受命，因此就得宣布改姓易国号。怎么改呢？此前不是有"汉家尧后，有传国之运"一说吗？那么，如今的皇帝就应该改为舜后，尧之后传国于舜之后，不一定非得换个不姓刘的皇帝，这就可以了。"陈圣"，当时传说陈氏是舜帝之后。这等于说，皇帝就不再是汉高祖刘邦那个刘了，是"陈圣刘"。汉也不再是当初那个汉了。

这么明显的骗术，连其他臣下都不相信，纷纷揭他们的老底，批他们不过是想邀宠的骗子，皇帝又怎么会相信呢？原因有二：

一个原因就是哀帝看到自己和成帝一样，没有子嗣，又久病，在这种无助的心态下就容易轻信了他们的话，又反过来亲自用行动证明了这群儒家骗子的谣言。另一个根本原因是思想意识形态领域的混乱。终西汉一朝，围绕着用什么思想治国的争夺战一直没有断过，致力于成为主流思想意识形态的儒生又缺乏大格局，战略定位模糊、空洞，理论创新也丧失了正确导向，走向灾异、祥瑞等僵化、异化的内涵发展，各种奇谈怪论充斥朝野，帝王也没有主导意识形态的能力，大汉的文化之魂也因此丧失了，其带来的灾难是空前的。国家的前途命运，政权的长治久安，朝野凝聚力和向心力都被官员个人功利和野心遮蔽了。

这一折腾过后两个月，哀帝的病一点也没见好转。哀帝这才相信夏贺良等人不过是一群政治骗子，于是只好承认上当受骗，废除成命，将主张改元易号的夏贺良等下狱问罪。

不过，这并不意味着皇帝和大臣们就不信灾异了。

被祥瑞"逼迫"称帝

祥瑞灾异说是西汉中后期意识形态斗争的主要工具，原本儒生们想借此来统一思想，昭示"独尊"，却由于众人各怀心思，有着不同的政治目的，反而加剧了思想的混乱，导致了政治文化上的信仰危机；朝政上又纠缠于各种祥瑞灾异的解释，丧失了对政治和社会的现实问题的解决能力。

"祥瑞灾异"说适应了君权神授思想，西汉诸帝无不信奉，只是取舍不同罢了。儒家士大夫只不过是借灾异说助力自己得到皇帝认可，将现实政治中的问题与儒家的政治理想对照，张扬一种基本不能实现的学说。

王莽执政后，也是顺理成章地利用了这套学说，每以"三七""阳九""百六"为辞，一步一步将儒家士大夫笼络在自己的身边，将汉家天子逐步架空。《汉书·王莽传》载王莽奏太后："陛下至圣，遭家不造，遇汉十二世三七之厄，承天威命，诏臣莽居摄，受孺子之托，任天下之寄。"王莽"深惟汉氏三七之厄，赤德气尽"，都是挪用儒家灾异理论，托言汉厄、气数，呼应儒生们的批评，作为下一步"颜色革命"的借口。等到"予之受命即真，到于建国五年，已五载矣。阳九之厄既度，百六之会已过"，就是宣布"颜色革命"成功之时。

像刘向之子刘歆这些人，等到他们醒悟过来，才明白上了王莽的当，但悔之晚矣。

在王莽这里，他并不是有野心要称帝，而是被灾异祥瑞逼迫而不得已称帝的。

哀帝死后，王莽像后世的慈禧等人一样有意选择了一个年仅九岁的孩子为帝。他是汉元帝之孙，叫刘衎，这就是汉平帝。

奇怪的是，平帝即位后，各种祥瑞纷至沓来。不过，这些祥瑞，对汉室来说，无异于更大的灾异。不利于汉室，有利于王氏。

汉平帝元始元年（公元1年），益州献白雉一、黑雉二，群臣上书颂扬王莽功德，遂尊王莽为安汉公。

《汉书·王莽传》记载此事：

　　始，风益州令塞外蛮夷献白雉。元始元年正月，莽白太后下诏，以白雉荐宗庙。群臣因奏言太后："委任大司马莽定策安宗庙。故大司马霍光有安宗庙之功，益封三万户，畴其爵邑，比萧相国。莽宜如光故事。"太后问公卿曰："诚以大司马有大功当著之邪？将以骨肉故欲异之也？"于是群臣乃盛陈："莽功德致周成白雉之端，千载同符。圣王之法，臣有大功则生有美号，故周公及身在而托号于周。莽有定国安汉家之大功，宜赐号曰安汉公，益户，畴爵邑，上应古制，下准行事，以顺天心。"太后诏尚书具其事。

这一段看似客观冷静的叙述，隐含了汉室群臣对汉家朝廷的失望，"安汉"二字，道出了他们内心的不安全感。

据《资治通鉴》记载，后来因王莽不受新野田而上书的，前后达到四十八万七千人，都请加重赏赐安汉公。王莽苦苦辞谢而不得。

元始五年（公元5年），太皇太后下诏赐给王莽九锡，时称"麟凤龟龙，众祥之瑞，七百有余"。王莽前后颁布"符命四十二篇于天下"。这么多祥瑞是怎么来的？明眼人都明白，如王莽刚认舜为祖先，马上有人献上了一把虞帝匕首当作祥瑞。地皇四年（23年）那次风灾，本是灾异，也被群臣解释为祥瑞。

公元6年，汉平帝病死（一说被毒死），孺子婴即位，令人马上联想到秦朝最后一个皇帝也叫孺子婴。新的符瑞奏来——武功县从井中捞出一白石，上有丹书曰："告安汉公为皇帝！"老天爷是多么遂人心愿，完全和王莽想到一起了，正式的天子任命书都下达了。

但王莽非常沉得住气，他还是表示自己不敢当皇帝，又不敢违拗天命，遂取折中方案，改年号"居摄"，自称摄皇帝。

居摄三年（公元8年），广饶侯刘京上书称，有亭长辛当一夜连得数梦，梦见天宫使者明言，摄皇帝当为真皇帝。王莽说："孔子曰：畏天命，畏大人，畏圣人之言。臣莽敢不承用。"天意逼人，王莽又向老天让了一步，改称假皇帝（代皇帝），改元"始初"。

有一个叫作哀章的太学生早就看透了王莽迟早会做皇帝，

于是他身着黄衣，手执铜匮，内藏自己伪造的"天书"二卷，一题签"天帝行玺金匮图"，一题签"赤帝刘邦传予黄帝金策书"。书中极言王莽当为真天子，而且早在汉初刘邦就决定传位给他，连辅政的十一名大臣姓名亦清清楚楚列在其上，献瑞者自己的姓名则在三公之列。

王莽有点幸福来得太突然之感，自己没有指使哀章这么做啊，难道真的是老天逼人？这回没理由再推托了：那就当一回真皇帝吧。他于是在太庙拜受铜匮，正式称帝，国号为"新"，改元。

唉，这都是老天逼得呀，让我王莽想当周公的美梦泡了汤——"昔周公摄位，终复归位成王；今我王莽竟迫于皇天成命，不得如意！"

王莽篡汉，建立新朝，为了表示应天受命，竟然宣布将汉朝的"土德"改为"火德"，后人因此称汉朝为"炎汉""炎刘"。

西汉百官群像

上以求安，下以邀宠：西汉的酷吏

官场自有官场的规则，一般来说，八面玲珑是许多人信奉的为官之道。然而，历史上却经常一反常态地出现了一些另类官员：酷吏。

酷吏进入历史视野首见于《史记·酷吏列传》。尔后，《汉书》《后汉书》《魏书》《北齐书》《隋书》《旧唐书》《新唐书》都专列酷吏传。对这些酷吏，时人后人谈之色变。他们中间既有公正廉洁、执法不避权贵之辈，也有嗜杀成性、草菅人命之流。通过对这些酷吏的分析，我们能够发现一个历史周期律，那就是往往每隔一段时间就会出现酷吏政治，循环往复，而且还给人以"盛世出酷吏"的感觉。史书上记载的那些"道不拾遗""犬不夜吠""夜不闭户"的故事，其背后往往都有一个法令严酷的官员。否则很难理解这些不可思议的现象，因为任何时代总有人会控制不住人性的自私贪欲。

西汉酷吏最盛期是在武帝时。武帝在位五十四年，宁成、周阳由、赵禹、张汤、义纵、王温舒、尹齐、杨仆、减宣、杜周，这十大酷吏，纵横朝野，杀戮无数，权倾一时。张汤甚至还发明了"腹诽"罪。东汉时酷吏最盛期是在光武帝至明帝章帝时期，《后汉书》所记载的酷吏如董宣、樊晔、李章、黄昌、阳球、王吉等大部分是这一时期的人。《魏书》记载北魏的酷吏于洛侯、胡泥、李洪之、高遵、张赦提、羊祉、崔暹、郦道元、谷楷等人中有六个是孝文帝时期人物。《北齐书》中的邸珍、宋游道、卢斐、毕义云四个酷吏也多是开国初期人。唐朝的酷吏主要产生于武周时期。

那么，"盛世"为何产酷吏？宋朝慕容修等人在《新唐书·酷吏传序》中一针见血地指出："非吏敢酷，时诱之为酷。"那么，是什么样的"时"诱使其为酷？

一是盛世出强主，强主好用能臣。官场上，强势之主好用能臣，几乎是一条铁律。酷吏首先是能臣，敢想敢干；其次是忠臣，敢于忠实地执行皇帝的旨意；最后，他们的产生与存在必须得到皇帝的支持，此时的皇帝一定是强势皇帝，否则仅凭一二酷吏不可能敌得过强大的利益集团。

一个有作为的皇帝，往往是"政治GDP"的追求者，自然希望治下政绩显赫，政令畅通，早见功效。在官员任用上，是重德还是重才，天平无疑倾向于后者。比如清朝康乾时期，帝王还不希望出现名臣，因为名臣不一定是能臣。

酷吏以重典治政，以酷刑治人，自然见效快。盛世以求治为主，衰世以去弊为主。酷吏正好充当了"鹰犬之任"。酷吏的治理效果见诸史载，如西汉的义纵、王温舒、严延年，东汉的樊晔和隋代的库狄士文、燕荣、赵仲卿等酷吏任职之所盗贼屏迹、道不拾遗。不仅帝王赏识他们，百姓也称颂他们。

司马迁在《史记·酷吏列传》里写道："昔天下之网尝密矣，然奸伪萌起，其极也，上下相遁，至于不振。当是之时，吏治若救火扬沸，非武健严酷，恶能胜其任而愉快乎？言道德者，溺其职矣。"他明确表示非酷吏无以胜任的观点。

西汉末年，著名的酷吏尹赏病重弥留之际，遗言告诫儿子："丈夫为吏，正坐残贼免，追思其功效，则复进用矣。一坐软弱不胜任免，终身废弃无有赦时，其羞辱甚于贪污坐赃。慎毋然！"这是他作为一介酷吏的生存之道，也是他一生官场经验的总结：为官作吏，严刑峻法，即使一朝坐罪免官，其后皇上也会追思你的政绩或功效，完全可能重新起用你。相反，如果因为你软弱不能胜任而遭免官，那么就等于废锢，永无出头之日。这简直是看透了帝王心思，点破了其用人规律。

有学者将酷吏归为法家思想的影响，或者说是儒法融合的产物，其实酷吏既不属于儒家，也不属于法家，那只是后世的归类罢了。董仲舒所谓"天道之大者，在阴阳，阳为德，阴为刑"，这种"明教化""严明分"的德治和法家严刑赏的法治融为一体的理论，出现在酷吏产生之后，不能解释酷吏产生的原因。事实上，历代王朝也从来没有一个稳定的主义，汉代无论"以孝治国"，还是"独尊儒术"，都只是一个幌子，否则不会出现皇室子孙造反不断的现象，以及汉宣帝的直言不讳："汉家自有制度，本以霸王道杂之，奈何纯任德教，用周政乎？"

二是"盛世"背后隐藏着统治基础性危机。

盛世危机在汉武帝时表现得格外明显，经历了多年战乱之后的西汉开国君臣以休养生息的方式赢得了经济发展和国力强盛。但是，一方面由于制度因素，导致社会财富严重分配不均，大工商业主、高利贷者人数之众，财产之多，可以左右一方经济生活，控制生产，他们囤积居奇，上侵下夺，不仅损害民生，而且危害国本。另一方面，人口剧增，窘逼土地资源，失业者众，导致盗贼蜂起。如果说这二者还只是盛世掩盖下的国内矛盾，那么边疆频遭匈奴骚扰则是西汉的心病。虽谈不上内外交困，但如果边疆不稳，则直接影响民心。

不过，这也恰好为雄心勃勃的汉武帝提供了解决危机的契机：他一面打击豪强势力，增加政府财富；一面打击盗贼，解决兵力；还为对外用兵奠定基石，达到一石三鸟之效。

在这样的背景下，酷吏呼之即出。史书上记载西汉酷吏打击的主要对象有以下五类。一是豪强，说他们勾结权贵，朋比为奸，干扰吏治，"令七千石莫能制"。二是权贵，《盐铁论》说"贵人之家云行于涂，毂击于道，攘公法，申私利，跨山泽，擅官市"，三令五申也无济于事。三是滑民，《后汉书》云："汉承战国余烈，多豪滑之民，故临民之治，专事威断，族灭奸宄，先行后闻。"四是盗贼，汉代几乎每个酷吏都有过缉捕盗贼的经历。五是谋反者，如武帝时张汤惩处过淮南王、衡山王和江都王的谋反案，减宣处置过主父偃的谋反案。

这一切都充分说明当时吏治已经腐败，有司或优于文辞、无所作为，或自身卷入其中，不敢作为，否则怎么"七千石不能制"的对象，一酷吏足以制之呢？正如司马迁所说："民倍本多巧，奸宄弄法，善人不能化，唯一切严削为能齐之。"

东汉酷吏面对的同样是赖以生存的基础性威胁，一是豪强，一是宗室。到了隋代，酷吏的惩治对象不再是豪猾、贵戚、盗贼或谋反者，大都是奸吏和百姓。唐代酷吏最盛时为武则天临朝时，她所面对的是一个人心不服的局势，因而酷吏打压的主要是政治对手。索元礼、侯思止、周兴、王弘义、来俊臣等酷吏适时而出。

三是酷吏群体难以形成政治集团，对政体构不成威胁。

酷吏大都出身底层，不属于既得利益群体。他们缺乏稳定的上升空间，只能凭能力获得上层赏识重用。又因为他们的手段不得人心，难以形成政治势力，不会对政体构成威胁，皇帝可以放心任用。

郅都最开始只是汉文帝侍从；宁成也是从小吏干起的；赵禹有一点文才，从佐史的身份出任京都官府吏员；义纵年少时做过强盗，因其姐医术受太后赏识，经推荐才从中郎至侍从再升县令；王温舒是盗墓贼出身成为小吏；减宣初时为河东佐史，卫青买马河东，见到减宣，召为大厩丞；田延年因才干被霍光招纳幕府；有"屠伯"之称的严延年，因其父亲担任丞相属官，学习过一些法律而已，是从底层一级一级干出来的；尹齐初为刀笔吏；尹赏最初也是郡中小吏出身。《汉书》所列十四个酷吏几乎都是如此。

西汉其他酷吏也不例外，如张汤因其父是长安丞，父死袭职，后因帮助待罪长安的周阳侯田胜而获得出头之机。杜周初为小吏，义纵任南阳太守时以他为爪牙。东汉酷吏董宣一生做过最大的官也不过是洛阳县令；樊晔初任市吏，送了一箱干粮给落难中的刘秀，从而获都尉一职；阳球世代望族，因为纠集少年杀了侮辱其母亲的官员及其全家而出名，得以举孝廉，他还算熟悉过去的典章制度。

隋代酷吏库狄士文、燕荣、崔弘度、田式、赵仲卿等，都是因军功上位。唐时酷吏索元礼是"外国友人"，经薛怀义推荐入宫；来俊臣只是一个不事生产的流氓，因告密而获武则天赏识；周兴学习过律法，当过县令，但因不是科举出身，长期不获升迁。

这样的人一旦做官，与那些饱读诗书的士大夫或者因战功晋爵的功臣名将相比，没有任何优势，酷刑则是展示他们能力的最好也是唯一的手段，即所谓以小事立威，以严酷求效。一如酷吏来俊臣的"理论著作"《罗织经》中所说："事不至大，无以惊人。案不及众，功之匪显。上以求安，下以邀宠，其冤固有，未可免也。"这些出身底层的人对权贵豪强有一种天然的敌意，而社会上这类人实在俯拾皆是，为酷吏的产生提供了广阔的土壤。

酷吏每隔一段时期就会出现，它总伴随着权力运行异常化，如唐代武则天之后，中宗复位、韦后擅权，玄宗天宝年间李林甫擅权，酷吏就应运而生。一旦权力正常，酷吏就消失。包括司马迁在内的许多史学家都对酷吏表达了半是欣赏半是批判的态度，认为有些酷吏只针对权贵豪强，而且执法严明、廉洁奉公。然而，必须明白的是，酷吏的产生与存在无疑都是人治社会的产物，而且是强人政治的寄生物，政治的大一统必然要求思想的大一统。人治经验表明，经济发展遇到的问题，不是从经济上解决，却往往从思想上解决，或从政治上解决。因此，酷吏的产生也就成为一种"历史周期律"。

不教而民自化：西汉的循吏

元始四年（公元 4 年），汉平帝下诏为百官卿士中有益于民众者立祠，就是在全国范围内评选"优秀郡守"。蜀郡推选上报朝廷的人选是文翁，九江郡上报的人选是"召父"。其他各郡上报的情况不详。

平帝这一做法，源自殷商时期的雩祭之礼：天子雩于天，称为"大雩"；诸侯雩于山川，称"雩"。雩祭又分为"常雩"和"因旱而雩"两种，后发展到祭祀前世有功于百姓的公卿百官，祈求风调雨顺、五谷丰登，是一种很高的礼遇。

文翁，是汉景帝末年蜀郡的太守，安徽庐江人，距汉平帝时已有一百余年。几百年后，唐代大诗人岑参题诗："文公不可见，空使蜀人传。讲席何时散，高台岂复全。丰碑文字灭，冥漠不知年。"可见文翁对四川的贡献和影响。"召父"，是汉元帝时的南阳太守召信臣，他是九江人，因深受吏民敬爱，被称为"召父"。《汉书》将他们称为"循吏"。

"循吏"一词最早见于《史记》，其中《循吏列传》记载的人物并无西汉循吏，这引起了后人的关注。清人陈子龙就说："太史公传循吏，无汉以下者；传酷吏，无周以前者，寄深概矣。"写酷吏，全是当朝人物，这是直接讥刺汉武帝宠用酷吏、任其肆虐为害的时弊；写循吏，全无时人，则是以古讽今，暗藏批评武帝吏治的锋芒。《史记》进一步被认为是"谤书"。

虽然武帝时期多酷吏，宣帝时期多循吏，司马迁要讥刺批评汉武帝，也许有其道理。但是，文景二帝并没有得罪太史公呀，难道武帝之前的西汉没有循吏？

受《史记》影响，班固在《汉书》中也列《循吏传》，列出了汉兴之初，循吏"如河南守吴公、蜀守文翁之属，皆谨身帅先，居以廉平，不至于严，而民从化"。孝武之际，"江都相董仲舒、内史公孙弘、兒宽，居官可纪"。孝宣之际，"汉世良吏，于是为盛，称中兴焉。若赵广汉、韩延寿、尹翁归、严延年、张敞之属，皆称其位，然任刑罚，或抵罪诛。王成、黄霸、朱邑、龚遂、郑弘、召信臣等，所居民富，所去见思，生有荣号，死见奉祀，此廪廪庶几德让君子之遗风矣"。接下来分述了文翁、王成、黄霸、朱邑、龚遂、召信臣等六位西汉循吏。

通过《史记》和《汉书》的对比，很多人也意识到司马迁和班固的循吏标准不同。

《史记》中著名的循吏是孙叔敖。

孙叔敖是春秋时期楚国著名的宰相（令尹），然而，司马迁在《史记·循吏列传》中却只记载了孙叔敖的两件小事：

第一件事是，楚庄王认为楚国货币重量太轻，下令把小币改铸为大币。但是，很明显这样一来，人们用起货币来很不方便，导致百姓只好放弃了本业。市场管理者向孙叔敖报告了这个情况。孙叔敖马上请求楚庄王同意恢复旧币。

第二件事是，楚国民俗爱坐矮车，但楚王认为不便于驾马，打算下令把车的底盘改高。孙叔敖表示反对，他认为，政令多了，百姓无所适从。他建议加高闾里的门槛，这样百姓乘车出入，自然就会把车子底盘改高。

这两件事相对于一国宰相孙叔敖所做的其他事来说都是很小的事，然而司马迁却独独选择了这两件小事。这是为什么？

难道是孙叔敖品德不好吗？非也。

孙叔敖为人品德堪称模范。他少年时，曾在路上遇到一条两头蛇，当时习俗认为见两头蛇者必死无疑。他想：要死只死我一人吧，不能再叫其他人看见了。于是，他斩杀了这条蛇，将其埋入山丘。其族人因此对他赞佩不已。

那么，是孙叔敖官德不好吗？非也。

《淮南子》及刘向《说苑·敬慎》都有记载，孙叔敖被楚王任命为楚国令尹，一国吏民皆来祝贺。有一位穿粗衣、戴白帽的老人也赶来凑热闹，他不仅不祝贺，反而声称吊丧。别人都很诧异不解，孙叔敖却正衣冠而见老人，问其故。老人说，人有三怨：有了地位就骄傲自大，下面的人就会怨你；地位高而擅权，上面的人就会怨你；俸禄丰厚而不知足，祸患就会降临在你的头上。孙叔敖向他请教应如何处之。老人说：地位越高，心气越要低下；权力越大，心志越要小；俸禄越丰厚，越要谨慎不贪。

孙叔敖牢记这三怨，对待名利，坚持一个原则：欲人之所不欲。在位时不谋私利，也不给自己安排身后事，"持廉至死"。他死后，儿子穷困潦倒，不得不靠给人背柴度日。

再则，是孙叔敖为政没有值得称赞之处吗？非也。

孙叔敖是春秋时难得的廉官和能官，死后家贫也怪不得楚庄王。他生前行政、治军都获得了极大的成功，楚庄王多次重赏，但孙叔敖却坚辞不受。

公元前597年，晋楚之间发生了一次著名的大战"邲之战"，其时晋强而楚弱。正是孙叔敖辅助庄王机智灵活地指挥了这场战斗，把强晋打得措手不及，仓皇溃散，逃归黄河以北，楚国因此得以成为中原霸主。《史记》称："孙叔敖之为楚相，尽忠为廉以治楚，楚王得以霸。"又说孙叔敖"三月为楚相，施教导民，上下和合，世俗盛美，政缓禁止，吏无奸邪，盗贼不起。秋冬则劝民山采，春夏以水，各得其所便，民皆乐其生"。

这么一位能臣贤相，可以载入史册的事实在太多，但司马迁却偏偏只选择了上述两件小事，真是匪夷所思。

尤其值得指出的是，司马迁信奉"非常史观"，在《史记·司马相如列传》中，他表达了这一观点：

> 盖世必有非常之人，然后有非常之事；有非常之事，然后有非常之功。非常者，固常之所异也。

问题是，《史记》选择记载的这两件小事都不是"非常之事"，甚至可以说是在孙叔敖一生诸多大事中完全可以忽略不计的小事。

纵观各种文献记载，孙叔敖算得上是一个"非常之人"了，司马迁将其列为"循吏第一"，也是别有深意的。

所谓循吏，司马迁解释道："文武不备，良民惧然身修者，官未曾乱也。奉职循理，亦可以为治，何必威严哉？"也就是说，循吏是指那些不威而惧，奉职循理的官吏。后世因而将那些重农宣教、清正廉洁、所居民富、所去见思的州县级地方官称为循吏。

在司马迁看来，循吏是一个类别，与苏秦、张仪、伍子胥、孟尝君、司马相如等人截然不同，后者这些人只不过是某一方面表现"非常"的特殊人物，不具有代表性，而孙叔敖恰恰具有广泛的代表性，是为政的楷模。

孙叔敖是楚相，是政策的制定者，其原则是使"民各得其所便"。《史记》选择的两个事例，一变一不变：不变者，以民不便；变者，民俗已变，无不便。要改变老百姓的习俗，不是采取"强拆"的行为，而是懂得因势利导，"何必威严哉"？

司马迁进而总结道：这就是"不教而民自化"的为政之道，近者见之而效仿，远者通过观察四周也能效法。对于孙叔敖来说，这才是一个官员的职责本分和初心。他一生三次居相位而不自喜，因为他明白这是自己凭才干获得的；三次离开相位也不悔恨，因为他明白这不是自己的过错所导致的。

那么，依照这一标准，西汉丞相曹参应该也可算作循吏，司马迁不称其为循吏，关键原因是曹参作为开国功臣，"攻城野战之功"居多，做汉相时间仅三年，"清静极言合道"，故而《史记》将其列为"世家"，地位更高。

到了东汉，班固的视野就大不相同，他思想中的儒家色彩显著，其论人物，带有很重的儒家印记。

《汉书》中的循吏，人物角色已发生了转变，侧重于地方郡守、县令、诸侯国相等这些直接牧民之官，而不再是朝廷中那些制定政策的"京官"。

西汉皇帝对自己身份的认知也发生了转变，受以孝治国和"大一统"观念影响，血缘观念泛化，渗入政治领域，就是《诗经》中所言："岂弟君子，民之父母。"将君民关系赋予了泛血缘的伦理色彩，皇帝既是天子，也是民之父母。汉文帝曾下诏："方春和时，草木群生之物皆有以自乐，而吾百姓鳏寡孤独穷困之人或阽于死亡，而莫之省忧。为民父母将何如？"到了昭宣之后，这种观念进一步强化，元帝曾责备太子："安有人不慈仁而可奉宗庙为民父母者乎！"谏大夫贡禹上书亦说："今民大饥而死，死又不葬，为犬猪食。人至相食，而厩马食粟，苦其大肥，气甚怒至，乃日步作之。王者受命于天，为民父母，固当若此乎？"

酷吏严延年的母亲对于地方官员的伦理定位表达了高度的认同。严母从东海来，正好见到严延年奏报行决，于是多次责备儿子："幸得备郡守，专治千里，不闻仁爱教化，有以全安愚民，顾乘刑罚多刑杀人，欲以立威，岂为民父母意哉！"

这些地方郡守只是皇帝的代言人，而朝堂上的丞相大夫等却不敢这么自认。

作为民之父母或父母官，首要的职责就是教民化民。教化是君主政治的基本职能之一，具体落实者就是地方郡守，他们通过宣讲、表彰和学校教育以及各种祭祀仪式，将王权价值注入人心。

那么怎么来教民化民？汉初信奉黄老清静无为这一治国理念的文景时期，讲求的是"不教而民自化"。同时期的司马迁服膺黄老学说，《货殖列传》中对此有阐述，认为追求物质财富是人的本能，教化是不起作用的，"故善者因之，其次利道之，其次教诲之，其次整齐之，最下者与之争"。最好的办法是顺其自然，"待农而食之，虞而出之，工而成之，商而通之"，是"自然之验"。这与老子的富民思想是一致的。

因此，在司马迁看来，要化民，只要政策制定者因其自然，"上顺公法，下顺人情"，做好自我表率就行了。即使"文武不备"，只要"官未曾乱"就够了。这是司马迁的循吏观，是站在制定政策的统治者高层而言的。

《汉书》中的循吏则不一样，具体化为政策的执行和落实层面，这也是董仲舒等儒生的尊君观念的体现。如黄霸为官，"力行教化而后诛罚"；韩延寿为吏，崇信礼义，好古教化。

虽然《史记》与《汉书》的循吏同样着眼于"治"，同样着眼于富民，但有着根本差别。孙叔敖的富民是从制度上保证而汉朝循吏重在以身作则。孙叔敖劝说楚庄王不要随便改变流通中使用的货币；公仪休主张"食禄者不得与下民争利"，当他发觉自家菜园的菜好吃时，他把菜全部丢弃，当他看到自家织出来的布好看时，他连织布机都烧掉了。召信臣为南阳太守时，"好为民兴利，务在富之"，王成、黄霸、朱邑、龚遂、郑弘等皆"所在民富"。都是将百姓的利益放在第一位，"乐以一身救百姓"。班固也认同这个理念：谨身帅先，居以廉平，不至于严，而民从化。

但是作为直接牧民的地方官员，都面临着施政的考核，因此，不大可能无所作为，他们的治，更在意施政时看得见的效果，相当于今天的政治 GDP。因此，《汉书》中的循吏更多地表现在劝农扶贫、听讼决狱、兴利除弊、施教导民等有形的政绩上。这或许就是《汉书》中"循吏，以经术润吏事"的由来。

因此，我们发现，《汉书》中的循吏都是经过考核的治政优异者。河南守吴公"治平为天下第一"；王成"治甚有声"；黄霸为太守，"数决疑案，庭中称平""狱或八年无重罪囚""治为天下第一"；朱邑为官廉平不苛，"以治行第一入为大司农"；龚遂为太守，郡中"盗贼于是悉平，民安土乐业""狱讼止息""治渤海善"；召信臣"其治视民如子，百姓归之""盗贼狱讼衰止""治行常为第一"。

不仅如此，这些循吏还都获得了百姓的好评，声誉极高。文翁终于蜀，"吏民为立祠堂，岁时祭祀不绝"。朱邑死后，百姓"为邑起冢立祠，岁时祠祭，至今不绝"。召信臣为南阳太守，吏民亲爱信臣，号之曰"召父"，南阳亦为他立祠。

倒是这些西汉循吏，都被班固纳入儒家视野，成为儒家循吏为政"所居民富，所去见思"的典型。事实上，河南守吴公是李斯的学生，文翁、黄霸、公孙弘、王涣等都有法家背景。

可见，太史公不记西汉循吏，并没有什么特别的政治讥评意义。

含泪的幽默：西汉的娱乐精神

司马迁的娱乐精神

秦始皇一统六国之后，突发奇想，要把皇家苑囿向东向西大规模地扩展，"东至函谷关，西至雍、陈仓"。

孔子听了后，马上从鲁国跑来，义愤填膺地表示反对：这样做，太不合仁义了，这是侵占了百姓的土地，会使千家万户破产的啊！始皇很生气，直骂：竖儒！

墨子听说了，从宋国赶来，对秦始皇反复劝谏，讲了一番"节用"的大道理，始皇听了很生气。

韩非子正在外地出差，听说后，马上赶回来，对秦始皇说：大王这是违法的事，作为天子理应带头守法，爱护百姓。始皇不悦。

邹衍也从齐国赶来，对秦始皇说：大王这样做，不合阴阳之理，有违天道，会遭天谴报应的。始皇沉默。

其他文武大臣也都纷纷死谏，有的甚至表示，如果始皇这样做了，他们要以死抗争。气得秦始皇大骂不止。

当然，以上都是我的想象，但如果真有此事，也八九不离十。

然而，秦国有一个优旃的俳优却对秦始皇说：这样做非常好，皇帝英明。

秦始皇大为高兴：还是有通达之人啊！

优旃接着说：不妨在苑囿中多放一些禽兽，一旦有敌人从东边进攻，就驱使麋鹿们去抵抗就行了。

秦始皇一听，尴尬地笑了笑，便放弃了这个规划。

优旃说秦始皇的事，司马迁将其载入了《滑稽列传》。

优旃就是《史记》中有传的为数不多的滑稽人物之一。后来，秦二世又提出漆城这个设想，优旃先是称赞这个想法："我正想向您提这个建议呢，只是漆城容易，'顾难为荫室'，要找到一座大房子，将漆过的城墙搁进去，将它阴干，却有难度。"秦二世一听，自己也感到这个劳民伤财的设想是何等荒谬。

《史记》作为一部"究天人之际，通古今之变，成一家之言"的史书，不仅写了优旃这样普通的滑稽人物，而且还专列《滑稽列传》，这是一个很有意思的现象。

有人称，这是司马迁的游戏文字，也有人把它看作司马迁给汉武帝的谏书。不管是游戏文字也好，谏书也罢，西汉的娱乐精神于此可见一斑。

比如《史记》中写到齐国的淳于髡。在司马迁的笔下，他不仅是出身与地位低下、身世穷苦的"赘婿"，而且"长不满七尺"，然而，就是这样一个人，却堂而皇之地"数使诸侯，未尝受辱"。不仅因为他滑稽多辩，其处世哲学与方式也不同于一般的士大夫。

司马迁写他，只用了"一只大鸟""一声大笑"和"一句笑谈"，就将他的形象勾勒出来：

其一，齐威王喜好长夜饮酒淫乐，不治政事，委政于卿大夫，造成了"百官慌乱，诸侯并侵，国且危亡……左右莫敢谏"的局面。淳于髡只用了一只停滞三年不鸣不飞的大鸟做比喻，就说服了齐威王，果真"不鸣则已，一鸣惊人"，终成一番事业。

其二，楚国大兵侵犯齐国，齐威王派淳于髡出使赵国求援。携带的礼物是黄金百斤，驷马车十辆。淳于髡一见，便仰天大笑一声，将帽子上的带子都笑断了。于是引出"臣见其所持者狭而所欲者奢"，促使齐威王增益十倍的礼物，从而请来了赵国的精兵，解了齐国之急。

其三，齐威王宴饮群臣，问及淳于髡的酒量，他回答道："臣饮一斗亦醉，一石亦醉。"齐威王好奇，于是，淳于髡便道出了其中原委：在大王面前，出于敬畏，一斗便醉；待客亲之时，出于礼节，二斗便醉；朋友相聚，私情欢喜，五六斗方醉；州闾之会，男女杂坐，八斗方醉；男女同席，心情欢畅，一石方醉。这本为一席之谈，不料进而引出"酒极则乱，乐极则悲"这一大道理。

司马迁不惜笔墨讲述这些滑稽人物的娱乐精神，亦可看出他自己的性情偏好。

有人统计，从汉初到天汉年间，有丞相二十三人，《史记》仅为九人正式立传，像审食其、陶青、刘舍、许昌、薛泽、庄青翟、赵周等人都没有列传，王陵、申徒嘉、卫绾、李蔡、公孙贺等人都是附在别人传记之后顺便提及，有的仅寥寥数字。御史大夫二十九人，《史记》仅为十人作传。高祖刘邦封功臣列侯者一百四十三人，惠景年间封侯者九十三人，武帝建元以来封侯者七十三人，王子封侯者一百六十二人，总计四百七十一人，《史记》为之作传者大约是只有十五分之一。司马迁不给那些高高在上、权倾一时的王侯将相作传，却愿意替这些"主上所戏弄，倡优所畜，流俗之所轻"之人作传，不仅体现出西汉或者司马迁的平等意识，也体现出他的娱乐精神。

从将《滑稽列传》和其他人物并列来看，儒家的崇高与滑稽的真诚，形成鲜明的反差，这本身就是一种娱乐精神。

司马迁说："古者富贵而名摩灭，不可胜记，唯倜傥非常之人称焉。"富有娱乐精神的滑稽人物能够进入他的笔下，就说明了西汉之前的社会上这些人不在少数，都是"倜傥非常之人"。

西汉的娱乐精神

司马迁第一次将娱乐精神载入史册,虽然写的都是西汉之前的人物,但也反映出娱乐精神已进入了西汉人的生活。

官场的严整和无趣,官员精神的寂寞与空虚,需要化解、填补。在西周末年,便出现了由贵族豢养、专供他们进行声色之娱的人。这些人就是史书上所说的"优",或叫"倡优""俳优"。

汉武帝时代,俳优表演艺术已经高度兴盛,在河南、四川、山东、苏北、陕北等地出土的汉画及陶俑中均发现有滑稽艺人的艺术形象。此类形象的基本造型大多是身材粗短,上身裸露,下着长裤或短裤,举止幽默夸张,神态表情滑稽可笑。

西汉的富商巨贾中也多有仿效贵族排场,大兴俳优之乐者。还有贵族亲自学习俳优之伎以此为乐趣的。武帝对文人亦常"俳优畜之"。《史记·主父偃列传》中赵人徐乐上书曰:"帷帐之私,俳优侏儒之笑,不乏于前。"西汉后期褚少孙笔下的滑稽人物填补了《滑稽列传》没有汉人的这一遗憾。

褚少孙所补"故事滑稽之语六章"中,郭舍人、东方朔、东郭先生、王先生等都是汉武帝时期著名的滑稽人物。东方朔更是被班固称为"滑稽之雄",最牛的段子手。

东方朔是齐人,好古书,爱经术,诸子百家也广泛涉猎,是个典型的杂家。

他第一次上书给汉武帝就特别夸张——"三千奏章",汉武帝读了两个月才读完。东方朔就这样得以为郎官,常侍武帝左右，能让武帝快乐。这正是他的娱乐精神的体现。

在处世方面，东方朔也是以一种娱世的态度，以一种狂人形象示人：他将武帝赏赐的财物拿回去娶长安城中年轻漂亮的女子为妻，一年换一个，又保举自己的儿子做郎官。

在政治上，他提出了"朝隐"的概念，虽以滑稽娱人，却能"和而不同"；虽以玩世示人，但政治头脑清醒。

他的同事、武帝左右之人有一天说：人皆以为先生是狂人。

东方朔说：古人之隐是隐于山林，像我这样，就是朝隐。

为了加深人们这一印象，他常在酒席酣畅时，趴在地上唱歌："陆沉于世俗中，隐居在金马门。"在他看来，既然可以朝隐，又何必隐居于深山？

东方朔的大隐于朝，其实正是他藏器待时的智慧，也是西汉时人娱乐精神的体现。

唐代司马贞于《史记索隐》释"滑稽"：滑，乱也；稽，同也。言辩捷之人，言非若是，说是若非，言能乱异同也。《史记》又说："言谐语滑利，其知计疾出，故云滑稽。"滑稽最大的特色是"乱同异"，在策略上是，我顺你的意图，谓之同；我又远超你的做法，谓之异，从而否定你，达到讽谏目的。

西汉滑稽人物的娱乐精神还体现在他们的善于自嘲上。

有一次，东方朔于朝廷上与博士们一起议事，没想到大家一同诘难他：

苏秦、张仪一遇大国之君，就能位居卿相，恩泽后世。你呢？修先王之术，慕圣人之义，读诗书百家破万卷，又有文章著述，自以为天下无双，博闻智辩，竭尽了全力，忠心耿耿，几十年来，官不过侍郎，位不过执戟，你不够检点了吧？

东方朔回答说：彼一时也，此一时也。苏秦、张仪那个时代，得士者强，失士者亡。对士人言听计从，故能身居高位，恩泽后代。如今则不然，皇帝圣明，德流天下，诸侯宾服，威震四夷，四海一家，乾坤在掌，贤与不贤，没有用武之地。况且，现在天下之大，人才济济，假如苏秦、张仪生于当世，只怕一个侍郎都当不了。天下无事，即使圣人，也无所施展其才呀！

这当然不排除他对汉武帝的歌功颂德，面对这样一个局面，他却提出"苟能修身，何患不荣"。表达出一种"时虽不用，崛然独立，块然独处"的独立自由人格。

是的，当你发现这个世界很荒诞时，你笑一笑，就表明你已经成熟了。

这一席话，说得那些博士无话可答。可见东方朔的应变能力与话语的杀伤力。

洒向人间都是笑，归来却是泪满巾。作为熟读诗书之士，哪一个不想得君行道？可是现实比理想更为骨感，自嘲看起来是娱人，其实是娱己。正是这样，东方朔的《答客难》作为古代文士最早以滑稽、自嘲方式书写的文章，就成为后世自嘲的典范。

东方朔的滑稽自嘲并没有掩饰他的学识广博。

有一次，有一只形状像麋鹿的动物从建章宫后阁的双重栏杆中跑了出来。消息传到宫中，武帝亲自去观看。他问身边群臣中习事通经者，竟没有一个人知道是什么动物，于是将东方朔找来。

东方朔说："我认识，但请赐给我一顿酒饭，我才说。"武帝说："可以。"

吃过酒饭，东方朔又说："某处有公田、鱼池和苇塘好几顷，陛下赏赐给我，我才说。"武帝说："可以。"

连卖两个关子后，东方朔才告诉大家这是一种叫驺牙的动物。这种兽的牙齿大小相等，排列整齐像驺骑、骑兵一样。只要远方有人来投诚，驺牙便会先出现。敢这么做，就鲜明地体现出东方朔的自信。

过了一年左右，匈奴浑邪王果然率领十万人来归降汉朝。

东方朔临终时，上书劝谏武帝："《诗经》告诉我们：恺悌君子，无信谗言。谗人罔极，交乱四国。希望陛下远离巧言谄媚的人，斥退谗言。"

武帝深表惊奇，他说："如今回过头来看东方朔，难道仅仅是善于言谈吗？"

东方朔"虽诙笑，然时观察颜色，直言切谏"。这与那些"事人君能悦主耳目，和主颜色，而获亲近，非独色爱，能亦各有所长"的佞臣，形成了鲜明的对比。

至此，汉武帝也醒悟过来，东方朔的察言观色、善于笑谈，并不只是停留在其博得欢心的一面。汉武帝或许想起了东方朔调侃的笑容，骨子里含泪的幽默。东方朔不护细行，但是并不忘修身，并非无所匡正；他劝谏建上林苑，汉武帝虽然未听，但也擢升他为太中大夫给事中。

事实上，汉武帝并非只将滑稽人物当作俳优，他也重用过像出身卫青府邸的候差东郭先生、出身府吏的王先生，前者位居二千石，后者升为水衡丞。这两个褚少孙补入《滑稽列传》里的人物，虽然不如东方朔那么有名，但褚少孙还引用老子、晏子的话来评价他们：君子相送以言，小人相送以财。

到了西汉末年，东方朔成了集才能与智慧、仙人与凡人为一体的谪仙，拥有种种超出常人的能力，似乎是古往今来无所不知、无所不晓，逐渐由凡人向神仙转化。魏晋时代，竹林七贤的出现，才让这样的"滑稽"绽放出新的光芒。刘伶醉酒、阮籍穷途而哭、阮咸与猪共饮、嵇康蔑视礼法，都犹如东方朔"滑稽"再世。

西汉的娱乐精神哪里去了

司马迁极大地张扬了滑稽人物的娱乐精神和忧国忧民的责任感。正是这种矛盾的张力，使得滑稽人物能够给人们留下更深刻的印象。他引用孔子的话说，六艺固然重要，但世事纷繁复杂，滑稽者流的"谈言微中"，也自有它的作用。"谈言微中，亦可以解纷"，正是他给滑稽人物作传的深刻主题。

淳于髡大笑，齐威王横行，优孟摇头而歌，负薪者得封。这些滑稽人物都具有正直善良的品性，富于正义感和同情心，也颇具忧国忧民的情怀和严肃的政治责任感。尽管都是些极鄙俗之事，但司马迁却从六艺入题，承认常经常法之外，还有此一种诙谐人物，于世无害，而于事有益，也符合天地之大、无奇不有的历史面貌。更重要的是，滑稽人物风趣幽默、机智灵活、说话婉转的性格特征，正是化解日常生活的平庸困境和现实政治的苦闷无趣的良药。这些滑稽人物也是政治人物，善于抓住君王的特点，采用君王喜闻乐见的艺术方式来谈政治，从而起到意想不到的效果。对比那些天天正襟危坐、引经据典、大谈内圣外王的儒家士大夫的严肃，这些娱乐精神不亚于一种润滑剂：可以解纷，不流世俗，不争势利。

受滑稽人物娱乐精神的影响，汉赋中也颇具有娱乐精神，并开启了魏晋风度的滑稽美学，使之能挣脱儒学的羁绊。

然而，《滑稽列传》仅在《史记》中昙花一现，鲜见于《汉书》等史传，《汉书》中的娱乐精神也大为逊色，几乎消失不见。那么西汉的娱乐精神哪里去了？

一方面是儒学经过西汉二百余年的改造，逐渐上升到庙堂之上，成为朝野之士争荣邀誉的工具，对严肃的政治生活中的娱乐精神有着排斥的态度。另一方面，士人对自己成为滑稽人物也深有不甘。如西汉武帝、宣帝时期的著名滑稽人物枚皋，他本人"不通经术，诙笑类俳倡，为赋颂，好嫚戏"，"其文骫骳，曲随其事，皆得其意，颇诙笑，不甚闲靡"。这样一个滑稽人物却对武帝提倡大赋的娱乐功能颇有抵触，他感慨"言为赋乃俳，见视如倡，自悔类倡也"。这就碰触到了他自己最柔软的心灵痛处。在文中尽管不乏带笑的调侃、含泪的幽默，但因政治上不得志而深以为悔。

出身儒学世家的班固对东方朔等滑稽人物的评价是贬多于褒，基本上倾向于否定态度。他引刘向的话说，东方朔"口谐倡辩，不能持论"；又引扬雄的话说，东方朔"言不纯师，行不纯德，其流风遗书蔑如也"；班固自己评价东方朔为"名过实者，以其诙达多端，不名一行……其滑稽之雄乎！朔之诙谐，逢占射覆，其事浮浅"。刘向、扬雄、班固都是儒学之士，他们竟然将诙谐幽默视为滑稽人物名过于实的原因，称其所做之事为"浮浅"。这其中透露出儒家浓厚的偏见。

林语堂认为："没有幽默滋润的国民，其文化必日趋虚伪，生活必日趋欺诈，思想必日趋迂腐，文学必日趋干枯，而人的心灵必日趋顽固。"信然，西汉的娱乐精神为这一时代士人精神添了一抹亮色。